梶田叡一

◆
Self-consciousness Articles
Kajita Eiichi

Ⅳ 自己意識論集

生き方の心理学

東京書籍

自己意識論集　IV

生き方の心理学

目次

プロローグ　自分の生を問い直す

1　終わりのある生の自覚を

いくつになった頃であろう、何かの折に、自分がこの世に生きているという事実にあらためて気づき、愕然として身の引き締まる思いをしたことがある。それこそ、親に頼んで生んでもらったわけではない。自分でこの世に生まれ出ようとして生まれてきたわけでもない。ともかく、気がついてみたら、いつのまにか自分がこの世に存在していたのである。自分などという意識のかけらもない全くの無から、確固とした疑いようのない存在として自分を実感している状態へと、いつのまにか推移していたわけである。

同じように、この自分という存在が、遅かれ早かれ、死によって確実にこの世から消え去ってしまうことをまざまざと感じ、どうしようもない不安と恐怖に震えながら、眠れぬ一夜を過ごしたこともある。これはまさに、他人事ではない。自分自身の身の上に必ず起こらざるをえないことである。秦の始皇帝が、徐福らに命じて、不死の霊薬を探し求めるため船出させたのは有名な話であるが、そうした行為をいったい誰が笑えるであろうか。何が確実であるといって、今ここにある私も、私の周囲で談笑している人達も、そして仕事のうえで毎日顔を合わせるあれこれの人も、早晩それぞれの死を迎え、完全にこの世から消滅してしまう、ということほど確実なことはない。

自分が今ここに確かな実感を持って存在しているとしても、それはこの世からの完全な消滅、無化に常に直面し、それを大前提にしたものである。しかも、その消滅の時がいつくるのか、五〇年後なのか、五年後なのか、それとも五週間後なのか、五分後なのか、自分自身にも全くもって不明である。まさに一寸先は闇でしかない。分かっているのは、その時がいつになるにせよ、そう遠くない先に、自分自身という存在が消滅してしまう、という厳然とした事実だけである。

しかし、よく考えてみるならば、自分がこの世にたしかに存在することに気づいてから、自分自身が死によって滅ぶまでの時間は、間違いなくこの私自身に与えられたものである。私自身の責任において生きなければならないはずの時間である。その意味で、「メメント・モリ（死を忘るなかれ）」を常に念頭に置きつつ、真剣に対処しなくてはならないはずの時間である。しかし、残念なことに、われわれ凡俗の人間は、その厳粛な事実を思い起こすことが、あまりに少ない。すでに古代ローマの時代、ストア派の哲学者セネカが、次のように指摘した通りである。[*1]

諸君は永久に生きられるかのように生きている。……すでにどれほどの時間が過ぎ去っているかに諸君は注意しない。充ち溢れる湯水でも使うように諸君は時間を浪費している。ところがその間に、諸君が誰かか何かに与えている一日は、諸君の最後の日になるかもしれないのだ。諸君は今にも死ぬかのようにすべてを恐怖するが、いつまでも死なないかのようにすべてを熱望する。……

しかし、ともかくも、この有限な生をどのように使おうとかまわないはずである。自分自身が自らの生きるという課題を引き受け、自覚的にその自らの生を生きていく、ということであるならば、最も基本的には、あらゆる選択の可能性が一人ひとりの手の中にあると言っても過言ではない。

誰からも尊敬され、大事にされ、重要な仕事を成しとげ、大きな影響を他の人々に与え、そして死が近づいた時、周囲の誰もが我がことのようにこの私の死を嘆き悲しむ、といった道を歩むのも良いであろう。また逆に、人の迷惑など顧みず、自分の刹那的快楽を最大限に追い求め、思う存分自分勝手なことをし、周囲の誰もがこの私の死を期待し喜んでいるのを死の床から見やりつつ、唇に冷笑を含んで死んでいく、といった道を歩むのも良い。自分自身の生をどのような形で生きていくかは、まさに、一人ひとりにとっての生き方の問題である。可能性の広大な広がりの中から、どのような糸を手繰っていくか、という選択なり投企なりの問題である。

2　生き方の問い返しと人生観

しかしながら、この有限な生をいかに生きるべきか、といった問いを自分自身に対して問いかけること自体、人の特権に属することではないだろうか。人は単に事実として生きているだけではない。「今」から「今」へという時間的流れの中で、また、「ここ」から「ここ」へという空間的移行の中で、時々刻々の生を、一つの事実として生きているだけではない。人は自らの「生きる」ということ自体を、時間・空間の大きな枠組みの中で意識化し、対象化し、概念化することが可能である。そして、それによって、自分自身の生きているという事実そのものを、ある一定のあり方へとコントロールし、形成していくことができるのである。

もしも人が、その時その場の欲求のままに動かされているだけの存在であるなら、あるいは生きるという事実が、本能と呼ばれる一連の先天的プログラムや、刷り込まれたり学習されたりした後天的プログラムによって、自動的機械的に進行していくだけであるなら、人にとって自らの生などということは問題になりようがない。たとえば、イヌでもネコでもサルでも、人間以外の動物の場合には、生きるという事実だけが、時々刻々の必要に迫られつつ、そして先天的後天的なプログラムによって処理されつつ、進行し積み重なっていくようにわれわれには見える。動物は、自分自身の生きるということの総体を対象化し、一定の概念の形に集約し、平板な事実としての日常生活をその概念とのかかわりにおいて吟味し、日常生活のあり方をコントロールすると同時に、一定の基本的意味づけをそれに対して与えているようには、とても見えないのである。

いずれにせよ、人が自らの生き方を問うというのは、複雑な言語体系を使いこなすことによって、時間的空間的に大きく広がった概念世界を持ち、それによって構成された認知地図を頼りとして、あるいはそれを武器に、生きているからである。別の言い方をすれば、人は自分自身に対してもさまざまな記号を割り振って概念化し、その記号化概念化された自己を世界全体にかかわる記号体系の中に位置づけると同時に、日常の対人関係や具体的生活にかかわる記号体系の中にも有機的な形で組み込み、それによって自分自身を、世界の一部として、また特定の人間関係や生活場面のあるパートを構成するものとして、それにふさわしいものであるようコントロールし、形成していこうとする存在だからである。

こうしたものであるからこそ、人間は、少なくともその可能態においては、外的な諸条件によって左右されてしまうことなく、自らの生き方を自らの原則にもとづいて決定していくことのできる、その意味において「神の似姿」とも言うべき主体性を持つ存在である、と言われてきたのである。具体的な例で言うならば、実存分析の立場に立つ精神医学者フランクルが紹介するように、[*2]誰もが自暴自棄になり、自分のことしか考えなくなっても当然の、まさに絶望的としか言いようのないアウシュビッツの強制収容所において、いささかも理性を失うことなく、進んで他の囚人の身代りになることを申し出、自らを潔く犠牲にする、といったコルベ神父のような生き方さえも、人間には可能なのである。それぞれの人が、自らの態度や行為の原則ないし基準としているものは何であるのか、さらには生涯にわたる生き方の原理ないし準則としているものは何であるのか、という意味での人生観が問題とされるのは、まさにこのためであると言ってよい。

しかしながら、人は自らの生き方について、必ずしも常になんらかの人生観を持っているわけではない。そうしたものを全く欠いたままでも、十分にその人生を送ることは可能である。「酔生夢死」と呼ばれてきたあり方など、その一つの典型であろう。また、いつも受け身のまま、その場での条件によって自分自身のあり方が規定されてしまうとか、その時の状況にいつでも押し流されていってしまう、といった人の場合もそれである。しかしこれとは逆に、先に述べたような形で、自覚的に自分自身の生を生きていく、ということも、人には可能である。

実際には、我が国の現代人の多くは、この両者の中間に、しかしどちらかと言えば、はっきりとした人生観を持たないまま流されていくといった側に近く、位置しているのではないだろうか。必ずしも体系化されていない断片的な人生観を持ち、時には自分の生き方ということを意識してその方向での努力をしようとはするが、すぐに挫折し、大部分の時間をそうしたことをほとんど意識しないまま、日常の必要に対応するだけで過ごしていっている、と言ってよい。ただ、進学、就職、結婚、転職、などといった人生の重大な分岐点に立った時には、そうもしておれず、自分自身の生き方の問題が不意に一つの大きな課題として突きつけられるような思いを持つ、というところであろうか。

3　人生は生きるに値するのか

多くの人にとって、自分自身の生きていくことの現実は、きわめてなまぬるいものであると言ってよい。だからこそ、自分自身が生きるということ自体に価値があるのか、という問題から考えてみるべきである、という叫びも出現するのであろう。自らの人生をどのように生きていくべきか、という問題の根底には、自分の人生はとにもかくにも生きるに値するものである、という判断が不可欠だからである。

たとえば、フランスの作家アルベール・カミュは、そのエッセイ集『シーシュポスの神話』の冒頭、ラジカルにも次のように言い切る。[*3]

真に重大な哲学上の問題はひとつしかない。自殺ということだ。人生が生きるに値するか否かを判断する、これが哲学の根本問題に答えることなのである。それ以外のこと、つまりこの世界は三次元よりなるとか、精神には九つの範疇があるのか十二の範疇があるのかなどというのは、それ以後の問題だ。そんなものは遊戯であり、先ずこの根本問題に答えなければならぬ。……地球と太陽と、どちらがどちらのまわりをまわるのか、これは本質的にはどっちでもいいことである。ひとことで言えばこれは取るにたらぬ疑問だ。これに反して、多くの人びとが人生は生きるに値しないと考えて死んでいくのを、ぼくは知っている。他方また、自分に生きるための理由をあたえてくれるからといって、さまざまな観念のために、というか幻想のために殺し合いをするという自己矛盾を犯している多くの人びとを、ぼくは知っている（生きるための理由と称するものが、同時に死ぬためのみごとな理由でもあるわけだ）。だからぼくは、人生の意義こそもっとも差し迫った問題だと判断するのだ。……

たしかにその通りであろう。自らの生の有限性を十分に認識し、自らの責任で自らの望むような形の人生を送っていこうとするなら、まずもって、そうした人生自体が生きるに値するものである、という実感がなくてはならない。人生には意義がある、という実感がなくてはならない。しかし、人生にそのような確固とした意義を見出すことは、必ずしも容易なことではないのである。第一、自分の人生の意義といった重大事をよそにおいて不要不急のことに常に気を奪われてしまう、というのがわれわれ凡人の実状と言ってよいであろう。すでに二五〇〇年も前、釈迦がこのことを強調したことが、彼の言行に関する伝承を集めた最初期の仏教経典である阿含経《あごんきょう》に述べられているのである。われわれは、毒矢が現に身体に突き刺さっているのに、その矢を射た人はどういう人なのか、その矢を射た弓はどういうものなのか、その弓の弦は何でできているのか、この矢のやじりは何からできているのか、この矢の矢羽は何の羽根なのか、等々と無益な問いを発しているようなものではないか、というのである。そう言われてみれば、なるほどその通りと言わざるをえない。

もちろん、自分なりに自分の人生を創り上げていきたいと考えたとしても、自分の思い通りにはいかないことの方が多い、というのもまた現実である。また、たとえ自分の思い通りにいったところで、それによって自分の人生に意義があったとは感じられないことも多いであろう。やはり二〇〇〇年以上も前、『旧約聖書』の中の一書「コヘレトの言葉」の中で、コヘレット（集会の責任者、伝道者）は、次のように人生の根本的な空しさを語るのである。[*4]

空しいことの空しさ、空しいことの空しさ、すべては空しい。この世の労苦から、人はどんな利益を受けるのだろう。……

私は心を知恵に向けながら、身体を酔いにまかせようとした。人間の幸福を知り、また、生きている間、この世で人間がどんなことをするかを知るために、愚かさを味わってみようと思った。私は大事業に手をつけた。自分の住む大邸宅を造り、ブドウ畑を植えつけた。庭園と果樹園を作り、あらゆる種類の果樹を植えた。木の生い茂る森をうるおすためには、大きな池を造った。また下男下女を買った。私より先にエルサレムに住んだどんな人よりも、私は多くの雇い人、家畜群、牛、羊を持った。銀と金、また王たちと各州の財宝を集めた。歌い男と歌い女、そして、人間の持つあらゆる贅沢なものと、数多い姫君たちを手に入れた。私は偉大な人間になり、私より先にエルサレムに住んだどんな人よりも偉大になった。しかも、私は自分の知恵を保った。私は目の望みをすべて満足させ、心にどんな快楽も拒絶しなかった。私の心は自分のするあらゆる苦労によって喜ばされていた。それが私の苦労の報いだった。さて、自分がしたあらゆる事業と、それをするために忍んだあらゆる苦労をふりかえった。ところがどうだ。すべては空しいこと、風を追うようなことだった。この世には何一つ利益になるものはない。……

知恵者は自分の前を見る、

愚か者は手探りで歩く。

それは事実だ、しかしその二人とも、同じ運命に会うのだということも知った。……知恵者も愚か者も、人の記憶に長くは残らない。そして、知恵者も愚か者と同じように死んでしまう。だから、私は生きることがいやになった。この世で行われることがいやになった。すべては空しいことだ、風を追うに似ている。……

たしかにすべては空しい。だからといって、この「コヘレトの言葉」は、自殺を勧めているわけではない。死ぬことを、この空しいこの世から一刻も早く消え去ることを、待ち望むよう教えているのでもない。すべてが空しいからこそ、生きているということを大事にせよ、と言うのである。

どんな人にも同じ行く末が見舞う、正しい人にも正しくない人にも、よい人にも悪い人にも、清い人にもそうでない人にも、いけにえをささげる人にもささげない人にも。善人も悪人も、誓いをする人も誓いを恐れる人も、行く末は同じことだ。……

生きている人間の中にいる間、人間には希望がある。生きている犬は死んでしまった獅子にまさる。生きている人は、少なくとも自分たちが死ぬのだと知っているが、しかし、死んだものは何一つ知らない。死んだものはもう報酬を受けない、彼らの記憶は忘れられてしまう。彼らの愛も、憎しみも、ねたみも、すべてはもうなくなってしまった。彼らはもう、この世で行われることに永久にかかわりがない。

さあ、いって、喜んでパンを食べ、
愉快にぶどう酒を飲め。
神はあなたの行為をすでに喜び受けられた。
いつも白い服をつけ、
頭に油を塗れ。

神がこの世であなたに下さる空しい生活の日々を、愛する女性とともに楽しむがよい。それがあなたの受ける分であり、あなたがこの世でする働きの分け前である。してもよいと思うことを、生きている間するがよい。あなたがいつか行く黄泉には、働きも、計算も、知識も、知恵もないのだから。……

この「コヘレトの言葉」の説くところは、単純なペシミズムでもなく、また手放しのオプティミズムでもない。人がこの世に生きていくということは、結局のところ、そうした単純な割り切り方には馴染まないものであろう。究極的には人生は空しい、と感じるにしても、その逆に、「はからずも一人の人間として生まれてきた」ことに対して、あるいは「周囲の多くのものによって、支えられ、生かされて、今ここに自分がいる」ことに対して、万斛《ばんこく》の感謝と満足の気持ちを持つとしても、人は自らの死を迎えるまで、自らの考え方にもとづき、自らの人生を自分にとって満足のいくものとするよう努めねばならない。これこそ、事実として生きるというだけに満足できなくなってしまった現段階の人間という種に属する者が、多かれ少なかれ共有せざるをえない栄光と悲惨、と言ってよいのではないだろうか。

＊1　セネカ『人生の短さについて』茂手木元蔵訳、岩波文庫、一九八〇年、一五頁。これは紀元五〇年前後に、ローマで執筆されたものと言われる。
＊2　フランクル『夜と霧』霜山徳爾訳、みすず書房、一九六一年（原書刊行は一九四七年）。
＊3　カミュ『シーシュポスの神話』清水徹訳、新潮文庫、一九六九年、一一～一二頁（原書刊行は一九四二年）。
＊4　『聖書』バルバロ訳、講談社、一九八〇年、一〇八七～一〇九九頁。この書は、前三～二世紀頃に書かれたものと言われる。バルバロはこれを「コヘレットの書」と呼ぶが、現在は「コヘレトの言葉」と呼ばれている。

I

「生き方」を考える

第1章　生き方のタイポロジー

1　まさに多様な人生観が

スウェーデンの童話に、こういうものがあるという。

……ある暑い夏の日、森の中はシーンと静まりかえっていました。小鳥たちも皆、お昼寝をしていました。突然、ある小鳥が、「人生って、いったい何なんだろう?」と独り言をつぶやきました。静かな中でのつぶやきでしたので、その声は森の中でかすかにこだまし、拡がっていきました。

この声を聞いて、ハッと目を覚ましたものもいました。ちょうどその時、つぼみを開こうとしていたバラは、ピンクの美しい花びらを精一杯広げながら、歌うように、「人生は、発展です!」と言いました。草の下で汗だくになりながら長い麦わらを運んでいたアリは、「人生は、労苦です……」とつぶやきました。花から花へミツを求めて飛びまわっていたハチは、「人生は、苦あれば楽あり、です！」と、おいしかったミツの味を舌の先に思い起こしながら言いました。土の中から頭を出したモグラは、「人生は、闇の中での戦いです！」と力強く言い切りました。そこに一陣の風が吹きました。そしてパラパラと雨が降ってきました。耳を傾けると、雨は、「人生は涙です。涙でしかありません……」と言っているようでした。大空では一羽のワシが、ゆったりと輪を描いて飛びながら、「人生は、もっと多くの光を得ようと努力することなのだ！」と威厳のある声で意見を表明しています。

やがてあたりが暗くなり、夜になりました。森の中でフクロウが目を光らせながら、「誰もが眠りこけているとしても、自分だけでも目覚めていようとするのが、人生ではないだろうか……」とつぶやいていました。そして森中が静まり返り、夜が更けていきました。深夜まで続いたパーティーから解放された男の人が一人、森の小道を疲れた足取りで家に向かいながら、「人生は、絶えず喜びと幸せの幻を追い求めながら、結局のところは、落胆と絶望ばかり……」と、愚痴っぽく独り言をつぶやいていました。

時が経ち、東の空が明るくなり、やがて朝焼けで真っ赤になりました。そして太陽が力強く、「今日もまた新しい一日、思う存分燃えようではないか！　他ならぬ今日こそが人生なのだ！」と宣言しながら、ヌクヌクヌクと昇っていきました。……

人は誰でも、自分の境遇に応じて、またそれまでの個人史に応じて、人生についての独自な感慨を持っている。生まれてからこの方、どのような生活をし、どのような体験をし、どのような時にどのような喜びや充実感を持ち、悲しみや苦しみ、怒りを持ったか、といったことによって、そうした感慨は、当然、大きく異なったものになる。しかし、同じように不幸な目にあったとしても、誰もが「人生は絶望だ！」と考えるようになるわけではない。不幸な体験から将来への悲観的で消極的な姿勢を引き出す人もいれば、その不幸な体験を一つのバネとして、新たな生きる力を奮い起こし、それまで以上に積極的な姿勢で生きていこうとする人もいるであろう。幸運も不幸も、結局のところ、その人の受けとめ方次第であって、それがその人の人生そのものにどのように反映していくかは、その人のものの考え方や基本的な構えによる、と言ってよい。

生きていく中で遭遇するさまざまのできごとをどのように受けとめ、どのように意味づけるかは、人生全体に対するその人の感慨や考え方、態度や構え、によって決まってくる。これを人生観と呼ぶならば、それは自分自身の一生涯についてのイメージ化を含み、また意味づけないし価値づけを含むものである。もう少し詳しく言えば、人生観とは、これまで生きてきた自分自身の個人史の帰結として今ここに現に生きており、やがて死によって終止符が打たれるまで続いていくものとしての自己の生涯を、その総体としてどのようにイメージし、どのようなものとして意味づけ価値づけるか、ということを中核とした一つの意識体系である。そしてそこには、自己の可能性をどのようなものとして想定し、その実現を考えるか、というところまでが含まれている。もちろん通常は、こうした諸点は、十分な形で意識されることなく、その多くの部分は、暗黙の感覚ないし概念の構造として、一人ひとりの中に潜在していると言ってよい。

さて、こうした人生観とその人の実際の生き方との関連性については、基本的には、次の二つのものがあるであろう。

その一つは、その人の人生観がその人の実際の生き方を導いていく、といったものである。この場合には、人生観がまず形成ないし選択され、それに従って、その人の日常生活のスタイルとか人生上の選択がなされる、という形で考えられる。つまり、その人の人生観がどのようなものであるかによって、その人がどのような活動や体験を追い求め、どのように生きていくかが決まってくる、ということである。青年期において問題となる人生観は、基本的には、このようなタイプのものであろう。こうした場合の人生観は、明るくて可能性に満ちたものであったり、暗くてペシミスティックなものであったりするかもしれないが、一般に現実的な基盤を欠き、観念的で生硬で脆弱なものになりがちであろう。

もう一つは、その人の現実の生き方自体がその人の人生観を形成する、といったあり方である。この場合には、具体的な生活の積み重ねが、そして折にふれた感慨の積み重ねがまずあり、そうした体験の累積を通じてその人の人生観が徐々に形作られていくことになる。老年期において人々が持つ人生観とは、まずもってこうした意味のものであると言ってよい。このようなタイプの人生観は、その人のそれまでの生活の成果を反映したものとなりがちであり、ごく少数の「成功者」の場合には楽天的で明るいものとなるであろうが、大多数の老人の場合には、苦味を含み、陰影に富んだものになりがちではないだろうか。

いずれにせよ、われわれの人生観は、一方でわれわれの生き方の選択と形成を規定しており、他方では、そのようにして選択され形成されていく生き方を通じて、形成され変容していくものなのである。

2 生き方と人生観のタイプ

ところで、人の生き方と人生観に見られる大きな個人差を、いくつかのタイプに分けて理解しようという試みが、古来、多くの人によってなされてきた。たとえば、古代ギリシャの哲学者アリストテレスは、人々の主要な生活形態に、すなわち生活における主要な志向性に、次の三種を区別する。[*1]

その第一は、享楽的生活である。これは、快楽こそ善であり幸福である、として希求するものであり、世上一般の最も低俗な人々の間に見られるものである。

第二は、政治的生活である。これは、名誉こそ善であり幸福である、として希求するものであり、たしなみがあり実践的な活動をしている人々の間に見られるものである。

第三は、観照的生活である。これは、知こそ善であり幸福である、として希求するものであり、最も高次なものである。

最近のものとしては、アメリカ心理学の土台を作り、またプラグマティズム哲学を唱道したウィリアム・ジェイムズが、柔軟な精神（軟心）を持つ人と強靱な精神（硬心）を持つ人とでは、基本的な発想や感覚が、ひいては生き方や人生観が異なることを指摘している。[*2] 彼は、古来の数多くの思想家の考え方を検討し、表1－1のような対照が見られるとする。そして、これら二つのタイプの人は、互いに相手のタイプに属する人を軽蔑しがちであると言う。すなわち、柔軟な精神の人に対しては、感傷的でお人好しであるとし、強靱な精神の人に対しては、粗野で無神経で野蛮であるとしがちである、と言うのである。

またドイツの哲学者で、キルケゴールとともに実存主義の祖とも称されるニーチェは、古代ギリシャ的な精神のあり方を検討し、そこにアポロ的とディオニソス的と呼ぶべき二つのタイプがあることを指摘する。[*3] アポロ的生き方とは、節度と自己認識、秩序と理性を重視するものであるのに対し、ディオニソス的生き方とは、生命の躍動、熱狂と陶酔、混沌と創造、の重視によって特徴づけられると言う。そして、世俗化し形式化したキリスト教によって抑圧された人間性を救い出すためにも、ディオニソス的なものの復興が必要であると説くのである。

二〇世紀に入ると、特に精神科学的な心理学の流れの中で、人の生き方に関する価値観の類型化が、さまざまな形で試みられる。その中で最も有名なものの一つが、シュプランガーによる六つの類型であろう。彼は一九二一年、『生の諸形式』において、[*4] 次のようなタイプを提示している。

〔理論的人間〕常に普遍的本質を問い、合理的な根拠づけを持った認識体系をめざす。興味のポイントは真偽にあり、利害、美醜、神聖か否か、などといったことにはあまり関心を持たない。主知主義であり、個人主義である。

〔経済的人間〕行動や生活の全面にわたって効用価値の点

表 1-1 精神的タイプの違いによる基本的な発想の相違（ジェイムズ）

柔軟な精神の人	強靱な精神の人
合理主義的（原理による）	経験主義的（事実による）
主知主義的	感覚論的
観念論的	唯物論的
楽観論的	悲観論的
宗教的	非宗教的
自由意志論的	宿命論的
一元論的	多元論的
独断的	懐疑的

から考え、物やエネルギー、時間や空間を、節約し活用して最大限の効果をあげようとする。実際家であり、他人の評価も、経済的あるいは効用的な観点からしてしまいがちである。

〔審美的人間〕　美的な体験を重視し、常に具体的個性的なものの直観的かつ全体的な把握をめざす。概念的なものは精彩がなく、無味乾燥であるとして嫌う。あらゆるものを、自分の尺度で、美的な観点から判断しようとしがちである。貴族主義であり、個人主義である。

〔社交的人間〕　他の人への同情、傾倒、献身、そして愛、によって動く。他の人を現実そのままとしてでなく、可能性の点から見がちである。したがって主観的願望的な見方をしすぎ、誤った認識に陥る場合も少なくない。友人や仲間とのつき合いを大事にする。

〔権力的人間〕　他の人を支配すること、つまり自らの価値を他の人の上に刻印することをめざす。認識も富も、美的なものも宗教的なものも、時には友人さえも、こうした支配を達成するための手段として用いられる。目的は手段を神聖化するという格言が、無意識のうちに前提とされがちである。支配意志または優越意志が、動機づけの基本形式となる。

〔宗教的人間〕　精神構造の全体が、永遠的で最高の、完全に満足な価値体験の生産に向けられる。超越的な最高価値とのかかわりをめざし、そこでの法悦、敬虔、無我、献身といった感情体験を重視する。最高価値としては、伝統的な神仏に限られるものでなく、ある種の思想やイデオロギーであってもよい。

こうした六つのタイプは、当然のことながら、いずれも理念的な典型例であり、一人ひとりはいくつかのタイプにまたがっている。純粋な〇〇的人間は、現実にはどこにも存在しないと言ってよい。またこれらのタイプは、職業や社会的役割と、厳密に対応するわけでもない。理論的人間の要素が強いからといって学者になるわけでなく、美的人間の要素が強いからといって芸術家でなくてはならないというわけではないのである。

3　大宗教の教える望ましい生き方とマイトレーヤ（ミロク）の道

実際にできるかどうかは別にして、できればそのように生きてみたい、なんとかそのように生きてみたい、と願う生き方がある。記号論で有名なアメリカの哲学者C・W・モリスは、人がめざすべき望ましい生き方について詳細な検討を行った。彼は、一九四二年の『人生の道』[*5]、一九五六年の『人間の価値観の諸様式』[*6]において、非常に総合的かつ体系的な形で、望ましい生き方の理念型を探究し吟味している。

彼はまず、古今東西の思想家、宗教家、の考え方を検討した結果、三つの基本的要素の組み合わせによって七つの望ましい生き方のタイプが区別される、という結論に達した。この全体構造は、図1－1に示す通りである。ちなみに、ここで三つの基本的要素とされているものは、大略、次のような内容のものとして考えられている。

〔ディオニソス的特性〕　欲望を満たすにふさわしい対象があれば、ためらうことなくそれに耽《ふけ》る、と

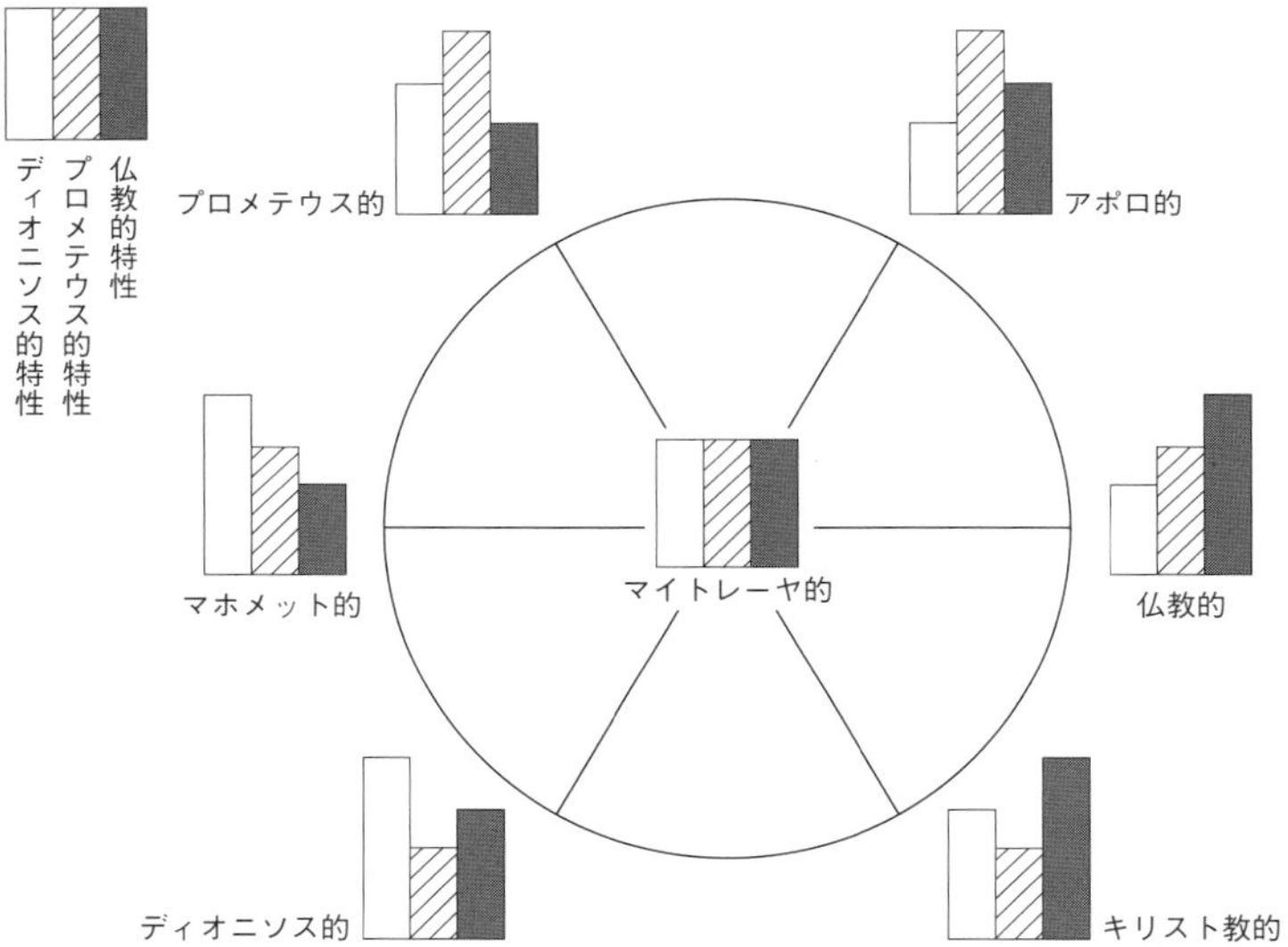

図 1-1　７つの望ましい生き方の相互関係（モリス）

いうのがこの特性である。この場合、人はありのままの世界に寄りかかり、その中で自らのありのままの欲望を満たそうとする。W・H・シェルドンの「内臓型」にほぼ対応する。

〔プロメテウス的特性〕　人はふつう、ありのままの世界によって、自らのありのままの欲望を満たすことはできない。そこで対象に働きかけ、世界を操作し、作り替えようという活動をする。このように、自らの欲望を満たすため周囲に働きかけ活動する、というのがこの特性である。シェルドンの「筋肉型」にほぼ対応する。

〔仏教的特性〕　しかしながら、自然であれ社会であれ、世界は必ずしも自分の意のままになるわけではない。だから人は、自分の欲望を抑制することが必要になる。このように、自らの欲望を抑えて自我をコントロールし、自制、孤独、瞑想、離脱、に向かう、というのがこの特性である。シェルドンの「頭脳型」にほぼ対応する。

こうした三つの基本的要素の組み合わせによって、「仏教的」「ディオニソス的」「プロメテウス的」「アポロ的」「キリスト教的」「マホメット的」「マイトレーヤ（ミロク）的」と呼ばれる七つの生き方に分かれてくるというわけである。たとえばアポロは、輝かしい神、温和な神、真昼の神、であって、その祭りは日中に行われ、冬の夜や秘密のうちには行われない。悲しみや孤独とは無縁であり、調和、節度、明晰こそがその特性である。したがってアポロ的な人は、家庭を重視し、過度を避け、ほどよい感情、ほどよい活動、ほどよい思想、を求めるであろう。この意味において、アポロ的生き方とは、プロメテウス的要素が大で、仏教的要素が中、ディオニソス的要素が小、として表されるのである。

七つの望ましい生き方のうちモリスが最も高い価値を置くのは、マイトレーヤ的生き方である。これは、ディオニソス的要素もプロメテウス的要素も仏教的要素もかなりの程度まで兼ね備えたものと考えられている。このタイプの人は、他の六つの生き方のいずれに対しても生来の理解と同情を持つが、しかし自分自身の理想としてはどれをも採ることができない。仏陀、ディオニソス、プロメテウス、アポロ、キリスト、マホメット、それぞれの説くところを十分に理解し尊重し、それらを一つのものへと統合するのが彼の望みであるとしても、このうちの誰か一人だけを自分自身の絶対の神にすることはできない。

このような生き方は、一言にして述べるとするならば、「普遍化された離脱的執着」という理想として表現されるという。自我のあらゆる面に執着するということは、自我の特定の面が他の面の活動的な表現を侵害することのないよう、その特定の面からの離脱の態度を必要とする。そして執着と離脱から成る態度は、普遍化されて、自我の全体に、宇宙に、そして離脱せる執着の態度それ自体にまでおし拡められるのである。これはまた、生に執着すると同時にそれを離脱する態度と言ってよい。モリスは、こうしたマイトレーヤ的人間像こそ、新しい覚者の道であるとして、その実現を願い、次のような祈念の言葉を掲げている（渡辺照宏・尾住秀雄訳による。……は一部省略を示す）。

ミロクよ、未来の人間像よ、
宇宙の多情な母胎にやどれる子よ、
神々や銀河や人間の創造者の戯れよ、
産みの苦しみに悩む宇宙鳥の喜びよ、
彼女と、彼女の産みし神々や人間とから生まれて、
まだらの宇宙卵の殻の中にうごめく芽よ——
われらは御身に、御身の出生の苦しみに、われらの身を捧げる、われらもまた己が産みの苦しみに
堪えられるように。
われらは御身を呼び出す、われらもまた己れ自身を呼び出しうるように。
……
われらの内部に解放を求めてやまぬ縛られた力を解き放ちたまえ。

……

われらは弱く、物の豊かさにかえって当惑しています。
われらの四肢は、社会の蜜蜂の巣のなかで安らいを知りません。
われらはまとえる衣装に不安であるくせに裸を怖れます。
われらは高い山を見ながら、登りもせぬうちにわれらの脚はふるえるのです。
われらの眼は、はば広く見えるそのために、鋭くは見えません。
多数の神々の声が一人の生き神の声をぼかしてしまったのです。

……

われらは物を見まいと目を盲にしてきました。
われらは物を考えまいと急ぎつづけてきました。
われらは実行を延ばそうとするただそのために思想をもちました。
われらは感覚をにぶらせ、心をくもらせ、筋肉を飼犬のようにつなぎとめてきました。
われらは恐れや偽りや嘆きの子供です。
われらは全一ではありません。

……

われらのこの混沌の豊饒を一点に集中したまえ。
われらに一体性を、埃なき心を、憎しみなしに打擲する腕を、
曇なき眼を、敢行する勇気を与えたまえ。

偽りの、作りものの、飾りたてた足場を引き裂き下ろしたまえ。
われらに単純性を、偽らぬ謙遜を、永劫のヴィジョンを、
一瞬に暖かさを失わぬ心を与えたまえ。
われらからわれらの恐怖や仮面や逃避を取り去りたまえ。
われらに弾力性を、このように生まれこのように死することの喜びを、正しい姿勢を、
苦難にうちかつ強さを、離脱にたえる強さを、愛しうる強さを、与えたまえ。
御身の出生がそのままわれらの出生となるよう、
ふたたび法輪をめぐらしたまえ。

……

4　モリスによる一三の基本的生き方

ところでモリスは、ここに述べてきた七つのタイプの生き方が、実際に人々にどのように受け入れられているか、社会や文化の違いとそれはどのように対応しているか、実証的に検討しようとした。ところが、その準備の過程で、アメリカの大学生に対して予備調査をしてみたところ、先の七つのタイプの生き方の中には自分の本当に望む生き方がない、という回答が少なからず出てきたという。そこで彼は、学生の意見や古今の思想についての吟味を進め、当初の七つに新しいものを三つずつ二度にわたって追加し、最終的には一三の生き方のタイプを基本的なものと考えるに至ったのである。

彼はそれぞれの基本的生き方に名称をつけることを避け、一五〇語前後の文章によって表現する。たとえば、最も調和のとれたものとモリスが考えたマイトレーヤ的生き方は、第7の道ということになり、次のような形で表現される。

〔第7の道〕　さまざまな時に、さまざまなやり方で、われわれは他のあらゆる生き方から何かを学ぶべきであるが、どれか特定の一つに絶対的な忠節を捧げるべきではない。ある時にはこの生き方が、他の時には別の生き方がより適切である。生活の中には楽しみと活動と思索が、ほぼ等量含まれるべきである。そのうちの一つが極端になると、われわれの生活にとって重要な何かが失われてしまう。だからわれわれは、柔軟性を養い、われわれ自身のうちに多様性を認め、この多様性によって生じる緊張を受け入れ、楽しみと活動の中においても超脱の余地を見出さねばならない。人生の目標は、楽しむことと活動することと思索することとのダイナミックな統合のうちに、したがってさまざまの生き方のダイナミックな統合のうちにある。人は自らの人生を作り上げる中であらゆる生き方を活用すべきなのであって、どれか一つではない。

この第7の道は、モリスが一九五〇年前後にアメリカの各地で大学生に対し行った調査で、最も多くの支持を得たものでもある。また後述するように、日本の大学生などを対象として行われたいくつかの調査でも、最も多くから選ばれているものである。これに対して、日本で行われた調査において、若者に一貫して人気がなかったのが、第2、第4、第11の道であった。これも次に内容を示しておくことにしよう。

〔第2の道〕　世の中のことは「なりゆきまかせ」にしておいて、私生活に閉じこもり、自分のために時間を確保し、自分自身の生活を統制するよう努めるべきである。自己満足、反省と瞑想、自己認識に力が入れられなくてはならない。さまざまの社会集団との親しい交わりや物的なものの操作、環境の支配、といったことに関心を向けてはならない。外的生活を単純化し、自分の外にある物理的、社会的な力によって満足が左右されるような欲望を節制し、自分自身を洗練し、浄化し、自己規制することに関心を集中すべきである。「外的な生活」によって、多くのことがなされるわけでも、得られるわけでもない。他の人やものごとに依存することを避け、生活の中心を自分自身の中に見出さなくてはならない。

〔第4の道〕　人生は本来楽しむべきものである。官能的に楽しむこと、勝手気ままに面白おかしく楽しむこと、が大事である。人生の目的は、世界や社会や他の人々の生活の進んでいく道すじを統制することではなく、ものごとや人々に対して心を開き、受け入れ、その中で楽しむことにある。人生は、道徳訓練のための道場や学校というより、一種のお祭りである。思いのままに生き、ものごとや他の人もやりたいようにさせておくことの方が、何かをなすこと、善をなすことよりも大切である。しかしながら、このような形で楽しむには、今何が起こりつつあるかを鋭く感じ取り、新しいできごとに対してこだわりなく接することができるように十分な自己中心性を持っていなくてはならない。だから人は、身動きできないような人間関係を避け、特定の人やものごとに依存しすぎないように、また自己犠牲をしないように心がけるべきである。そして、一人でいる時間を多くし、瞑想と自己認識の時間を持つべきである。孤独と交際の双方がともに、良き人生には必要である。

〔第11の道〕 観照的瞑想的な生活こそ良い生活である。外的な世界は人が住むにふさわしいところではない。それは、あまりに大きく、冷たく、抑圧的である。内面に向けられた生活こそ報いあるものである。理想や感受性豊かな感情、空想、自己認識に富む内面世界こそ、人の本当の安息所である。内なる自己を耕すことによって、人のみが人間となるのである。その時になってはじめて、生きとし生けるものへの深い共感が、人生につきまとう苦悩の理解が、攻撃的な行動が不毛であることの認識が、そして思索の喜びがわき起こってくる。その時にはうぬぼれも消え失せ、厳格さも解消する。外的世界を断念した時に、人は内面的な自分自身という大きなすばらしい海を見出すのである。

この三つの生き方は、いずれも、筆者にとっては好ましいものである。どうして若者達に人気がないのか、理解に苦しむところである。いずれも内面世界の充実が重視されている生き方であるが、外面にのみ眼の行きがちな現代文明の偏向が、特に若者に強く見られるということなのであろうか。

モリスの設定した一三の道の全容は、章末に紹介してある。文章だけではそれぞれの道の特徴や異同を見て取りにくいので、筆者なりの要約を、二つの概念の組み合わせの形で、各文章のはじめに示してある。この要約表現を、後に示す図表などにおいて、一三の道それぞれの標題として用いることがあるので、元の文章の持つニュアンスに十分留意していただければ幸いである。

表 1-2　13の生き方の因子分析による位置づけ*

	自己への志向	自己以外への志向
依存型 Dependence	因子 E：自己への寛大さ 〔＋〕道 8（安楽・快適） 〔＋〕道 4（享楽・解放） 〔－〕道 10（克己・厳格） 〔－〕道 13（献身・奉仕）	因子 D：受容性と共感的関心 〔＋〕道 13（献身・奉仕） 〔＋〕道 9（受容・静観） 〔＋〕道 3（共感・愛）
支配型 Dominance	因子 B_2：努力的活動 〔＋〕道 12（活動・征服） 〔＋〕道 6（行動・努力） 〔－〕道 1（中庸・秩序）	因子 B_1：社会的活動 〔＋〕道 5（参加・協同） 〔＋〕道 3（共感・愛） 〔＋〕道 6（行動・努力） 〔－〕道 2（内閉・自足）
超越型 Detachment	因子 C：離脱と自己充足 〔＋〕道 11（瞑想・内面） 〔＋〕道 2（内閉・自足） 〔＋〕道 9（受容・静観） 〔－〕道 5（参加・協同）	因子 A：社会的規制と自己統制 〔＋〕道 1（中庸・秩序） 〔＋〕道 10（克己・厳格） 〔＋〕道 3（共感・愛） 〔＋〕道 4（享楽・解放）

上のいずれにも属さぬもの，すなわち上のいずれも統合するもの。
　道 7（多様・統合）＝マイトレーヤ（ミロク）的生き方

＊ Morris（1956）の Table 7 および関連の記述にもとづく。

　ところで、モリスは、この一三の生き方を、アメリカの大学生だけでなく、一九四八年から一九五〇年頃にかけて、カナダ、インド、中国、日本、ノルウェーの若者達にも評価させ、その結果にもとづいてさまざまの検討を試みた。この評価は、具体的には、「個人的にそういう生き方をしてみたいと思うかどうか」という観点から、非常に好きな生き方であれば七点、非常にいやだと思う生き方であれば一点、といった形で、それぞれの生き方に関し、七段階での評定を求めたものである。この中で特に興味深いのは、一三の生き方の全体をどのような構造をなすものとしてとらえるか、という問題についての検討である。彼は、それぞれの国ごとに因子分析を行い、どの国の若者にもほぼ共通して見られる軸

表1-3　各国の男性における望ましい生き方

	アメリカ	インド	中国
調査者／年	モリス／1950前後	モリス／1949・50	モリス／1948
人数	2,015	724	523
対象	大学生	大学生	ほぼ大学生
1位	道 7（多様・統合）	道 1（中庸・秩序）	道13（献身・奉仕）
2位	道 1（中庸・秩序）	道 3（共感・愛）	道 6（行動・努力）
3位	道 6（行動・努力）	道10（克己・厳格）	道 5（参加・協同）
11位	道 2（内閉・自足）	道11（瞑想・内面）	道 2（内閉・自足）
12位	道11（瞑想・内面）	道 4（享楽・解放）	道11（瞑想・内面）
13位	道13（献身・奉仕）	道 9（受容・静観）	道 9（受容・静観）

	日本			
調査者／年	モリス／1950前後	三隅・安藤／1963	田中／1972	梶田／1988
人数	192	1,364	418	245
対象	大学生	大学生	高校生・大学生	小中学生の父親
1位	道 3（共感・愛）	道 7（多様・統合）	道 7（多様・統合）	道 6（行動・努力）
2位	道 6（行動・努力）	道 1（中庸・秩序）	道12（活動・征服）	道 5（参加・協同）
3位	道 1（中庸・秩序）	道10（克己・厳格）	道 3（共感・愛）	道 7（多様・統合）
11位	道 8（安楽・快適）	道11（瞑想・内面）	道11（瞑想・内面）	道11（瞑想・内面）
12位	道 4（享楽・解放）	道 4（享楽・解放）	道 4（享楽・解放）	道 9（受容・静観）
13位	道13（献身・奉仕）	道 9（受容・静観）	道 2（内閉・自足）	道 4（享楽・解放）

注）Morris（1956），Misumi & Ando（1964）および田中（1973）より作成。ただし，梶田（1988）のデータについては，第6章を参照。

として、五つの因子（中国の学生のデータでは因子Bが二つに分かれるので、六つの因子といってもよい）を明らかにした。そして、各因子の持つ意味合いと相互関係をもとに、それぞれの生き方を分類整理してみると、表1－2のようになるのではないか、としている。これによると、依存型、支配型、超越型の三つのカテゴリーと、自己への志向、自己以外への志向、という二つの方向性との組み合わせによって、一三の生き方がほぼ整理されてしまうことになる。第7の道がどの因子とも特に大きく関係しないのは、そもそもの想定がそういうものであったわけであるから（これはもともとマイトレーヤ的な総合と調和をめざす生き方であるから）当然のことと言ってよいが、因子分析による結果からもそう言えそうであるとすれば、非常に興味深いことである。

ところで、望ましいとされる生き方は、文化や社会によって、また時代によって、当然ながら大きな影響を受ける。表1－3は、モリスが各国の若者に調査した結果の一部と、日本でほぼ同様な方法によって調査した三隅二不二と安藤延男の研究、[*7] 田中賢の研究、[*8] さらに第6章で述べる筆者の調査結果の一部を、合わせて示したものである。

日本での調査結果を見ると、モリスの研究とその後の二つの研究とでは、かなり異なった点が見られる。一〇年から二〇年という時期的なずれの問題もあり、また調査票の翻訳などの問題もあったものと思われる。こうしたずれの意味づけについては、関連のデータを広く収集して、比較検討する必要があるであろう。

いずれにせよ、モリスの調査から五〇年以上の年月が経過した。その間、各国ともにそれぞれの社会的あるいは宗教的なイデオロギーからの脱出の速度を速めている。特に若者は、どの国においても「身のまわりの幸せ」主義が目立つなど、その傾向を顕著に示していると言ってよい。このように、宗教的権威の失墜と世俗化、政治的社会的イデオロギーの非神話化と拡散、が進んでいる状況においては、ここでモリスが問題としたような原理的意味における生き方の問題は、人々の意識にほとんどのぼることがなくなっているのではないか、と思われてならない。こうした点については、また後の章において、少し違う面から検討してみることにしたい。

＊1　アリストテレス『ニコマコス倫理学（上・下）』高田三郎訳、岩波文庫、一九七一年。
＊2　ジェームズ『心理学（上・下）』今田恵訳、岩波文庫、一九三九年（原書刊行は一八九一年）。
＊3　ニーチェ「悲劇の誕生」『世界文学大系42　ニーチェ』阿部賀隆訳、筑摩書房、一九六〇年（原書刊行は一八七二年）。
＊4　シュプランガー『文化と性格の諸類型Ⅰ・Ⅱ』伊勢田耀子訳、明治図書、一九六一年（原書刊行は一九二一年）。
＊5　モリス『人生の道』渡辺照宏・尾住秀雄訳、理想社、一九六六年（原書刊行は一九四二年）。
＊6　Morris, C. *Varieties of Human Value.* Univ. of Chicago Press, 1956.
＊7　Misumi, J. & Ando, N. "A Cross-Cultural and Dia-Chronicle Study on Japanese College Student's Responses to the Morris' Value Scale." *Psychologia.* Vol. 7, 175-184, 1964.
＊8　田中賢「価値意識の研究⑷――Morrisの『生き方』の評定を中心として」『愛媛大学教育学部紀要（教育科学）』三一〜五〇頁、一九七三年。

〔モリスによる一三の生き方の表現内容〕

（それぞれの道の頭初に付記されている要約表現は梶田による）

〔第1の道＝中庸・秩序〕　この生き方の場合、人は社会生活に積極的に参加する。それは主として変革するためではなく、人類が達成した最上のものを理解し、鑑賞し、保存するためである。過度の欲望を避け、ほどほどのところが求められる。人は人生のよきものを望むが、それは秩序あるやり方でなされなくてはならない。生活は明快、均衡、洗練、統制を持つべきである。野卑、熱狂、理性的でない行動、短気、溺れこみ、は避けられるべきである。友情は尊重されるべきであるが、やたらに多くの人と慣れ親しむべきではない。生活は、規律、知性、礼儀、予見、のあるものでなくてはならない。社会の変化はゆっくりと慎重になされるべきである。それは、人類の文化の中に達成されてきたものが失われることのないようにするためである。人は身体的にも社会的にも活動的であるべきであるが、熱狂的であったり急進的であってはならない。自制と知性によって活動的な生活に秩序を与えるべきである。

〔第2の道＝内閉・自足〕　世の中のことは「なりゆきまかせ」にしておいて、私生活に閉じこもり、自分のために時間を確保し、自分自身の生活を統制するよう努めるべきである。自己満足、反省と瞑想、自己認識に力が入れられなくてはならない。さまざまの社会集団との親しい交わりや物的なものの操作、環境の支配、といったことに関心を向けてはならない。外的生活を単純化し、自分の外にある物理的、社会的な力によって満足が左右されるような欲望を節制し、自分自身を洗練し、浄化し、自己規制することに関心を集中すべきである。「外的な生活」によって、多くのことがなされるわけでも得られるわけでもない。他の人やものごとに依存することを避け、生活の中心を自分自身の中に見出さなくてはならない。

〔第3の道＝共感・愛〕　この生き方では、他の人に対する共感的な関心が中心的位置を占める。愛こそが生活の中での主要なものであるべきであり、その愛は、自分が他の人にとっていささかも負担にならず、他の人を自分自身の目的のためにいささかも利用しないものでなくてはならない。貪欲な所有欲や強度の性的情熱、人や事物への支配欲、知的なものへの没頭のしすぎ、自分自身への不当な関心集中、は避けられるべきである。それらは、人々の間の共感的な愛を妨げるものであり、この共感的愛のみが人生に意義を与えるものだからである。もしも攻撃的になるなら、真の人間的成長のために不可欠な他の人の力（愛）に対するわれわれの感受性が阻止されてしまう。したがって人は自らを純化し、自己主張をひかえ、他の人に対して受容的になり、よく理解し、助力的になるべきである。

〔第４の道＝享楽・解放〕 人生は本来楽しむべきものである。官能的に楽しむこと、勝手気ままに面白おかしく楽しむこと、が大事である。人生の目的は、世界や社会や他の人々の生活の進んでいく道すじを統制することではなく、ものごとや人々に対して心を開き、受け入れ、その中で楽しむことにある。人生は、道徳訓練のための道場や学校というより、一種のお祭りである。思いのままに生き、ものごとや他の人もやりたいようにさせておくことの方が、何かをなすこと、善をなすことよりも大切である。しかしながら、このような形で楽しむには、今何が起こりつつあるかを鋭く感じ取り、新しいできごとに対してこだわりなく接することができるように十分な自己中心性を持っていなくてはならない。だから人は、身動きできないような人間関係を避け、特定の人やものごとに依存しすぎないように、また自己犠牲をしないように心がけるべきである。そして、一人でいる時間を多くし、瞑想と自己認識の時間を持つべきである。孤独と交際の双方がともに、良き人生には必要である。

〔第５の道＝参加・協同〕 自分自身に固執したり、人々の間から身を引いてしまったり、お高くとまって自己中心的であったりしてはならない。むしろ、社会集団の中にとけこみ、協同と友情を楽しみ、共通の目標の実現に向けての断固たる活動に加わるべきである。人は社会的で活動的なるものである。精力的な集団活動や協同での集団的な楽しみに没入することこそ人生である。瞑想、抑制、自己充足への関心、抽象的な知性、孤独、所有物への執着、これは皆、人々を結びつける根を断ってしまう。人は外的な生活に喜びを感じ、人生のよきものを楽しみ、楽しく精力的な社会生活を可能にする事物を確保できるよう他の人と一緒に働くべきである。この理想に反対するような人にやさしくしすぎてはならない。人生はあまり難しく考えるものではない。

〔第6の道＝行動・努力〕　生活はとかく停滞しがちであり、「居心地よく」なり、青白い思考の鋳型にはめられて生気を失いがちである。このような傾きに対抗して、人は不断の活動に——身体的活動、冒険、直面する特定の問題の現実的な解決、世界や社会を統制する技術の改善、などに力を入れなくてはならない。人の将来は、主として彼がなしたことによって決まるのであり、何を感じたか考えたかによって決まるのではない。新しい問題が絶えず起こっており、また将来も起こるであろう。人が進歩すべきであるとするなら、常に改良改善がなされねばならない。われわれは過去に従うだけであったり、将来はこうなるだろうという夢を追うだけであってはならない。われわれを脅かす力に対する支配力を手に入れるためには、決然と、そして絶え間なく努力しなくてはならない。科学的知識によって可能となった技術の進歩に信頼すべきである。人は自分の問題を解決することを目標とすべきである。良きものはより良きものにとって敵となるのである。

〔第7の道＝多様・統合〕　さまざまな時に、さまざまなやり方で、われわれは他のあらゆる生き方から何かを学ぶべきであるが、どれか特定の一つに絶対的な忠節を捧げるべきではない。ある時にはこの生き方が、他の時には別の生き方がより適切である。生活の中には楽しみと活動と思索が、ほぼ等量含まれるべきである。そのうちの一つが極端になると、われわれの生活にとって重要な何かが失われてしまう。だからわれわれは、柔軟性を養い、われわれ自身のうちに多様性を認め、この多様性によって生じる緊張を受け入れ、楽しみと活動の中においても超脱の余地を見出さねばならない。人生の目標は、楽しむことと活動することと思索することとのダイナミックな統合のうちに、したがってさまざまの生き方のダイナミックな統合のうちにある。人は自らの人生を作り上げる中であらゆる生き方を活用すべきなのであって、どれか一つではない。

〔第8の道＝安楽・快適〕　楽しむことこそ生活の基調であるべきである。強烈で刺激的な快楽を熱狂的に求めるというのではなく、簡単で容易に手に入る快楽を、つまりちょっとした刺激、風味ある食物、快適な環境、友人との会話、休息と気晴らし、といった、快を楽しむということである。温かく心地よい家庭、柔らかい椅子とベッド、食物が十分たくわえられた台所、友人のために開かれているドア、——これこそ生きるべき場所である。

身体を安楽にし、くつろぎ、動作は静かで、せわしいところがなく、ゆっくりと呼吸し、うとうとと休息し、満ち足りて世界に感謝し、――身体はこのようであってほしい。野心に駆り立てられたり禁欲的な理想に対して狂信的になるのは、単純で気苦労のない健全な快楽の流れに身を漂わせる能力を失った、不満足な人のしるしである。

〔第9の道＝受容・静観〕　受容性こそ生活の基調であるべきである。人生のよきものは、ひとりでに求めずしてやってくる。断固とした行動によって得られるものではない。肉体の感覚的な欲望に浸り切ることによって得られるわけでもない。騒々しい社会生活に参加することによって得られるわけでもない。他の人の力になってあげたくとも、他の人にそれを与えることができるわけでもない。一生懸命考えてみたからといって得られるわけでもない。自分という意識の障壁が取り去られた時に、求めずして得られるのである。欲することをやめて、静かな受容性の中で待つ時、自らを養い育て、それを通じて働く諸力に対して開かれるのである。そして、この力によって本当の喜びと平安を知るのである。木の下に、そして大空の下に一人座し、自然の声に耳を傾け、静かにまた受容的になる時、英知が外から内へと入り込むのである。

〔第10の道＝克己・厳格〕　自己統制こそ生活の基調であるべきである。世の中から退くという安易な自制ではなく、世の中で生活していく中で自らを用心深く、厳しく、男らしく支配することであり、外の世界の力強さと人間の力の限界とを認識することである。よい生活とは理性によって支配され、高い理想をしっかりと保持したものである。安楽と欲望の誘惑に負けてしまうものであってはならない。社会的ユートピアを期待するものでもない。最後の勝利を信ずるわけでもない。あまり多くは期待できない。しかし、用心深く自分自身の手綱をにぎりしめ、不当な衝動を支配し、世界の中での自分の位置を理解し、自らの行為を理性によって導き、自らを自立した独立のものとすることはできる。人は結局は死滅するとしても、このようにして自らの人間的な尊厳と気品を守り宇宙の理法に従って死ぬことができるのである。

〔第11の道＝瞑想・内面〕　観照的瞑想的な生活こそよい生活である。外的な世界は人が住むにふさわしいところではない。それは、あまりに大きく、冷たく、抑圧的である。内面に向けられた生活こそ報いあるものである。理想や感受性豊かな感情、空想、自己認識に富む内面世界こそ、人の本当の安息所である。内なる自己を耕すことによって、人のみが人間となるのである。その時になってはじめて、生きとし生けるものへの深い共感が、人生につきまとう苦悩の理解が、攻撃的な行動が不毛であることの認識が、そして思索の喜びがわき起こってくる。その時にはうぬぼれも消え失せ、厳格さも解消する。外的世界を断念した時に、人は内面的な自分自身という大きなすばらしい海を見出すのである。

〔第12の道＝活動・征服〕身体的エネルギーを使うことが、報いある生活の条件である。手は何かを作り出すための材料、たとえば建築のための木材や石、とり入れのための食物、こねあげるための粘土、を必要としている。筋肉は、よじ登ったり、走ったり、スキーをしたり、等々といった活動の中で生き生きとした喜びを感ずる。なんらかの障害を克服し、支配し、征服することの中にこそ、人生の喜びはある。人を満足させるのは、積極的な行動である。現在の目標に向けられた行動、勇敢で冒険的な行動である。用心深く先のことを考えるとか、ゆったりと安楽をむさぼるところに、人生の完成があるのではない。外に向けられた精力的な活動、確実な現在における力の興奮、これこそ生きる道である。

〔第13の道＝献身・奉仕〕自分自身が何かの役に立つものであるよう努めなくてはならない。他の人の成長の役に立ち、沈黙の中で抵抗しがたく、その目標を達成しつつある宇宙の偉大な客観的目的のために役立たなくてはならない。人々と宇宙の目的こそ、心から頼れ、信じられるものだからである。人は質素で、一貫性を持ち、誠実で、謙遜であらねばならない。必要とする愛情と保護には感謝すべきであるが、それを要求してはならない。人々と自然に親しみ、親しみによってそれらを確保すべきである。献身によって善をはぐくみ、献身のもたらす善によって支えられるべきである。人は、それ自体の充足のために働いている偉大な信頼できる力にとっての、晴れやかな、安心できる、沈黙した容器ないし道具であらねばならない。

第2章　現代社会と生き方の選択

1　生き方の選択における自由と迷い

高校二年生の美子さんは、学校生活をこのまま続けていくか、それとも思い切って退学するか、という気持ちの揺れを、次のような文章に綴っている。[*1]

私も時々ふと「学校がつまらない、退めてしまいたいなぁ」と考えることがあるけれど、はたして私は学校を退めて何ができるのだろう。何か生きがいを見つけることができるのだろうか。そのことを考えると、私には何もないような気がして、学校という最低限の枠のなかにはまったままでいるしかないんだ、と自分で納得する。

学校を中途退学した友達は、退めたばかりの時は「楽だよ」で、次は「ひまだよ」で、最後は「退めなければよかった、もう一度学校に行きたい」と言っていた。でもやはり、自分で決めた退学だったので、「もう後戻りは出来ない」と納得して、一生懸命やっているようだ。

別の友達に、ずっと学校へ行かず、「あとは届けを出せばいつでも退められる」状態の子がいる。働いてもいないし何もしていないのだから、いつでも届けを出しにいけるはずなのに、行っていない。私は、その子はきっと迷っているんだ、と思う。今更学校へ行ったって、何も変りはしない。でも退学してしまったら、そこで終わりになってしまう。もうそこの学校の生徒でなくなってしまう。そういう気持ちが入り乱れて、自分でも判断ができないんじゃないだろうか。

私はやはり、親がせっかく入れてくれた学校で、しかもあと一年半でちゃんと卒業できるのだということを考えたら、中途退学という言葉が薄れていく。退めてだらだら暮らすより、学校へ通って少しでも学ぶ方がいいと思う。学校退めても退めなくても、自分の学校生活は大事にしたい。


すでに社会で一定の地歩を築いている人にとっては、こうした気持ちの揺れは、そう大したことでないように思われるかもしれない。いや、そもそも退学するかどうかで迷うなんて不真面目だ、学校には卒業するまできちんと通うものだ、という声もあるかもしれない。しかし、誰もが高校まで進むのが普通になり、そのため、何のために進学したかも分からず、勉強に関心も意欲もない高校生が多くなった現状においては、こうした気持ちの揺れはけっして珍しいものでも、特殊なものでもない。

実は、与えられた枠組みの中で現状を甘受するか、それともそこからの危険な脱出に賭けてみるか、という選択は、若者が社会に出て仕事についてからも、ずっとついて回るのである。転職ないし転社は、現代日本社会ではけっして珍しいものでなくなっている。それ以上に、出奔、蒸発、などといった形で、それまでの生活も仕事も人間関係も捨て、新しい土地で新たな生活を試みるという極端な例も少なからず見られるのである。他人の目からはつまらないことのように見える場合があるかもしれないが、現状維持で行くか脱出をはかるかは、当人にとっては、きわめて重大な選択である。それによって、それ以後の生活が根本から変わっていくというだけのことではない。基本的には、自分自身の人生の主人公はいったい誰なのか、といった問いにかかわっているのである。

こうした形の選択に限らず、人生に関するさまざまなタイプの選択の問題が、これまで多くの著作家によって取り上げられてきた。たとえば、スタンダールの小説『赤と黒』の主人公ジュリアン・ソレルは、軍人（赤）として身を立てるか、聖職者（黒）として身を立てるかに悩み、試行錯誤する。尾崎紅葉の『金色夜叉』のヒロインお宮さんは、金持ちを選ぶか恋人を選ぶかという分かれ道に直面し、結局は、ダイヤモンドに目がくらんで愛を捨てた、となじられる。評論家コリン・ウィルソンは、俗世間の日常性に浸り切って、疑問も抱かず居心地の悪さも感じないで毎日を過ごしていく大多数のインサイダーに対し、賢者や聖人、芸術家や犯罪者など多様なタイプのアウトサイダーを提示してみせる。[*2] いずれの場合も、基本的に正反対の性格を持つ二つの道が提示され、そのどちらを選んで歩んでいくかによって、全く違った人生が展開することが示唆される。

われわれの場合であっても、どの学校に進学するか、どこに就職するか、を決める時に、あるいは、転職するかどうか、独立して自分で仕事をしていくかどうか、などと思い悩む時に、さらには、定年退職や隠退の後どのような老後を過ごすか、などと考えをめぐらす時に、ジュリアン・ソレルと同様の岐路に直面することになる。また、隣人や同僚とのつき合いをどのようにするか、上司や世話になっている人にお中元やお歳暮を送るべきかどうか、あるいは、思いがけない臨時収入を買い物や食事、旅行などといった今の楽しみのために使ってしまってよいかどうか、などといった日常生活での迷いに直面する時、お宮さんやコリン・ウィルソンのかかえていた問題が、幾分なりとも、われわれの身近なものに感じられるであろう。

ここにあげた例はすべて、自己の置かれた社会的状況における具体的な生き方の選択にかかわる問題である。もちろん、一口に選択といっても、それぞれの場合で、選ぶべきものの中身は異なっている。どのような社会的進路をとるか、何を優先させ拠り所として決断するか、世間に対してどのような構えを持つか、それぞれ異なる側面を持つ。しかしいずれも、その人の考え方や決断次第で、ある特定のパターンの生活が待っていることになるわけである。さらには、そうした特定パターンの生活を積み重ねていくことを通じて、その考え方や決断に応じた人生が形成されていくことになるわけである。しかも、そうした帰結は、その人の選択のもたらすところであり、その意味において、その人の責任であると同時に、その人の自由にゆだねられたものなのである。

人が時に、自分自身の生き方について、さまざまな形で迷ったり、悩んだりするという事実こそ、人が基本的に自己形成的な存在であり、その点において基本的な自由と責任を有するということを、象徴的に示すものと言ってよいであろう。繰り返すようであるが、人は基本的に、どのような生き方を選択し、どのように生きていっても構わないのである。

2　生き方の選択が課題となる条件

とはいえ、人類の長い歴史を通じて、人々の生き方は、その属する社会のあり方によって、実際上大きく枠づけられてきた。極端な例をあげるなら、古代社会の奴隷にとっては、誰かに所有された一つの道具としての他動的で従属的な生き方しか期待できなかったのであり、もしも他に選択する道があるとするなら、それは自らの死を自らの手で選び取る、というものでしかなかったであろう。つまり、この場合には、定められた生き方に従って日々を生きていくか、それとも生きること自体を断念するか、という二者択一的な選択しかなかったわけである。しかしながら、奴隷でなくとも、多くの人の置かれていた状況は、長い歴史を通じ、ほぼ同様なものであったと言っても過言ではない。その出自によって、性別によって、あるいはその他の要因によって、ある社会的位置を割り当てられ、その位置にふさわしい生き方という枠の中に閉じ込められて生涯を送る、というのが、長い時代にわたって、多くの人の現実の姿であったのである。このような場合には、生き方の選択などということ自体、無意味な問題となるであろう。我が国の皇族の方々など、いまだにこのような状況に置かれている、と言っても、あながち過言ではない。

もう一つ、その社会に強烈な形で支配的イデオロギーが存在し、それによって「正しい生き方」が規定されている場合にも、生き方の選択などということは、現実の課題となりがたいであろう。ここで言うイデオロギーとは、政治的なものでも宗教的なものでもよい。そうしたイデオロギーの支配下でも、そこでの「正しい生き方」の枠の中において、多少なりとも個人的な嗜好を生かすことは可能である。また、そうした社会の中で「世捨て人」になることによって、あるいは、その社会からなんらかの形で脱出することによって、自分自身の生き方と言いうるものを追求することは不可能ではない。しかし実際には、支配的イデオロギーは、一人ひとりの内面にまで深く浸透していかざるをえない。そして、結局は、「正しい生き方」と自分自身の現実との距離によって、一次元的に自らを評価し統制していく、といった内的メカニズムが形成されるのである。このような場合、自分自身で熟考し、試行錯誤を重ね、自らの責任で自らの生き方を選び取る、というわけにいかないのは明らかである。こういった性格の顕著であった社会の例として、ヨーロッパ中世のキリスト教社会、文化大革命期の中国、ホメイニ革命後のイラン、そして我が国の場合、昭和一〇年代の日本主義時代、などを思い浮かべることができるのではないだろうか。

このように、人々に対して社会構造上の締めつけが強い時代、支配的イデオロギーによって人々の意識が統一的にからめとられている時代においては、生き方とは、選び取り、創りだすものでなく、与えられ、従うものであった。もちろん、どちらがその人にとって幸せであるのか、どちらがその社会にとって有効であるのか、ということについては、さまざまの議論が可能であろう。しかし、一個の実存的な主体として、自分自身の一回限りの人生を自分自身の責任において生きていこうということであるならば、自らの生き方を自らの手で選択し、自らの人生を自らの手で創造し形成していく、ということが、不可欠の条件であろう。

現代という時代においてこそ、人々にとって、自らの生き方の問題が真に重要な意味を持ちうるのである。多様な可能性の中から一つの生き方を選び取る、などということが誰にでも容易にできるようになったのは、我が国の場合でも、ごく最近のことである。そうした社会的条件が整った時にはじめて、自らの生き方をどうするか、といった問題が、一部の知的エリートや金持ちだけでなく、広範な「普通の」人々にとって切実な課題性を持つものとなるのである。

3　自覚的な生き方を妨げるもの

状況としては、多くの人に自らの生き方を選択する可能性が開かれているとしても、その可能性を現実のものとするかどうかは、個々人の側の問題となる。

一定の自覚と主体性を欠いたままでは、生き方の選択ということなど、画餅に等しいと言ってよい。いくら選択可能性があったとしても、その可能性に気づかないままであるならば、どうにもならないであろう。あるいは、自分の生き方を自分自身で選べるということ自体に気づかず、周囲の事情のままに流されていくということであるならば、生き方の問題など何の意味も持ちえないであろう。酔生夢死的な人生には、生き方の問題など、そもそも無縁のものなのである。

しかし、そうした個々人の側の条件も、また、社会文化的な条件と密接に関連していることを、われわれは見落とすわけにいかない。つまり、現代社会の状況には、人々が自覚と主体性を持つことを妨げるような要素が根強く存在していることに、われわれは十分な注意を払わなければならないのである。

その一つは、日常生活の各側面にわたる便利さと効率の良さである。われわれは今や、何ら意志的努力をしなくても、朝から晩まで生活していける、と言ってもけっして過言ではない。炊事や掃除や洗濯といった家事が電化され半自動化されているだけでなく、ちょっとした所への移動は自動車で、遠くの人との会話は電話で、そして情報や物を遠くまで確実に早く伝達したいならファックスや宅配便で、さらには工場やオフィスでの仕事までがオートメーション化されてきている。ともかくも、何かをやりとげるために自分の意志を奮い起こし、汗を流しながらがんばり通すなどということは、きわめて稀なことになってしまったのである。

その代わりに、やたらと気ぜわしくなっている。「お忙しいでしょう?」「いやあ、忙しくて忙しくて……」という言葉が、挨拶代わりに交わされるのが現代である。われわれは一単位時間の間に、五〇年前、一〇〇年前の人にくらべ、何十倍、何百倍のことがらを処理していることであろう。しかし一つのことがらに、それほど多くの意志的努力を集中しているわけではない。処理すべきことがらがあまりにも多いため、一つひとつのことにかかずらうのは無理である。だから四六時中忙しい思いをしながらも、さしたる手ごたえもなく、充実感や達成感もなく、次から次へとやるべきことをこなしていく、というのが現代人の多くの日常であると言ってよい。

生活の便利さと忙しさの中で、われわれの多くは、生きることの手ごたえを、燃焼感を、決定的に失ってしまっているのである。そうした中では、自分自身の生き方や人生そのものを吟味してみる、などというきっかけもゆとりも、皆無と言ってよい。毎日の気ぜわしい日常生活を、ともかくもこなしていくだけで精一杯である。そして互いに「お疲れさん」と声をかけ合っているうちに、一日一日と日がたっていってしまう。生き方の問題が、心理的な充実感が得られるかどうかという感覚的レベルでの

「生きがい」の問題に矮小化されてしまいがちなのも、この意味で当然のことと言えよう。

もう一つ、この現代社会が、リースマンがかつて的確に指摘したような大衆社会状況を呈し、人々が他人志向的になってしまっている、という事情がある。[*3] われわれが今、生活しているのは、互いに人の顔を読み合いながら発言し、行動する、ということが当たり前になってしまった社会なのである。

もともと、農業や漁業など第一次産業と呼ばれる仕事に多くが就いていた前近代の社会においては、伝統や慣習に合っているかどうか、前例があるかどうか、といった観点からすべてを判断し、行動する、ということが当たり前であった。これが伝統志向型の社会的性格と呼ばれるものである。しかしながら宗教改革と産業革命の後になると、ヨーロッパ文化圏においては近代的自我が芽生え、自分自身の内部にある信念や良心に従って判断し、行動すべきである、と考えるようになる。こうした近代的市民の持つ社会的性格が、内的志向型と呼ばれるものである。ところが、産業が高度に発達し、マス・コミュニケーションと大量交通手段が普及し、組織や社会が複雑化・高度化してくると、人々は、他の人がどう考えるか、他の人はどう発言し行動するか、ということを自らの判断や発言・行動の基準にしてしまいがちになる。これが他人志向型と呼ばれる性格に他ならない。

こうした時代風潮の中では、私の信念とか、私の良心とかいったことが問題にならなくなるだけでなく、私の感性とか、私の感覚といったことまで問題にならなくなる。誰もがよしとするところ、誰もが「当然だ!」と言うところが、自分自身の感性や感覚、信念や良心の代わりとなるのである。したがって、人々は、まわりの人達の判断や発言・行動に対して注意を怠ることなく、常に、流れに逆らわないよう、波に乗り遅れないよう努める、といった精神的構えを取り続けることになるのである。こうした中では、自分自身の感覚や良心にこだわり続けること自体が、非協調的で非社会的であると見られることになる。ましてや、自分自身の固有性に目覚め、内なるジャイロスコープを頼りに、たとえ自分一人であっても突き進んでいこうとする姿勢は、ドン・キホーテ的なものとして、嘲笑の対象になりかねないだろう。このような状況においては、生き方の問題は、結局のところ、他の人の目にその人の生活の軌跡がどう映るか、という「生きざま」の問題へ矮小化してしまうことになる。

このように考えてくると、現代の社会においては、生き方の選択可能性そのものは増大しているにもかかわらず、一人ひとりが自分なりの生き方を主体的に選択し、自分の人生を自分自身の手で創り上げていく、といった姿勢や意識がなぜ乏しいのかという事情が、おぼろげながら見えてくるのではないだろうか。

4　人生観から「生きがい」「生きざま」へ

明治時代の終わりから大正時代、そして昭和時代の初期、我が国の若者達は、さかんに人生論を闘わせたと言われる。当時の知識青年達の愛読書は、西田幾多郎『善の研究』や阿部次郎『三太郎の日記』、倉田百三『愛と認識の出発』といった、精神主義的で求道的なものであった。こうした時期を最もよく象徴するものは、一九〇三（明治三六）年五月二二日、一八歳の一高生、藤村操が、華厳の滝に飛び込む際に残した、いわゆる「巌頭之感」ではないだろうか。ここには、次のように述べられていたのである。

悠々たる哉天壌。遼々たる哉古今。五尺の小軀を以て此大をはからむとす。ホレーショの哲学竟に何等のオーソリチィーを価するものぞ。万有の真相は唯だ一言にして悉す、曰く「不可解」。我この恨を懐いて煩悶終に死を決するに至る。既に巌頭に立つに及んで、胸中何等の不安あるなし。始めて知る、大なる悲観は大なる楽観に一致するを。

こうした文章は、現代の若者にほとんど理解不可能であろう。いや、たとえ文章の意味するところを推察できたとしても、全然ピンとは来ないであろう。せいぜい、「こんな退屈なことを考えて悩むなんて、やはり正真正銘のノイローゼに違いない」といった感想を持つ程度ではないだろうか。今や、大学生を含め、多くの若者の愛読書は、コミックであり、週刊誌である。興味の中心はファッションであり、クルマであり、アソビである。オカネや財テクに関心を持ち、「生きがい」や「生きざま」を口にすることはあっても、人生観などという言葉とは、ほぼ無縁であると言ってよい。

こうした時代的変化は、どのような展望や志を持って毎日を生きていくか、といった生活意識の面にも色濃く表れている。たとえば、表２－１を見ていただきたい。これは、一九四五（昭和二〇）年の敗戦まで、満二〇歳に達した男子に対し行われていた徴兵検査の際の調査結果と、戦後何回か統計数理研究所によって行われた全国調査の結果とを比較整理したものである。[*4] ここに示されているのは、どのような「暮らし方」を望むか、という問いへの回答の順序であるが、時代の推移に対応して、みごとなほど一貫した変化が見られる。

まず、「どこまでも清く正しく」生きていきたいとする回答は、一九三一年には圧倒的な多数を占め

表2-1　質問への反応順位の時代的推移*

質問「人の暮らし方には、いろいろあるでしょうが、次にあげる6つのうちで、どれが一番、あなた自身の気持ちに近いものですか？」

	壮丁調査（20歳・男）		統数研全国調査（20～24歳・男）		
	1931	1940	1950	1958	1973
(イ)　一生懸命働き，金持ちになること	3	3	5	5	3
(ロ)　まじめに勉強して，名をあげること	(4)***	5	(6)	(6)	(5)
(ハ)　金や名誉を考えずに，自分の趣味に合った暮らし方をすること	(5)	4	1	①	①
(ニ)　その日その日を，のんきにくよくよしないで暮らすこと	(6)	(6)	4	3	2
(ホ)　世の中の正しくないことを押しのけて，どこまでも清く正しく暮らすこと	①	1	2	2	(4)
(ヘ)　自分の一身のことを考えずに，社会のためにすべてを捧げて暮らすこと**	2	2	3	4	(6)

*　統計数理研究所国民性調査委員会『日本人の国民性』(1961)，『第3日本人の国民性』(1975) などから作表。

**　壮丁調査では，「社会」の部分が「公」となっている。

***　40％以上が選択した場合，順位に○印を，10％以下しか選択されない場合，順位に（　）印をつけて示す。

ていたのに対し、第二次世界大戦敗戦の混乱の残る一九五〇年には二位に落ち、高度経済成長によって我が国の社会全般が豊かになった一九七三年には四位に、しかも一〇％以下に落ちている。これに代わって進出したのが、「自分の趣味に合った」生き方、「のんきにくよくよしない」生き方である。敗戦までの昭和前期にはとるに足らない比率でしかなかったのに、戦後になって着実にその比重を増し、一九七三年には、これらが一位と二位を占めるに至っている。

あらためて言うまでもなく、「清く正しく」は、一定の価値観なり人生観なりを前提としなければ出てこない発想である。これに対して、「趣味に合った」とか「のんきにくよくよしない」といった生き方は、日常生活の感覚的充足を求めるというだけのものであり、はっきりとした価値観や人生観が前提になくてもよい。結局のところは、「生きがい」や「生きざま」を問題にする感覚と同じ土俵に立つものなのである。

ここで、人生観ではなく「生きがい」や「生きざま」が語られる、ということの意味を少しばかり考えておくことにしたい。

「生きがい」はもともと、感性的感覚的なものである。ある一定の形で生きていく中で「手ごたえ」や「張り」が感じられるかどうか、充実感や充足感が持てるかどうか、を問題にするものと言ってよい。これに対して、人生観は一つの認識構造であり、一定の価値判断をその土台に持つ理性的なものである。したがって、もしも「生きがい」を求めてある生き方を選ぶとすれば、それは、その生き方を通じて充実感や満足感を得ることを期待しているのであり、特定の人生観にもとづいてある生き方を選ぶとすれば、それは、その生き方を通じて自らのめざす価値が実現することを期待しているのである。

もちろん、「生きがい」と人生観とが結果的に一致するならば、これ以上の幸せはないであろう。しかし、いくらその時々に張りがあり充実感がある生き方であっても、基本的には無意味であり無価値であるとして、退けなくてはならない場合もある。また時には、全く「生きがい」の感じられない生き方であろうと、自分自身の人生のあり方としてそれを選択し、その味気なさに耐えつつやっていかねばならない場合もあるのではないだろうか。どちらを選ぶか、と言われると非常に難しいことになるが、自覚的主体的な人間であろうとする限り、人生観の方を優先させなければならなくなるであろう。結局のところ「生きがい」には、その時その場における自己満足に終わりかねない狭さと浅さとが、常につきまとっているのである。

それでは「生きざま」の方は、いかがなのであろうか。「あの人の生きざまを見よ！」とか、「子どもに親としての生きざまを見せてやる」といった形でこの言葉は使われるが、これは主として、見られるものとしての生き方、外的な形としての生き方、を指し示すものと考えてよい。この点で、人の生き方にかかわる概念であるにしても、「生きがい」や人生観という言葉が指し示すところとは、基本的に異なっている。「生きがい」が内的充実感に、人生観が基本的な価値志向性に関係するという意味で、いずれも内面性において生き方を問うものであるとするならば、「生きざま」は、他の人達の目に映るものとしての、その意味において外的に表現された形ないし軌跡としての、生き方を問うものと考えられるのである。この点から言えば、客観的な指標によってとらえられた生き方のパターンとして表現されることの多い「ライフスタイル」という概念も、この「生きざま」という概念に近いと言ってよい。いずれにせよ、その人自身によって、その「生きざま」に潜む内的原理が十分に認識され、血肉化されない限り、こうした外的な形からの生き方のとらえ方は、自覚的主体的な人生を支えるものとしては基本的な弱さを持つというべきであろう。

以上に見てきたところから考えるならば、人生論から「生きがい」論や「生き方」論へという変化の背景に、時代の流れによる生き方の大きな変化を見て取らなくてはならなくなるであろう。たとえば、

(1) 長期的な展望に立った理性的判断にもとづく生き方の追求から、その時その場の感性的な判断を重視した生き方の追求へ、

より具体的には、

(2) 自らの弱さを克服しつつ自覚的にその実現をめざしていく一定の価値としての生き方の追求から、

充実感を味わうことができ、他の人の目にもカッコヨク映るものとしての生き方の追求へ、といった形での基本的な変化に気づかされざるをえないのである。

＊1　北海道立札幌稲西高等学校教育研究開発発表大会、「現代教養」資料集、一九八八年一一月一四日。

＊2　コリン・ウィルソン『アウトサイダー』福田恆存・中村保男訳、紀伊國屋書店、一九五七年（原書刊行は一九五六年）。

＊3　リースマン『孤独な群衆』加藤秀俊訳、みすず書房、一九六四年（原書刊行は一九五〇年）。

＊4　一九三一（昭和六）年二月の「壮丁思想調査」、一九四〇（昭和一五）年の「壮丁教育調査特別調査」の結果と、統計数理研究所が、全国から三〇〇〇名～六〇〇〇名のサンプルを選んで、一九五三（昭和二八）年からおよそ五年ごとに実施した調査結果にもとづく。

第3章　世俗的な生き方と内面的精神的な生き方

われわれは、よりよい人生を求めて、さまざまな生き方を選択することができる。しかし、生涯にわたる生き方の選択ということで一番大きな意味を持つのは、「外の世界に生きる」ための社会的現実的な有効性を身につけるべく努力するか、それとも自分自身の時々刻々の充実感と高揚感を求めて「内の世界に生きる」ことに意を用いるか、といった選択ではないであろうか。

前者の生き方の典型は、政治家や実業家、高級官僚、など有能な社会的エリートであろう。そして、後者の生き方の典型は、自分自身の道に深く分け入った芸術家や宗教家、学者などの自由人であろう。もちろん通常の人の現実としては、社会的エリートも自由人も、容易に手の届かない高根の花である。しかし、こうした二つの道のどちらを選ぶかは、われわれにも無縁な問題ではない。世の中で生きていく力にしても自分自身の内面的な喜びにしても、たしかに、ある程度までわれわれに必要不可欠であろう。そして、そのいずれをも大切にしなくては生きていけないのであろう。たしかにそうなのであるが、そのいずれを基本に生きていこうとするのかという選択は、われわれの生き方の本質にかかわるものとして、軽々に見過ごすことのできない重要性を持つのではないだろうか。

1　外の世界に生きることと内の世界に生きることと

「外の世界に生きる」こととは、外面的で世俗的な世界を重視する生き方であり、世の中でバリバリ仕事をし、大きな影響力を持ち、広く尊敬され、……という道である。これに対して、「内の世界に生きる」こととは、内面的で精神的な世界を重視する生き方であり、世の中の動きからは距離を置き、与えられた自らの生命の意義の自覚を深め、自分自身の充実した世界を作り、……という道である。当然のことながら、これは、出世をめざすか、盆栽いじりをするか、といった簡単な選択ではない。

この二つの道のいずれかに歩み出すことは、ともかくも、日常生活への埋没から目覚めて、自分の人生に自ら責任をとっていこうという自覚と決意を土台に、前進を始めることである。別の面から言えば、この二つの道のいずれかに歩み出すことは、自分自身の即自的な欲求の追求を乗り越え、しかもあらゆる逃避に落ち込むことなく、自分なりの「よりましな人生」を求めて、自覚的意志的に研鑽努力を始めることである。いずれにせよ、その日暮らしの生き方を、建設的な方向に乗り越えていかなくてはならないのである。

逃避することなく積極的な道を歩んでいこうとする場合、世俗的な道と内面的な道のいずれを歩もうとするかで、当然のことながら、毎日の生活の中で工夫・努力すべき焦点や目標も、あるいは自分自身の生涯を巨視的に考える際の人間的成長のイメージも、大きく異なってこざるをえない。

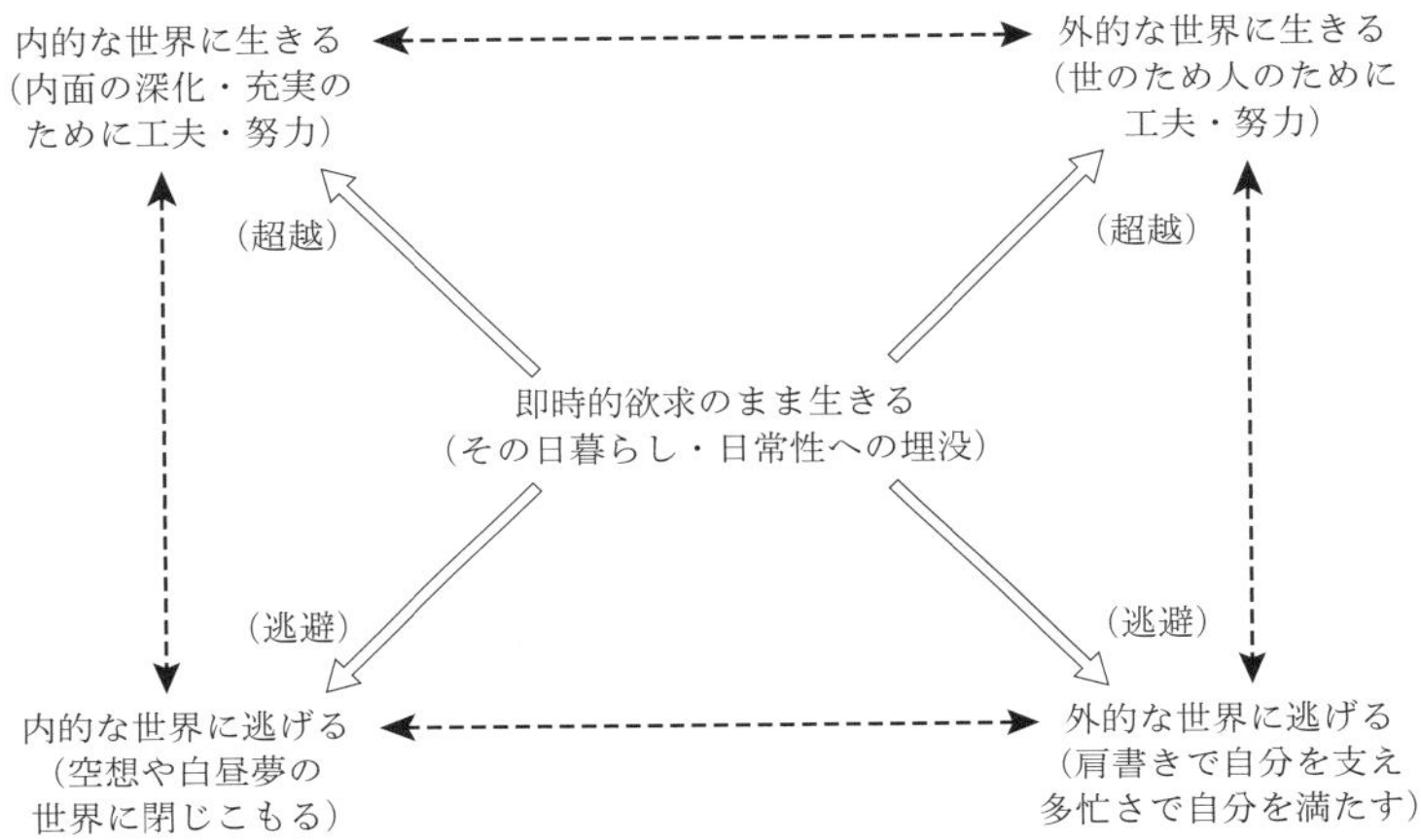

図3-1　内的生き方と外的生き方の基本的な志向性

外面的で世俗的な生き方を重視するならば、さまざまな知識や能力を身につけ、外的な対応の正しさに留意し、きちんとした行動がとれるようになる、という方向が大事にされることになるであろう。儒教において言われてきた「修身斉家治国平天下」という考え方など、この方向での成長をイメージした典型的なものと言えるのではないだろうか。身を修め、家を斉《ととの》え、そのうえでもって天下を平らかにする、という理想は、ある社会階層の男性にのみ期待されるもの、という狭さを持つにせよ、ここに見られる発想は、きちんとした外的対応の能力を身につけることこそ人間的な成長である、とする考え方の良い例である。身を修めるということは、仁・義・礼・智といった徳を身につけるべく努力することであり、そうした徳が、人との対応の中で、あるいは社会生活の中で、きちんと発揮されるようになることである。親に対しては孝行、目上の人に対しては忠実、友人に対しては信義、といった行動様式が取れるようになることである。これこそ孔子的な生き方であると言ってよいであろう。またこれは、キリスト教的に言うと、律法の規定を守ることを最重要視する旧約的な生き方となる。これもまた、日常的な規範をきちんと守っていくことこそが、その人の人間としての完成をもたらす、という考え方の良い例であろう。これらは、いずれも、「形から入って精神へ」という発想、と言ってもよい。

これに対して、内面的で精神的な生き方を重視するならば、何よりもまず、内面的な充実と躍動を求めることが大事にされざるをえない。こちらの方は、むしろ、老子の教えに対応するものと言っても、そう大きな間違いではないであろう。たとえばこれは、人から後ろ指を指されたってかまわない、人からの評価より自分自身の内面が充実するかどうかの方がずっと重要だ、という考え方である。具体的な生き方で言えば、一休禅師の場合など、その典型ではないだろうか。室町時代の指導的な禅僧の一人として有名な一休は、年をとってからも愛人を持ち、その愛人との愛欲の生活を漢詩にして残している。[*1]当然、多くの人からは後ろ指を指されたに違いない。しかし、これは一休に言わせれば、後ろ指を指す方がおかしいのだ、アホな奴だ、ということになるであろう。

愛人を持つことの是非は別として、世間的な約束事とは区別された形で内面のあり方を重視する発想は、キリスト教的に言えば、新約的な生き方、ということになるであろう。たとえば、『聖書』の中にはこういう話が記されている。[*2]非常によく律法を守っていたパリサイ人がやってきて、自分はこんなにきちんとした生活をしている、一週に二度も断食しているし、自分の所得の一〇分の一を神殿に捧げているし、不正はしていないし、姦通もしていないし……と誇らしげに言ったという。しかしキリストによれば、新約的な考え方としては、それは必ずしも満足すべき生き方ではない、とされるのである。そして、むしろ徴税人であっても（当時のユダヤ人にとっては、税金をとりたてる人というのは悪人の代名詞であったのであるが）、内面の気持ちが謙遜で愛に満ちているものであるならば、その方がずっとりっぱなんだ、とされるのである。

もちろん、「内の世界に生きる」ということは、傍若無人な生き方をするということではない。自分自身の内部に生きる原理を持つということである。自分自身を徹底的に信頼するということである。自分の内面の実感・納得・本音に依拠し、自分の内面にもたらされる促しを大事にしながら、自分に与えられた「時」に向かって、黙々と歩を運んでいくことである。そして、その間、必ずしも自分の思い通りに行くわけでない「外の世界」と、忍耐強くつき合っていくことである。現代に稀有な本物の思索者の一人であった森有正は、アブラハムの生涯に託して、次のように語っている。[*3]

アブラハムは、その内的な促しから始まり、静かな死にいたるまでのその生涯の間、いつも自分を内側から動かすものを感じ、それを信じ通したということです。つまり自分の羅針盤に頼り抜いたということです。羅針盤に頼るということは、つまり、不可知が全面的に広がっている大きな海の中を航海してゆくということです。自分もあるいは進路を誤っているかも知れない。けれどもその羅針盤に頼る以外に何もすることができない。結果はまだそこに来ていない。それは言葉を換えて言えば、忍耐ということです。この忍耐というのは、要するに私どもが働きながら待つということです。……私どもは自分の経験に関して言えば、いつまでもまだ「満ちていない時」の中にいなければならない。これが死にいたるまでの、一つの宿命とは申しませんが、私どもの本質的な姿であります。……

こうした姿勢で生きていくことこそが、そして外的な世界、社会的な「約束事の」世界に惑わされないことが、「内的な世界に生きる」ことの具体的な姿ではないだろうか。この意味では、聖徳太子が説かれたという「世間虚仮《せけんこけ》・唯仏是真《ゆいぶつぜしん》」など、内的な生き方の典型を示すものと言えるであろう。

2　根本的な選択に当面しつつ

あらためて言うまでもなく、現代においては、物質的な豊かさと生活上の安楽さは、非常に高度なものとなっている。しかしそれにもかかわらず、多くの人が「空しさ」で代表される実存的空虚感を抱いていることは否定できない。これは、現代の多くの人が、その内面世界に「心豊かに生きる」ための原理と土台を欠いているせいではないだろうか。こうした空虚から脱却するためには、肩書き・財産・名誉に代表される「外の世界に生きる」だけの発想を転換し、「内の世界に生きる」ことを十分に工夫し、内面世界に充実感を実現することを優先する姿勢を確立する必要があるのではないだろうか。

旧約から新約への一八〇度の転換。孔子から老子への一八〇度の転換。これは必ずしも容易なことではない。われわれは、世俗の中で生き、世俗の価値を追求することに慣れ親しんでいる。個人としての充実した生き方などと言っても、ふつうは、世間的な肩書きや財産、収入と無関係な発想ができるわけではない。だからこそ、逆に、精神的で内面的な生き方への憧れが、繰り返し繰り返し語られてきたの

表 3-1　世俗的生き方と内面的生き方

	外の世界に生きる（世俗的・外面的）	内の世界に生きる（精神的・内面的）
志向性	社会的位置・役割（職業・資格・地位・収入・名誉・財産）をめざし，獲得し，生きる。	自分の固有の生を自覚し，深め，表現し，生きる。
基本的な自己観	われわれの中でのわれ	自分ぎりの自分
価値観の特徴	面子・名誉の尊重 現実的な有効性・適切性の尊重	プライバシーの尊重 内面的な意味感・充実感の尊重
モリスの価値類型（他は中間的）	1・5・6・12・13	2・3・4・9・11
中国古典思想	孔子	老子
聖書の思想	旧約的／石に書かれた律法 シーザーのもの	新約的／肉に書かれた律法 神のもの
期待される教育成果	世俗的な対応・対処能力 知識・技能・マナー・現実的判断力・問題処理能力など	耕され深められた内面世界 自分自身の内面に依拠して表現，発言，行動する姿勢と能力

⇩　［一面的発達］
・俗物的な政治家，実業家，御用学者など

⬂ ⬃　［相互的相即的発達］
・創造的で活力のある社会人など

⇩　［一面的発達］
・アウトサイダー的な芸術家，宗教家など

だ、と言ってもよいであろう。

　もちろん、望ましくは、内面の精神的な充実を得るための修養と、世間的な価値を身につけるための世俗的な努力との双方が、共に重んじられるべきであろう。現実に、この双方を総合した考え方も、これまでしばしば語られている。「まず身を修めることから始めないと、内面的充実は得られない」という言い方もあるし、また「内面的充実ということを本当に追求していけば、おのずから立ち居振舞いも則にかなってくるようになるはずだ」という言い方もある。

　このように、この二つの方向はどこかで一致するかもしれないが、自分自身の究極的な目標として、どちらをより重視するかということは、やはり重要な問題である。世の中の決まりということを重視して、その中で自分自身を誰からも後ろ指を指されない存在に、さらには誰からも有能ですぐれた人だと言われるような存在に仕立てていくことを考えるべきなのか。そうではなく、誰からも理解されなくていいが、自分自身の内面的な生活が充実したものとなるよう、どういう活動をしてどのような体験を、どういう場を求めてどのような出会いを、どういう内省・瞑想によってどのような意識の状態を、実現させていけばよいのか、という方向で求めていくべきなのか。これはまさに、自分自身の人生を形成していくうえで最も重大な意味を持つ選択ではないだろうか。

いずれにせよ、自分自身の独自で一度限りの人生を、自分自身の責任のもとに、しかも自分自身に対して満足のいく形で、歩んでいこうとすること自体が、「自分の生き方を問う」ということの本質的な意味であると考えられるのである。

＊1　弟子達が編んだ『狂雲集』には、一休の奔放豁達な生活を伝える詩が数多く収められている。一休が最後に愛した森女についてのものは特に多い。たとえば「木は凋み葉落ちて更に春を回す、緑を長じ花を生じて旧約新たなり、森也が深恩もし忘却せば、無量億劫畜生の身」の小詩は、一休七八歳の時のものであるという（『一休狂雲集』二橋進編訳、徳間書店、一九七四年、参照）。

＊2　『ルカによる福音書』一八章九～一四節。

＊3　森有正『アブラハムの生涯——森有正講演集』日本基督教団出版局、一九八〇年、一五六～一五八頁。

第4章　〈我の世界〉と〈我々の世界〉を生きる

1　自己意識における外的視点と内的視点

人はいつも〈私〉にこだわる。「無私」とか「無我」という言葉があるが、実際にこれを実現するのは至難のことである。〈私〉へのこだわりから自由になれないのは、人間存在にとって一つの宿命あるいは業《ごう》と言うべきであろう。しかし、誰もが結局は〈私〉へのこだわりを持つとしても、そのこだわりがどういう視点からのものであるかによって、その意味するところは大きく異なってこざるをえない。

たとえば大多数の人の通常のこだわりは、他の人達は〈私〉をどのように見る（ている）だろうか、という視点からのものであろう。これは、他者のまなざしに映る自分自身のイメージを問題にするものであり、外的な視点に立つ自己意識のあり方である。言い換えるならば、外的な視点をそのまま内面化し、それをさまざまな判断の拠り所なり準拠枠なりとして自分自身を見ていく、という生き方である。この場合の自己意識は、自分自身に対して示された態度や面と向かって言われた言葉といった直接的なものから、ふと耳にした自分自身についての評判やうわさ話、他の人についての評判やうわさ話からの振り返りなどといった間接的なものまで、さまざまなものを素材とするものになるであろう。

これに対して、外的社会的な視点とは無関係に〈私〉を見ていく、といった場合のこだわりがある。自分自身を自分の志や望み、自分の要求するところとのかかわりで反省し吟味するといった自己意識のあり方である。宗教的、道徳的な自省自戒など、その典型例であろう。この場合の自己意識は、自分の内面世界に去来する思いや願い、自分自身を振り返る中で見えてきた自分の姿やその意味づけ、を主たる素材とすることになる。これは純粋に自己のまなざしに映る自分自身のイメージを問題にするものであり、内的な視点に立っての自己認識、自己の内的世界に依拠した自己意識である。

現代生活に即して考えるならば、名刺の肩書きばかりにこだわるのは、外的視点に立つ自己意識の典型であると言ってよい。校長は校長であり、社長は社長であり、大学教授は大学教授なのである。他の人達にその肩書きに相応しい存在として見えるよう、服装や態度、物腰にも気を遣わなくてはならない。自信も意欲も肩書きが与えてくれることが多いとするなら、「自分は～なのだ」と自分自身の中で確認してみるだけでやる気も湧いてくることになるであろう。だから、挫折したり左遷されたりして価値ある肩書きがなくなってしまうと、自分の中の自信も意欲も雲散霧消して落ち込んでしまうことになるのである。こうした意識のあり方が習慣となっていくならば、他の人を見る場合でも肩書きでしか見なくなるのは当然であろう。そして人の価値は肩書きで決まる、その人の発言や行動が尊重されるべきかどうかは内容でなく肩書きによる、といった感覚になっていかざるをえない。この発想でやっていくならば、どうしても地位序列的な権威主義に陥ってしまうことになるのではないだろうか。

これに対して、世間から隠遁して自分のまわりに自分の心の落ち着く環境をしつらえ、一人楽しむ、といった風流人の姿勢は、内的視点に立つ自己意識の一つの典型を示すものであろう。もちろんこうした生活は、現代社会においては贅沢すぎる浮世離れした望みかもしれない。しかし、通常の社会生活をしながらであっても、自他の肩書きや地位・名誉は「浮き世の約束事」と観じ、自分自身の内面の充実充足をこそ大事にしていくといった生活態度を取ることができるならば、内的視点に立つ自己意識のあり方の現代的表現様式と言えるのではないだろうか。

いずれにせよ、内的な視点に立った自己認識のあり方を深めていけば、自他にこだわらない自己意識のあり方、自他を越え世界を越えた絶対的存在のまなざしを想定した自己意識のあり方につながっていくことになるであろう。自分自身を独自の孤立した存在として見るのではなく、大きな世界の一部を構成するもの、宇宙全体の調和的機能をはたす一つの要素、その意味で他の人をはじめとしてあらゆる存在とつながっているもの、として考えるといった発想も、そうした意識のあり方の一つの典型例をなすものであろう。

2 〈我々の世界〉に生きることと〈我の世界〉に生きることと

生き方にも、こうした自己へのこだわり方のタイプが反映せざるをえない。いや、生き方の基本的な方向性はどのようなこだわりを自己に対して持つかによって決定される、と言った方が正確であろう。つまり、生き方ということで一番大きな意味を持つのは、外的な視点に立った自己へのこだわりを持って「〈我々の世界〉に生きる」か、内的視点に立った自己へのこだわりを持って「〈我の世界〉に生きる」か、なのである。

言い換えるなら、一方には自分自身を社会の中での位置づけや働きの点から考え、その意味での自己が社会的に十分認められるだけの現実的な有効性を身につけるよう努力し、そうした能力を用いて外的な現実状況に有効に対処していくことに努め、その結果として社会的な地位と名誉を手に入れようとする生き方があるであろうし、他方には一人の人間としての自分自身の充実、満足に心を奪われ、時々刻々の高揚感を求め、そうした充実や満足、高揚を可能にする機会と条件を自分の周囲に準備することに意を用いようとする生き方があるのである。これは、〈我々の世界〉に生きようとするか、〈我の世界〉に生きようとするか、といった基本的選択の問題であると言ってもよい。

〈我々の世界〉に生きようとする生き方の典型は、政治家や実業家、高級官僚、など有能な社会的エリートであろう。そして、〈我の世界〉に生きようとする生き方の典型は、自分自身の道に深く分け入った芸術家や宗教家、学者など本物の自由人であろう。もちろん通常の人の現実としては、社会的エリートも本物の自由人のいずれも、容易には手の届かない高根の花である。しかし、こうした二つの道のどちらを選ぶか、どちらの生き方を基本とし原則として生きていくのか、ということは、誰にとってもけっして無縁な問題ではない。

世の中で生きていくための社会的な力にしても自分自身の内面的な喜びや充実感にしても、その双方が共に、ある程度まで我々にとって必要不可欠なものである。そのいずれをも大切にしなくては現実には生きていけないのであるが、そのいずれを基本とし原則とするかという選択は、我々の生き方の本質にかかわる重大なもの、と言ってよいのではないだろうか。

「〈我々の世界〉に生きる」ことは、外面的で世俗的な世界を重視する生き方であり、世の中でバリバリ仕事をし、大きな影響力を持ち、広く尊敬され、……といった方向をめざす道である。これに対して「〈我の世界〉に生きる」ことは、内面的で精神的な世界を重視する生き方であり、世の中の動きからは距離を置き、与えられた自らの生命の意義の自覚を深め、自分自身の充実した世界を作り、……といった方向をめざす道である。この二つの道のいずれかに歩み出すことは、もちろん必ずしも容易なことでない。ともかくも大前提として、日常生活への埋没からの目覚めがなくてはならない。そして、与えられた自分自身の人生に対して自分なりに責任をとっていく、という自覚と決意を土台に前進を始めようとしなくてはならないであろう。ところが、前進する代わりに、自分自身を空想や白昼夢の中でごまかしたり、多忙さの中でごまかしたりして、自覚的に生きるということ自体から逃げようとすることも少なくはない。

しかし、この二つの道のいずれの場合であっても、即自的な欲求のままその日暮らし的に生きていく生活からの脱出を願いつつ、しかも内的・外的なごまかしによって自覚から逃避するという道にも落ち込むことなく、自分なりの「よりましな人生」を求め、自覚的かつ意志的に研鑽努力するということを意味しているのである。

3 外的な正当性・有効性を求めるか、内的な喜び・充実感を求めるか

ところで、逃避に陥ることなく積極的な方向へと人生の歩みを進めていこうとするとしても、世俗的な道と内面的な道のいずれを歩もうとするかで、当然のことながら、毎日の生活の中で工夫し努力すべき焦点や目標も、あるいは自分自身の生涯を巨視的に考える際の人間的成長のイメージも、大きく異なってこざるをえない。

外面的で世俗的な生き方（〈我々の世界〉にもとづく生き方）を重視するならば、さまざまな知識や能力を身につけ、外的な対応の正当性に留意し、きちんとした行動がとれ、その結果として「世のために人のためになる」ような実績をあげる、という方向が大事にされることになるであろう。第3章でも述べたが、儒教において言われてきた「修身斉家治国平天下」という考え方など、この方向での成長をイメージしたものとして典型的と言えるのではないだろうか。自己一身の修養に努め、自分の家庭をきちんと斉《ととの》え、そうした土台の上に立って社会を平和に保つ努力をする、といった理想である。これは儒教的世界においては、支配的社会階層の男性にのみ期待される理想像、という狭さを持ちがちであったにせよ、この発想自体は、きちんとした外的対応の能力を身につけることこそ人間的な成長である、とする考え方の良い例であろう。

第3章を繰り返すが、身を修めるということは、仁・義・礼・智といった徳を身につけるべく努力することであり、そうした徳が、人との対応の中で、あるいは社会生活の中で、きちんと発揮されるよう

になることである。親に対しては孝行、目上の人に対しては忠実、友人に対しては信義、といった行動様式が取れるようになることである。これこそ孔子的儒教的な生き方のめざすものと言ってよいのではないだろうか。これはキリスト教的に言うと、律法の規定を守ることを最重要視する旧約的な生き方ということになる。こうした発想はまた、日常的な規範をきちんと守っていくことこそが、その人の人間としての完成をもたらすという考え方や、「形から入って精神へ」という発想にもつながっていくものと言ってよい。

これに対して、内面的で精神的な生き方〈我の世界〉にもとづく生き方〉を重視するならば、何よりもまず内面的な充実と躍動を求めることが大事にされざるをえない。こちらの方は、むしろ老荘の教えに対応するものと言ってもいいのではないだろうか。こうした発想は、人から後ろ指を指されたってかまわない、人からの評価より自分自身の内面が充実するかどうかの方がずっと重要だ、という考え方ともなるであろう。こうした姿勢で生きていくことこそが、そして外的な世界、社会的な「約束事の」世界に惑わされないことが、〈我の世界〉に生きることの具体的な姿となるであろう。

4　人生の全体を懸けた選択

現代社会においては、物質的な豊かさと生活上の安楽は非常に高度なものとなっている。しかしそれにもかかわらず、多くの人が「空しさ」とか「不安」に代表される実存的空虚感を抱いていることも否定できない事実である。さまざまな形のノイローゼが、そして仮面鬱病が、さらには燃えつき（バーンアウト）症候群と呼ばれる状態が、欧米でも日本でも社会人に蔓延しているという現実もまた、こうした傾向の延長線上にあるものであろう。精神科医や臨床心理学者が繁盛するのは、社会そのもののあり方としてけっして喜ぶべきことではない。こうした状況となっていることの基盤には、世俗化と個人主義の進展によって現代の多くの人が、その内面世界に「心豊かに生きる」ための原理と土台を欠いたまま生きていかざるをえない、という事情があるのではないだろうか。

こうした実存的空虚から脱却するためには、さまざまな具体的方法があるであろう。そうした方法を伝授してくれるセミナーやワークショップも大はやりである。また新興の宗教団体の中にも、「この道でこそあなたの空しさや不安は払拭される」といった勧誘の手を大々的に差し伸べているところもある。しかしながら、どのような具体的方法によって実存的空虚を脱却していくにしても、何よりもまず、肩書き・財産・名誉に代表される「〈我々の世界〉に生きる」だけの発想を転換する必要があるのではないだろうか。そして「〈我の世界〉に生きる」ことを十分に工夫し、内面世界における充実感を実現し味わうことを優先する姿勢を確立することが必要とされるのではないだろうか。

世俗に生きる道と内面の充実を追求する道とはどこかで一致するかもしれないし、またこれら二つの道が統合されるような生き方を探し求めることこそ現実には重要な課題となるかもしれない。しかしながら、自分自身の究極的な目標としてどちらをより重視し基盤とするかということは、やはり必須の重要性を持つ問題ではないだろうか。世の中の決まりを重視して、その中で自分自身を誰からも後ろ指を指されない存在に、さらには誰からも有能ですぐれた人だと言われるような存在に仕立て上げていくことを考えるべきなのであろうか。それとも、自分自身の内面的な生活が充実したものとなるよう、どういう活動でどのような体験を、どういう場でどのような出合いを、どういう内省・瞑想でどのような意識状態を実現させていけばよいのか、という工夫をしていくべきなのであろうか。

このいずれを取るかは、自分自身の人生に基本的にどのような意味を与えるか、という点において最も重大な選択ではないかと思われてならないのである。もちろん、こうした基本的選択の決断を、一〇歳代の間に、あるいは二〇歳代の間に、はっきりとした形でなさなくてはならない、などと言っているのではない。多分、それは不可能なことであろう。この選択は、その人の人生の全体を懸けたもの、その意味で死ぬまでの間に繰り返し繰り返しなされざるをえないもの、なのではないだろうか。

5 当事者として生きる

「うまい生き方」とか「下手な生き方」ということが言われることがある。たしかに外から見たら、そうも言いたくなるような生き方がないではない。いつもうまく立ち回って、日の当たるところばかり歩いているように見える人がいる反面、いつも損な役回りばかり演じているように見える人がいるのも事実である。しかし、外部から他の人の生き方をあれこれ言ってみても本当は仕方ないのではないだろうか。それは結局のところ、第三者の無責任な印象批評のようなものにすぎないのである。「あなたはうまい生き方をしている」とか「あなたは下手な生き方をしている」と言われたって、自分なりの責任で生きようとしている人であるなら、「ほっといてくれ!」ということになるであろう。逆に、そういう外部からの見方や評価に影響されて自分の生き方がくるくる変わってしまうようなことがあるなら、

「自分の責任で生きる」こととは無縁である、ということになるのではないだろうか。

本人にとって一番大切なのは、自分が「本当に生きている」という実感が持てるかどうかであろう。もっと言えば、自分に与えられた人生を「セ・マ・ヴィ（これが私の人生なんだ）！」として引き受け、受け入れていけるかどうかであろう。いずれにせよ、他人の目に自分の生き方がどう映るかということより、自分の目にそれがどう映るかということこそが重要なのである。逆に言えば、自分自身に対してそういう意識を持っていないということは、自分が生きているということに対して十分な当事者意識を持っていないということなのである。自分が生きているということに対して自分で責任をとっていこうと思うなら、「うまい生き方」だの「下手な生き方」だの考えるような気には、とてもなれないのではないだろうか。

吉田松陰の辞世の歌として伝えられているものに、こういうのがある。

かくすれば　かくなるものと知りながら　やむにやまれぬ大和魂

こんなことをすればこんな結果となるのは百も承知、しかし自分の内部から込み上げてくるものがあったからこうしたんだ、自分にはいささかの後悔もない、といった趣旨の歌である。二九歳という若さで処刑された、その意味では「下手な生き方」をしたかに見える松陰が、最後に開き直って「だからどうだって言うんだ！」とタンカを切っているような歌である。「自分が生きる」という当事者意識さえあれば、これは当然の姿勢であろう。結局は、「やむにやまれぬ大和魂」といった内的必然性を自分の中に意識し、それを実現すべくがんばらざるをえなかった、ということなのである。自分の言動を支える必然性の意識が自分自身の内部に欠けている人だけが、自分自身の生きていく軌跡に対して、まるで他人事のように「うまい」とか「下手」とかいう形容語をつけた振り返りをしてしまうのではないだろうか。それ以外の形では生きられなかった自分自身の人生に対して、距離を置いた評価の目を向けるのでなく、肯定的で受容的な愛着の目を向けたいものである。それが可能になるためには、自分自身の言動を貫いている内的必然性をよく意識し、それを大切にするように努め、機会をとらえてそれを生かしていくよう努力していく必要があるのではないだろうか。

ところで、人は何時、自分自身を動かしていく内的必然性に目覚め、自分の人生を自分自身の責任の下に生きていくことが可能になるのであろうか。結論的に言えば、そうした「目覚め」には、年齢的な意味での一般的時期はない。六〇歳になっても「自分は下手な生き方をしてきたのではないか」とウジウジしている人もいるであろうし、二五歳の青年でも「下手な生き方のように見えようとどうであろうと私には関係ない、これが自分なりの生き方なんだ！　私にはこれしかできないのだから、これでいいのじゃないか！」と頭を傲然と上げ続けている人もいるかもしれないのである。

もちろん誰にとっても、自分の生き方を当事者意識を持って見るようになる転機が、可能性としては存在するであろう。人のうわさや評判、世間体や体面が、自分の生き方や人生のあり方に基本的基盤的な面では影響しなくなるような方向への転機である。その機縁としては、逆境に陥ったり、大病したり、ノイローゼになったりといった場合が多いであろう。自分自身と世間とか世界との間に違和感なり亀裂なりを感じざるをえない状況に置かれた場合である。〈我々の世界〉から〈我の世界〉が析出してこざるをえない状況である。

こうした危機的状況を経験しないで済む人は、幸せな人と言うこともできるかもしれない。世間という〈我々の世界〉の中で、「うまい生き方」だとか「下手な生き方」ということにこだわって、悩んだり考えたりしていけばいいであろう。自分の人生まで他人事のように考えられるのは一種の余裕と言いうるかもしれないし、酔生夢死もまたりっぱな人生と言って悪い理由はないからである。

もちろん、「世間の目」といった外的な視点は、けっして軽視されてよいものではない。我々は本質的に群れの一員としてしか生きていけない存在だからである。しかし同時に、我々は一人っきりで生まれ、自分だけに開示された世界を自分だけの判断で生き、一人っきりで死んでいく存在である。とことんのところは、自分が自分自身に対してどのように思い、どのように考えるかである。内的視点が基盤になければ「自分の人生」になりようがないのである。この意味で、「内的生き方＝〈我の世界〉を重視した生き方」を土台に据えつつ「外的生き方＝〈我々の世界〉を重視した生き方」にも工夫を凝らす、といった方向こそが望ましいのではないだろうか。自分自身の人生に対する当事者意識を持つということは、こうした形でしか現実には実現できないのではないか、と思われてならないのである。

兼好法師は『徒然草』で次のように述べる。[*1] 多忙な日常生活を余儀なくされている人も、時にはこうした見方を自分自身に突きつけてみてはどうだろうか。内容的には言い古されてきたことであろうが、我々が人生の当事者としての軌道を踏みはずさないためにも、こうした観点からの振り返りが時には必要ではないだろうか。

名利に使はれて閑かなる暇なく、一生を苦しむるこそ愚なれ。

財多ければ身を守るにまどし。害をかひ累を招く媒なり。身の後には金をして北斗をさゝふとも、人のためにぞわづらはるべき。愚かなる人の目をよろこばしむる楽しみ、またあぢけなし。……

位高くやん事なきをしも、すぐれたる人とやはいふべき。愚かにつたなき人も、家に生まれ時にあへば、高き位に登り奢りを極むるもあり。いみじかりし賢人聖人みづから賤き位にをり、時にあはずしてやみぬる、また多し。偏に高き官位を望むも、次に愚かなり。……

まことの人は智もなく徳もなく功もなく

名誉や利益への欲に追い使われて、心静かな時を持つこともできず、苦労するだけの一生を送るのは、まことに愚かなことであろう。

財産が多いと自分の身を守ることも難しくなる。財産は面倒なことの起こるきっかけになる。死んだ後で金を高く積んで北斗星を支えるようなことがあろうとも、関係者にとっては煩わしいことであろう。愚かな人の目を楽しませるだけの楽しみなんて、また興ざめなものである。……

身分の高く尊い人をすぐれた人と言うべきであろうか。愚かでだめな人でも名家に生まれたりチャンスに恵まれたりすれば、高い位について権勢を欲しいままにすることもある。逆にすごく賢い人や徳の高い人であっても、低い位にとどまっていたり、チャンスに恵まれないでひっそくしていたりすることも多い。高い地位に就こうと懸命になるのもまた愚かなことではないだろうか。……

本当にできた人にとっては知識も徳も功績も名声も

名もなし、誰か知り誰か傳へん。これ徳を隠し愚を守るにはあらず。本より賢愚得失の境にをらざればなり。

萬事は皆非なり。言ふにたらず願ふにたらず。

無関係である。だからそうした人のことは人々に知られたり伝えられたりすることもない。これは自分の徳を隠したり自分の愚かさをそのままにしているからではない。もともと賢いとか愚かだとか得だとか損だとかいうことについてこだわりのない境地にいるからである。

世の中のあらゆることはつまらぬことである。口にするほどのことでもないし、願うほどのことでもない。

＊1 『徒然草』第三八段。ここでの引用は、『方丈記 徒然草（日本古典文学大系三十）』岩波書店、一九五七年より。ただし下段は筆者による。

第5章　〈我の世界〉への目覚めと生き方の深化発展

自分自身に対する基本的な意味づけやプライドが、〈我々の世界〉における自己の位置づけの意識からしか来ていない、という人が少なくない。つまり、自分自身の基本的なアイデンティティや自尊心が、自分が今現に世の中でどういう役割・立場を占め、どのような敬意を払われているか、ということだけに根っこを持っている、という意識構造の人である。「自分は医者だ」「自分は〇〇会社の部長だ」「自分は〇〇大学の学生だ」等々といった形でしか自分のことを考えていない人である。

こうした人は、結局は、世界というのは〈我々の世界〉のことなんだ、「生きる」ということは、そうした世界の中で確固とした位置を占め、自分に期待されている役割をきちんと果たし、他の人達に尊敬されることなんだ、世の中とか世間と呼ばれる世界以外にいったいどんな世界があるというのだ、と思って生きているのであろう。

そうした状態で最後まで人生を送る人が現実には少なくないにしても、人によっては、〈我々の世界〉と根本的に異なった、自分自身だけに開かれた、自分自身に固有の〈我の世界〉が存在するということに気づく、という転換が生じることがある。こうした転換が生じるなら、その人の人生において非常に重大な意味を持つ転機となるはずである。自分自身の〈我の世界〉を大事にしつつ、そこに最終的な拠り所を求め、自分自身に対して誠実に生きていく、という姿勢で生きていくことが可能になるからである。これができるならば、その人は自分自身の人生を、真に地に足のついた形で、真に着実で内実のあるものにしていくことができるのではないだろうか。

1　閉ざされた〈我の世界〉と開かれた〈我の世界〉と

しかしながら、〈我の世界〉に気づき、それにこだわる、ということには一つの重大な落とし穴がある。〈我の世界〉に依拠して生きていくという場合、似て非なる一つの生き方に導かれる可能性があるからである。これは実は、その人によって〈我の世界〉と想定されるところが、根本的に異なっていることがあるからでもある。

一つは自分に固有独自の〈我の世界〉に目覚めたとしても、それを自分が自分だけで生きているといった、孤立無援で他者とは無関係なものとして感じ取るものである。これは閉ざされた形での〈我の世界〉の感じ取り方であって、これを大事に生きていこうとするなら、結局は、独我的で自己中心的な生き方に導かれることにならざるをえない。こうした我執的な形で〈我の世界〉を意識しつつ生きていく場合、より具体的には、次のような感覚なり考え方なりが基本となるであろう。

(1)　結局は私のことを本当に分かってくれる人などいるわけはないし、私も他の人のことは推測するだけで本当に分かることなどできはしない。したがって、〈我の世界〉に依拠して生きるということは、他ならぬ固有独自の自分の責任において、自分の気の済むように、自分の満足が得られるように、判断し行動し生きていくということである。

(2) この場合、自分とかかわりのある他の人達は、そういう自分の〈気が済む・満足が得られる〉生き方に役立つ限りにおいて意味を持つのであって、基本的には自分の人生にとって手段的かつ道具的な意味を持つものでしかない。

(3) このように考えるならば、世の中とか世間と呼ばれる〈我々の世界〉は、一人ひとりが自分自身の個人的な満足を最大限に追求するための〈市場〉あるいは〈戦場〉に他ならない。

こうした我執的生き方であっても、〈我々の世界〉に埋没して無自覚に生きている状態から言えば、ある意味で一歩を進めたものと言えるかもしれない。しかし、自分自身の内面的精神的な深みに対して目が開かれないままであるという点では、さらに言えば「生かされてある私」という感覚に導かれないという点では、五十歩百歩でしかない。さらに別の見方をすれば、こうした考え方に立つ場合、意識的意図的に利己的な判断や行為を行う確信犯的な自己中心性に導かれるという点で、こうした我執は、〈我々の世界〉だけで無自覚に生きている状態からの一歩後退とも言っていい面を持つ。いずれにせよ、こうした感覚なり考え方なりは、世俗化され非宗教化された社会における〈覚醒〉のあり方として、自然でもあり必然でもある、と思われてならない。

これに対して、固有独自の〈我の世界〉を、私自身に与えられた世界、私自身に対して準備され他ならぬ私が生きていくべき現実、として感じ取るあり方がある。ここからは、運命に対し、さらには他の存在に対し、開かれた形の〈我の世界〉が想定されることになる。したがって、こちらの意味での〈我の世界〉を大事に生きていこうとするならば、必然的に、共生的で脱自己中心的な生き方に導かれることになる。この場合、次のような感覚なり考え方なりが基本になるであろう。

(1) 結局は各人の内面世界にあるものは互いに理解不能であるが、自分の内面世界を深く洞察していくことによって、他の人にも共通する人間性の基盤的な様相を理解していくことができる。さらに言えば〈自分個人が生きている〉といっても、本当のところは〈こうした自分という意識を持つこの個体として生かされている〉ということなのであって、他の人も皆、同様に、その人その個体として生かされているのである。広く言えば、すべての存在が、そのように、そうした存在として存在させられているのだ、ということを考えるなら、あらゆる存在に対して深い共感を持つことができるはずである。

(2) 〈我の世界〉に依拠して生きるということは、〈生かされてある者としての自分〉に対して誠実に生きるということであり、〈自分さえ気が済めばそれでいい〉とか〈自分が満足することこそが大切〉ということとは基本的に異なる。〈自分に与えられた運命〉を受け入れ、〈自分に与えられた使命〉を果たしていく、ということが大切なのであって、自分にかかわりのある他の人達に対しても、基本的には〈運命的な出会い〉によるものと受けとめて大切につき合いをしていかねばならない。

(3) このように考えるなら、世の中とか世間という〈我々の世界〉は、固有独自の自分が他の固有独自な生を生きる人達とともに、現実に具体的な形で生きていくための〈運命的な場（フィールド）〉

というこ とになる。

こうした感覚なり考え方なりは、キリスト教であろうと仏教であろうと、いささかなりとも真の宗教的目覚めがあるなら、当然のものと言ってよい。逆に言えば、こうした脱自己中心的な「運命という名の大きな力の中で生きている私」、その意味において「生かされてある私」という感覚を欠いた信心や信仰は、現世利益的なものを祈り求めての信心になるか、そうでないにしても、自己や家族、縁者の幸せを願っての信心に堕していくしかない。そういった類の信心のあり方は、真の宗教とは何の関係もないものと言わねばならないであろう。

〈我の世界〉への目覚めといっても、このように、相反する二つのタイプのものがあるが、後者のみが精神的な深化向上につながるという意味において、「自分が本当に自分になっていく」という意味での自己実現の端緒になるという意味において、真に〈目覚め〉という言葉で呼べるものではないだろうか。

2　目覚めと生き方のステップ

ここで、この二つの〈我の世界〉への依拠の仕方を、もっと大きな視野から、人間的な成長成熟の流れの全体像の中に位置づけて考えてみることにしたい。まず人間的な成長成熟の基本的な筋道を、アイデンティティが確立されていない無自覚な段階から始まって、〈我々の世界〉への目覚め、そして〈我の世界〉への目覚めを達成し、さらには自他へのとらわれから解放された自由自在の境地へ、というステップとしてとらえ、その概要を見ておくことにしたい（図5－1を参照）。

出発点は〈無自覚なまま生きる〉段階である。自分のことも他人のことも世界のこともほとんど考えることなく、その時その場の欲求と必要のままに動いている状態である。乳幼児はこの〈無自覚なまま生きる〉段階にあると考えられる。また、電車の中で他人の目もはばからずお化粧に余念のない女の子を見たりすると、まだこの娘はこの無自覚な段階にあるのかな、と考えたりもする。

次の段階は〈我々の世界〉への目覚めである。この段階に進むと、自分の個人的欲求や必要以上に、世の中の人達が何を考えどう行動しているか、そして自分自身が世の中の人達からどういう存在として見られ、何を期待され、どのように価値づけられているか、が気になることになる。しかしこの段階についても、実は二つの異なった方向への展開が見られるように思われる。

一つは閉ざされた形で、何によらずあらゆることについて〈我々の世界〉を規準に生きようとする（トラップ1）というあり方である。〈我々の世界〉への受動的な埋没・流され、と言ってよいかもしれない。もう一つは開かれた形のあり方であって〈我々の世界〉における自己の位置・役割・立場を自覚し、それを大事に生きていこうとする（ステップ1）というものである。〈我々の世界〉への主体的な参画・献身、と言ってもいいかもしれない。後者の持つ能動性こそまさに次のステップへと深化向上していく可能性をはらむものと言ってよいであろう。

この上にあるのが、〈我の世界〉への目覚めという段階である。これにもトラップとステップが想定されるが、その内容については、閉ざされた形のもの（トラップ）と開かれた形のもの（ステップ）と

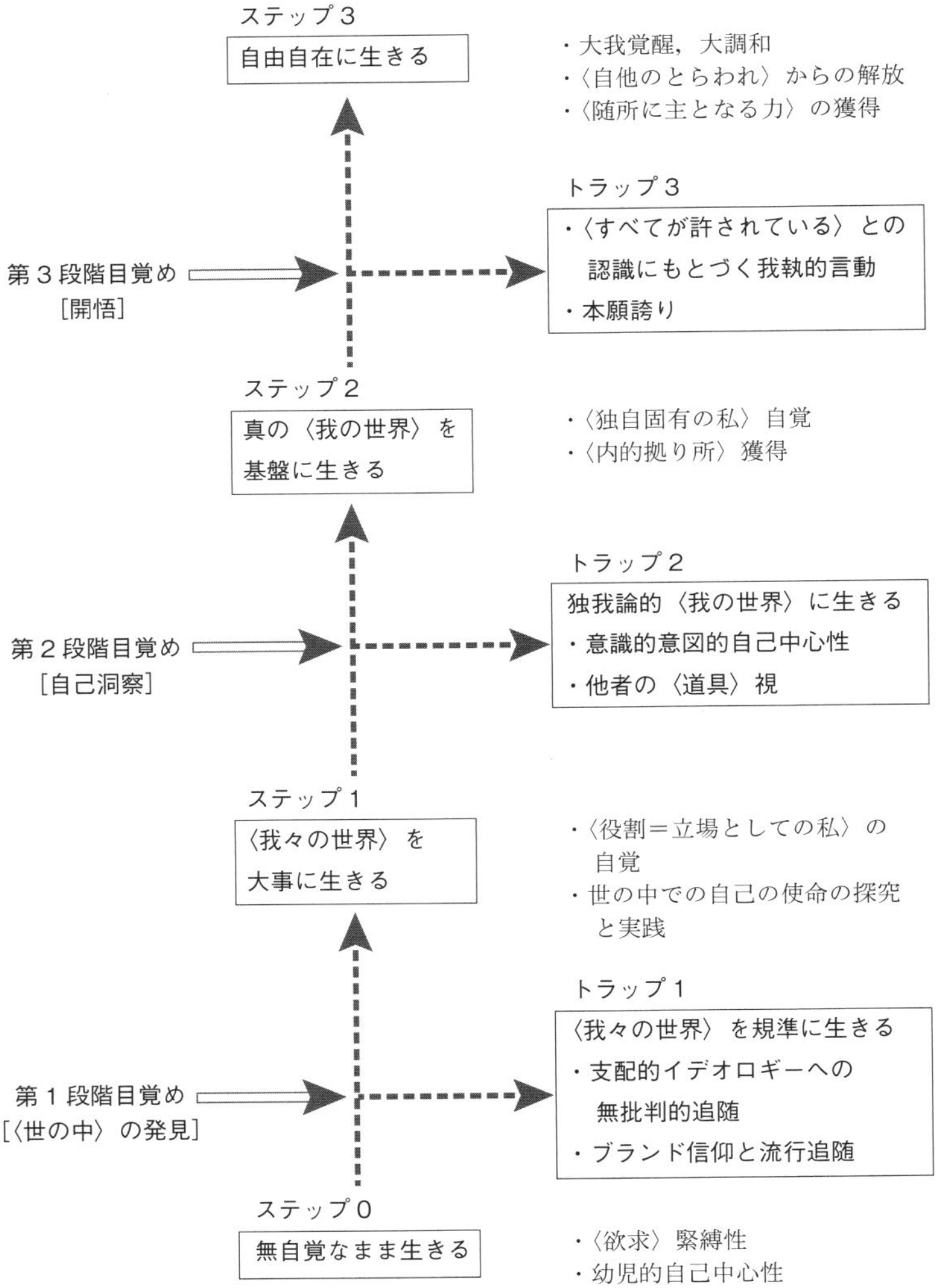
ステップ３
自由自在に生きる
・大我覚醒，大調和
・〈自他のとらわれ〉からの解放
・〈随所に主となる力〉の獲得
トラップ３
・〈すべてが許されている〉との認識にもとづく我執的言動
・本願誇り
第３段階目覚め
［開悟］
ステップ２
真の〈我の世界〉を基盤に生きる
・〈独自固有の私〉自覚
・〈内的拠り所〉獲得
トラップ２
独我論的〈我の世界〉に生きる
・意識的意図的自己中心性
・他者の〈道具〉視
第２段階目覚め
［自己洞察］
ステップ１
〈我々の世界〉を大事に生きる
・〈役割＝立場としての私〉の自覚
・世の中での自己の使命の探究と実践
トラップ１
〈我々の世界〉を規準に生きる
・支配的イデオロギーへの無批判的追随
・ブランド信仰と流行追随
第１段階目覚め
［〈世の中〉の発見］
ステップ０
無自覚なまま生きる
・〈欲求〉緊縛性
・幼児的自己中心性

図 5-1　生き方のステップとトラップ（ERK）

して先に詳しく見たので、これ以上は述べない。しかし、この〈我の世界〉への目覚めが最終的なものでないことは、十分に認識しておく必要があるであろう。

この上に、少なくとも誰に対しても開かれている可能性として、〈生かされてある〉ことの自覚、自他の区別を超えた自分自身と存在全体に対する一体感、さらには存在そのもの全体に対する愛おしさとも言うべき感覚への目覚め、というステップが想定されるであろう。〈我の世界〉がそのまま〈我々の世界〉を含み、さらには〈大宇宙的な世界〉を含むものになる、と言えばよいのであろうか。これは大我覚醒であり、大調和であり、「天上天下唯我独尊」とも言える感覚であろう。宗教的な覚醒も、結局のところこうしたところにまで行き着かなくては本当でないのである。

3　大調和の世界、絶対他力の世界

こうしたステップに進むためには、私が生きているのではなく私という具体的存在の形において神（あるいは大自然・宇宙的な力）が生きているのだ、したがって私の思いも意志も行動もすべて巨大な力のそうなさしめるところなのだ、ということへの気づきが不可欠となる。〈生かされてある私〉への深い地点での目覚め、とでも言えばいいのであろうか。これはまた、絶対他力の世界、「御心のままに」の世界、への覚醒でもある。

しかしながら、ここにもまた落とし穴が潜んでいる。私のやることはすべて神の御手の中でのことであるから（私は大自然・大宇宙の力をそのまま生きているのだから、私は「神の子」であるから）すべてを許されているのだ、悪いとされていることでもなんでも自分の思い通りやっていいのだ、という境地（トラップ3）に導かれる可能性があるからである。歴史的には、浄土真宗などの信徒の一部に対して批判されてきた「本願誇り」といったあり方や、マイスター・エックハルトの説教を聞きドイツ神秘神学の影響を受けた人達の一部に見られたというあり方など[*1]、この典型的な一例ではないだろうか。

あらためて言うまでもないが、本当に自由自在の境地で生きる（ステップ3）ためには、自分自身の欲求欲望からも解放され、自由にならなくてはならない。言い換えるなら内なる煩悩から脱しなくてはならないのである。さらに言えば、自分の内部に潜む我執的なものに気づき、それをコントロールするという能力そのものも、一人ひとりに与えられた大切な機能として活用していかねばならないのである。分別にしても意志にしても自己統制力にしても、大きな力（神・大自然・宇宙的な力）から与えられている貴重な装置として十分に用いていくべきなのである。それらを無条件に放棄して気随気儘にふるまうのが、絶対他力だとか「御心のままに」ということではない。ここで大切なのは、キリスト教的な言い方で表現するならば、自己の分別や意志や自己統制力が我執的な「人間的な思い」に根を持つものになっていないか、絶えず自省自戒することであり、「神の思い」を求めつつ「神の御栄え」の方向で自己の自我的な機能を十分に用いていく、ということであろう。

この辺のことについては、また別な機会に詳しく考えてみたいと思うが、こうした終局的な目覚めが誰にとっても可能性として準備されているということ自体については、きちんと考えておくべきではないだろうか。

＊1　上田閑照『上田閑照集　第7巻　マイスター・エックハルト』岩波書店、二〇〇一年、を参照。

Ⅱ

「生き方」意識を探る

第6章　現代日本人に見る生き方意識

1　生き方意識インベントリーを作る

生き方に関する意識は、人によって皆異なるものであるかもしれない。たしかに、一人ひとりを見ていけば、人生に対する多種多様な姿勢や態度が存在していることに気づくであろう。しかしそれは、その人の生きている文化や時代によって、大きく枠づけられざるをえないものでもある。つまり、生き方の意識には、その社会、その時代によって、典型的とでも言うべき特徴が見られることが少なくないのである。こうした意味において、現代日本に生きる人々が、生き方についてどのような意識を持っているか、そこにどのような典型的特徴が見られるか、ここで少しばかり検討してみることにしたい。

こうした検討を行うために、ここでは質問紙調査によって資料を得ることにしたいのであるが、問題はその質問項目をどのように構成するかである。生き方について、そのすべての領域を取り上げて意識調査をすることなど、本来不可能と言ってよい。これまで見てきたところからも明らかなように、さまざまな視点から、またさまざまな立場に立って、生き方に関する意識を問うことが可能なのである。そこでこの調査では、特に筆者が関心を持つ「自己の存在意義・自己受容」「脱自己中心性」「自己の可能性・目的」「努力への意志・向上心」「ニヒリズム」という五つの領域を取り上げ、そこでの意識の概要を見ていきたいと考えた。これらはいずれも、どちらかと言えば、実存的なレベルにおける生き方意識にかかわるものである。各領域を構成する項目群の具体的な内容については、表6－1を参照していただきたい。

この表に示されている項目は、筆者が原案を作成し、大学院生や小・中・高校の教師などに依頼して、その項目が属する領域の他の項目との意味連関、その項目の意味するところの明瞭性、などの点から内容検討していただいたものを整理したものである。

2　どのような生き方が選択されるか

自分自身の生き方について考えてみる時期はいろいろあるであろう。しかし、これまでの各種調査では、調査がしやすいという理由からであろうが、高校生ないし大学生を対象としたものがほとんどと言ってよい。青年期にある若者の意識を探ることもたしかに重要であるが、ここではすでに成人し、社会のただ中で毎日をがんばっている人について、その意識のあり方を探ってみることにしたい。

調査の対象となった人々は、大阪市北郊の住宅地である池田市を中心とした地域と、長野県の松本市を中心とした地域に居住する成人であって、小・中学校に通う子どもを持つ父親・母親である。調査の

また日本の人でも他の国の人でもよい）を持っています。

28. 私は，自分にはとてもまねできないが，人間として非常にすぐれたすばらしい人（今の人でもむかしの人でも，また日本の人でも他の国の人でもよい）を知っており，尊敬の気持ちを持っています。

[D　努力への意志や向上心にかかわる感覚・意識]

4. 私は，なんとかして自分の大きな可能性を見つけ，その実現に向かっての努力をし，大きく花を咲かせなくては，と考えています。

9. 私は，その時その場で自分なりに精一杯の努力をしていけば，最後には必ず大きな成果が得られるに違いないと考えています。

14. 私は，世間的な意味で成功するかどうかより，その時その場で精一杯がんばったかどうかの方がずっと大事だ，と考えています。

19. 私は，どんなに小さいことでもいいから，これは自分がやったことだ，と言えるものを持ちたい，と思っています。

24. 私は，あまり無理をしないで，自分自身と上手につき合いながら，マイペースで少しずつやっていくしかないと考えています。（＊？）

29. 私は，自分がどんなにがんばって努力をしていったとしても，結局のところ，結果にそう大きな違いはないだろう，と思っています。（＊）

[E　ニヒリズムにかかわる感覚・意識]

5. 私は，人間誰もいつかは死んでしまうのだから，がんばって努力しても結局はむだだ，という気がしています。

10. 私は，がんばって節約して財産ができたとしても，結局は元気な間しかそれを使って楽しめないのだから，あまり先のことばかり考えないで，楽しめる時に精一杯楽しんでおかなくては損だ，と思います。

15. 私は，世間の人はすぐにきれい事を言いたがるけれど，結局は誰もが，お金と名誉と快楽を求めているだけだ，と思います。

20. 私は，人生は偶然の積み重ねであって，努力した善人が泣きをみたり，自分勝手な悪人が幸せになっても不思議ではない，と思っています。

25. 私は，自分が存在し生きていることには，全く何の目的も意味もないという気がしています。

30. 私は，自分自身に遅かれ早かれ訪れる「死」に対して，心の準備がいちおうできており，そう恐ろしいとは思っていません。（＊）

上記の各項目について，〈はい〉〈いいえ〉〈?〉の３件法で回答する。この場合〈はい〉＝「だいたいその通りです（そう思います）」，〈いいえ〉＝「そうではありません（そうは思いません）」，〈?〉＝「そういうことは，あまり考えたことがありません（よく分かりません）」の意味とする。

なお，項目の末尾に，＊印をつけたものは逆転項目（〈いいえ〉に加点），＊？印をつけたものは両義的（アンビバレント）な項目，と考えられるものである。

各項目のはじめにつけた数字は，調査票での項目配列順序を示す。

表 6-1 生き方意識

[A 自己の存在意義や自己受容にかかわる感覚・意識]

1. 私は，いろいろ不満なところ反省すべきところがないわけではないが，基本的には，今のままの自分でいい，と思っています。
6. 私は，細かいことでは今までいろいろあったにせよ，基本的には，良い機会や条件に恵まれてきた幸せな人間だ，と思っています。
11. 私は，この世に一人の人間として生まれてきたことをありがたく思い，感謝の気持ちに満たされることがあります。
16. 私は，毎日の生活が，どうしてこんなに変わりばえも新鮮さもない灰色のつまらないものなんだろう，といやになることがあります。（＊）
21. 私は，周囲の人達に支えていただいているからこそ，こんなふうに生活していけるのだ，と思うことがあります。
26. 私は，大自然の力（あるいは神様，仏様，など）によって支えられ生かされているのだから，つまらぬことで一喜一憂しないで，安心しておまかせしておけばよい，と思っています。

[B 脱自己中心性にかかわる感覚・意識]

2. 私は，自分のことを，いつでも自分勝手なことばかり考える，なんて自己本位の人間だろう，と思うことがあります。（＊?）
7. 私は，人間は誰も，結局のところは自分のことしか考えようとしない利己的な存在だ，という気がします。（＊?）
12. 私は，自分の意見に反対されたり，自分の考えと違う主張をぶつけられたりすると，我慢できなくて，感情的になってしまいます。（＊?）
17. 私は，自分自身のことは考えに入れないで計画したり行動したりしないと，結局はうまくいかないものだ，という気がします。
22. 私は，できることなら，義理や体面などいっさい考えないで，自分が木や石になったつもりでやっていきたい，と思っています。
27. 私は，結局は「自分」などというものはない，幻影のような「自分」にこだわるのはくだらないことだ，という気がしています。

[C 自分の可能性や目的にかかわる感覚・意識]

3. 私は，自分自身の人生において，どうしてもやりとげなくてはならない自分なりの仕事なり使命なりがある，という気がしています。
8. 私は，自分自身の将来には大きな可能性が潜んでおり，そのうちに思いがけないチャンスに恵まれて，それが現実のものになるだろう，という気がしています。
13. 私は，今までと違う新しいことに，いつでもチャレンジし，自分の可能性を広げていきたいと思っています。
18. 私は，どんなにささやかなことでもいいから，他の人の役に立つことを見つけ，責任を持ってやっていかなくては，と考えています。
23. 私は，この人をお手本に生きていきたいと思う人（今の人でもむかしの人でも，

表 6-2　成人男女の人生観／「はい」の回答率

──30 歳代前半から 50 歳代後半まで（30 歳代後半から 40 歳代前半が中心）──

項目	男性			女性		
	全体（人数）245	大阪（人数）167	松本（人数）78	全体（人数）326	大阪（人数）202	松本（人数）124
5. 結局死ぬのだから努力はむだ	3.3	4.2	1.3	1.8	2.5	0.8
25. 自分の存在は無目的で無意味	3.7	3.6	3.8	2.5	3.0	1.6
27. 自分という幻影に拘泥せず	7.3	8.4	5.1	5.8	7.9	2.4
29. がんばっても結果に変わりはない	16.3	15.0	19.2	16.3	15.8	16.9
16. 毎日の生活が灰色でいやだ	17.6	16.8	19.2	16.6	16.8	16.1
12. 反対されると我慢できない	23.3	22.2	25.6	22.1	23.8	19.4
26. 大きな力におまかせして生きる	25.3	31.1	12.8	25.5	27.2	22.6
20. 善人が泣きをみることもある	26.5	26.9	25.6	21.2	22.3	19.4
2. 自分を自己本位と思うことも	26.9	27.5	25.6	26.7	31.2	19.4
30. 自分の死に対し心の準備あり	26.9	25.1	30.8	23.9	23.8	24.2
17. 自分を考えに入れるとだめ	27.3	27.5	26.9	12.3	13.9	9.7
22. 自分を木石と見てやっていく	29.0	32.3	21.8	21.8	23.3	19.4
15. 誰も結局は金と快楽と名誉だ	30.6	28.1	35.9	23.3	20.3	28.2
10. 今楽しんでおかなくては損	31.8	31.7	32.1	42.0	44.6	37.9
7. 人間は誰も利己的な存在	34.3	35.3	32.1	32.8	34.7	29.8
8. 大きなチャンスが待っている	44.5	47.3	38.5	20.6	22.8	16.9
23. 生き方の手本となる人がいる	48.2	47.9	48.7	46.9	48.5	44.4
24. 無理をせずマイペースで	61.2	61.7	60.3	83.4	84.2	82.3
28. すぐれた尊敬すべき人を持つ	62.0	61.1	64.1	61.3	66.3	53.2
18. 他人に役立つことをやりたい	65.3	64.7	66.7	66.3	64.4	69.4
4. 大きな可能性を実現させたい	67.3	68.9	64.1	43.3	43.6	42.7
1. 今のままの自分でいい	69.4	70.7	66.7	72.4	72.8	71.8
11. 人間として生まれたことに感謝	69.4	73.7	60.3	70.9	74.3	65.3
3. やるべき仕事・使命が必ず	72.2	74.3	67.9	56.1	55.0	58.1
13. いつも何かへのチャレンジを	72.2	71.9	73.1	56.4	60.4	50.0
6. 機会・条件に恵まれ私は幸せ	78.8	80.2	75.6	89.0	90.1	87.1
14. 成功よりその時々のがんばりを	79.6	76.6	85.9	85.6	84.7	87.1
9. その場の努力が大きな成果に	82.9	84.4	79.5	82.5	82.7	82.3
21. 周囲の人の支えでこの生活が	87.8	89.2	84.6	87.7	88.6	86.3
19. 自分の業績と言えるものを	88.2	89.8	84.6	85.3	84.7	86.3

注 1）表中の数字は%。

注 2）項目は男性全体の「はい」回答の少ない順に並べかえてある。

注 3）男女差が 15% 以上ある場合は，数値にアンダーラインを付した。

実施時期は一九八八年の春であり、学校を通じて父母に調査票への記入を依頼したものである。回収率は男性で約七〇%、女性で約九三%であった。

まず、全体的な傾向を示すものとして、先の調査項目に対して「はい」と回答した割合を見てみることにしよう(表6-2を参照)。

この表から気づく点はいろいろあるが、男女による違いは見られるものの、大阪という大都市圏で生活している人と、日本アルプスの山々に囲まれた松本市で生活している人とで、意識のあり方に基本的に大きな違いはない、ということには驚かされる。同じ日本という社会文化の中で、同じ時代の空気を呼吸しつつ生活していることから、意識のあり方も似通ったものになっている、ということなのであろうか。

全体的な傾向に見られる特徴として特に目につくのは、「5 結局死ぬのだから努力はむだ」とか「25 自分の存在は無目的で無意味」といったニヒリズムにかかわる感覚・意識が非常に薄い、ということである。こういう点から言えば、基本的には、ほとんどの人が健康的で楽観的な気分を持ちつつ毎日の生活をしている、と考えてよいのではないだろうか。

これに対して、「19 自分の業績と言えるものを」とか「9 その場の努力が大きな成果に」とか「14 成功よりその時々のがんばりを」といった努力への意志や向上心にかかわる感覚・意識が、全体的に非常に強くうかがわれる。達成動機の強さ、向上心の強さ、に象徴される積極的で前向きな生活の姿勢が、もの余り・かね余りで惰弱になっていると考えられがちな現代日本人に、なおかつ非常に強いことが示されていると言えよう。

男女差が強く現れている項目を見てみると、男性の方が「13　いつも何かへのチャレンジを」「3　やるべき仕事・使命が必ず」「4　大きな可能性を実現させたい」「8　大きなチャンスが待っている」といった積極的姿勢を強く示しており、「24　無理をせずマイペースで」といった余裕は、女性の方に強い。また「17　自分を考えに入れるとだめ」といった無我的で慎重な態度は、全体的にほとんど見られないが、それでも男性の場合には少し現れている。こうした男女差は、現代日本社会における「性別による役割分化」の現状を、非常によく反映したものと言えるのではないだろうか。

年齢を重ねていくことによって、どのように考え方が変わるかについて、回答者の年齢を五歳ごとに区分して回答分布を検討してみた。大阪と松本の地域差がほとんど見られなかったので、両者を合算すると、男性の場合、三〇歳代後半が五一人、四〇歳代前半が一〇九人、四〇歳代後半が五六人、五〇歳代が二三人である。また、女性の場合、三〇歳代後半が一六〇人、四〇歳代前半が一二九人であり、四〇歳代後半が一六人、五〇歳代が一〇人と激減する。

男性の場合には、比較的年齢分布が広いので、年齢段階ごとの回答傾向の違いがかなり規則的なものを拾ってみると、まず、年齢が高くなるほど「はい」の回答が減っていくものとして、

	三〇歳代後半	四〇歳代前半	四〇歳代後半	五〇歳代
13　いつも何かへのチャレンジを	八六・三％	七七・一％ ↑	五七・一％	五六・五％
24　無理をせずマイペースで	六八・五％	六四・二％ ↑	五一・八％	四七・八％
8　大きなチャンスが待っている	五八・八％ ↑	四一・三％	四二・九％ ↑	二六・一％

20　善人が泣きをみることもある　三一・四％　二九・四％↑一九・六％　一七・四％

などがある。これと逆に、年齢が高くなると「はい」の回答が増えていくものとしては、

18　他人に役立つことをやりたい　六二・七％　六一・五％　六九・六％↓七八・三％

15　誰も結局は金と快楽と名誉だ　二五・五％　二九・四％　二六・八％↓五二・二％

などがある。人生に対する積極的な姿勢（項目13、8）も、余裕（項目24）も、年齢とともに少なくなるが、シニシズム（項目20）が減少し、「他の人のために」という気持ち（項目18）が増えていくのは、非常に健全なものを感じさせる。

　女性については四〇歳代後半以降の人が少なく、きちんとした比較が困難であるが、規則的な傾向が見られるものを拾ってみると、年齢が高くなると「はい」の回答が減っていくものとしては、

6　機会・条件に恵まれ私は幸せ　九一・三％　八九・九％↑七五・〇％　八〇・〇％

13　いつも何かへのチャレンジを　六三・一％↑五〇・四％　四三・八％　五〇・〇％

などがあり、逆に、年齢が高くなるほど「はい」の回答が増えていくものとして、

14　成功よりその時々のがんばりを　八〇・六％　八九・一％↓一〇〇％　九〇・〇％
19　自分の業績と言えるものを　八四・四％　八三・七％↓九三・八％　一〇〇％
11　人間として生まれたことに感謝　七一・三％　六七・四％↓八一・三％　九〇・〇％
3　やるべき仕事・使命が必ず　五七・五％　五一・九％↓八一・三％　七〇・〇％
30　自分の死に対し心の準備あり　二二・五％　二三・三％↓三七・五％　四〇・〇％

などがある。女性の場合、若い人の方が幸福感を持ち（項目6）、年齢を重ねるにつれて自分の仕事と呼べるものを見つけたいという焦りに近い気持ちが強くなる（項目3、19）ようである。しかし、感謝の気持ち（項目11）も自分の死への準備（項目30）も進んでいく、というごく自然とも言える傾向も見られる。

以上に見てきたところから、いちおうここでは、次のようなまとめをしておくことができるであろう。

(1)　日本の成人が現在いだいている生き方意識は、男性と女性で少しずつ違いはあるものの、大阪と松本という非常に異なった地域性にもかかわらず、ほとんど違いが見られない。地域の違いを超えて、日本の現代社会の精神的風土の強く浸透していることをうかがわせるものである。

(2)　全般的に「努力」「がんばり」「自分の業績」が強く意識されており、「努力はむだ」とか「自分」の存在は無意味といったニヒリスティックな意識は強くない。これは基本的に、現代日本人が健康で前向きの姿勢を持ちつつ生活しようとしていることを示すものであろう。

(3)　男女差に関しては、男性の方が「チャレンジ」「仕事・使命」「チャンス」「自分の可能性」を強く意識している。これは、男性は皆、社会で実際に仕事をしているが、女性の場合には専業主婦も多く、家庭に留まっていることが多いための違いであろう。

(4) 男性の場合、三〇歳代から四〇歳代、五〇歳代へと年齢が高くなっていくにつれ、「チャレンジ」とか「チャンス」、あるいは「マイペース」という意識は少なくなっていくが、「他人に役立つことを」という意識は多くなっていく。また「誰も結局は金と快楽と名誉だ」といった現実感覚は年齢とともに強くなり、「善人が泣きをみることも」といったシニシズム的感覚は年齢とともに弱くなる。基本的に健全で、よく理解できる傾向と言えよう。

(5) 女性の場合、年齢が高くなるにつれ、「私は幸せ」「チャレンジ」といった意識が弱くなる傾向が見られるのは気がかりであるが、「がんばり」「自分の業績を」「やるべき仕事・使命が」といった意識が強まり、また「感謝」や「死への準備」の意識が強まることは、加齢にともなう自然な気持ちの推移と見ることができよう。

3 生き方意識の内的構造

さて、これら三〇項目で表される生き方意識の内的構造は、どのようになっているのであろうか。大阪のデータについて、項目の間に相関的な関連があるかどうか、男女別に相関係数を求めてみた。その結果、正の相関、負の相関の見られるものを図示したのが、図6－1と図6－2である。

まず図6－1を見ると、男性の場合、「9　その場での努力が大きな成果に」という項目と「4　大

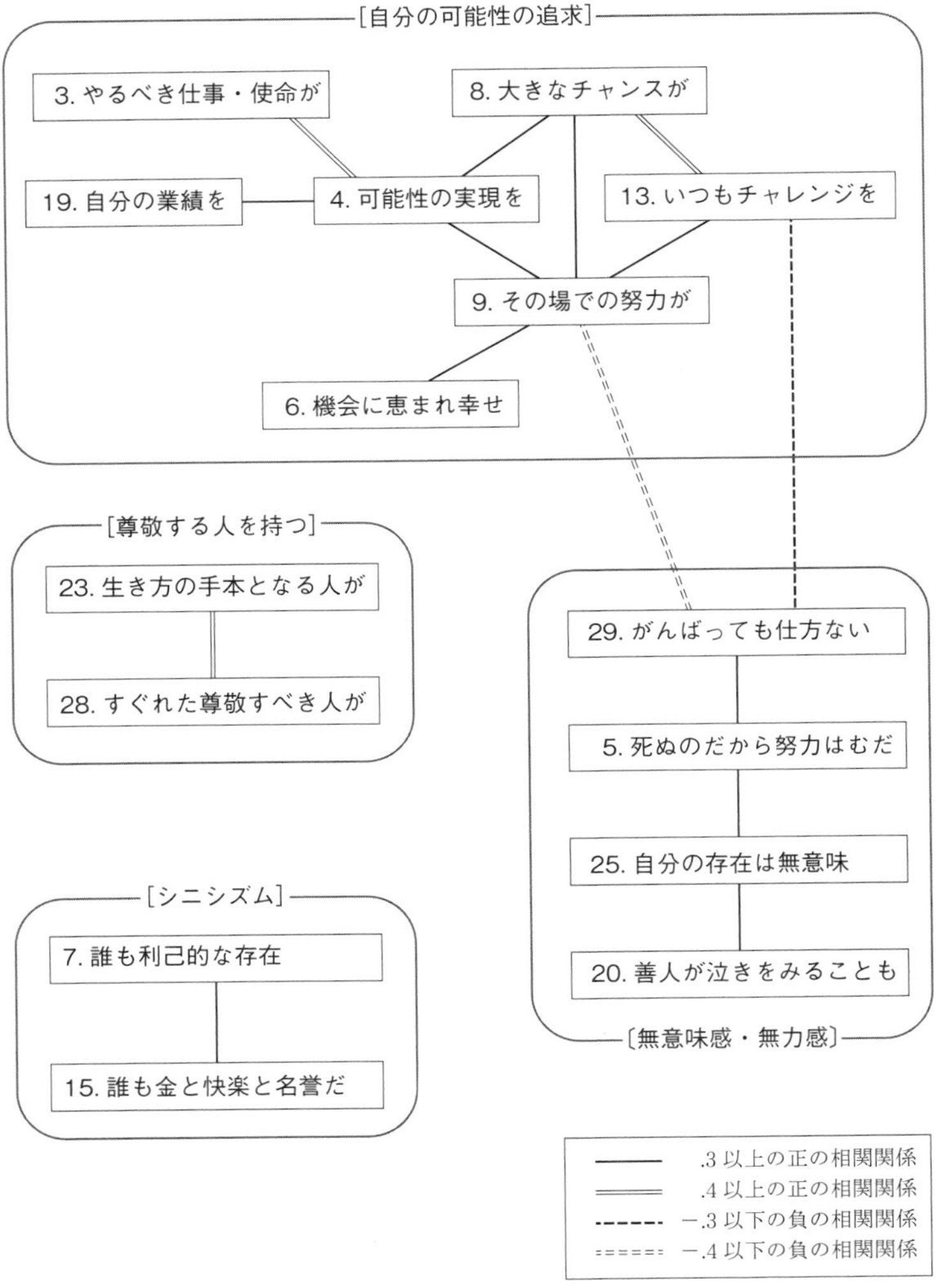
［自分の可能性の追求］
3. やるべき仕事・使命が
8. 大きなチャンスが
19. 自分の業績を
4. 可能性の実現を
13. いつもチャレンジを
9. その場での努力が
6. 機会に恵まれ幸せ
［尊敬する人を持つ］
23. 生き方の手本となる人が
28. すぐれた尊敬すべき人が
29. がんばっても仕方ない
5. 死ぬのだから努力はむだ
25. 自分の存在は無意味
20. 善人が泣きをみることも
〔無意味感・無力感〕
［シニシズム］
7. 誰も利己的な存在
15. 誰も金と快楽と名誉だ
.3 以上の正の相関関係
.4 以上の正の相関関係
−.3 以下の負の相関関係
−.4 以下の負の相関関係

図 6-1　成人男性（大阪）の生き方意識（相関構造）

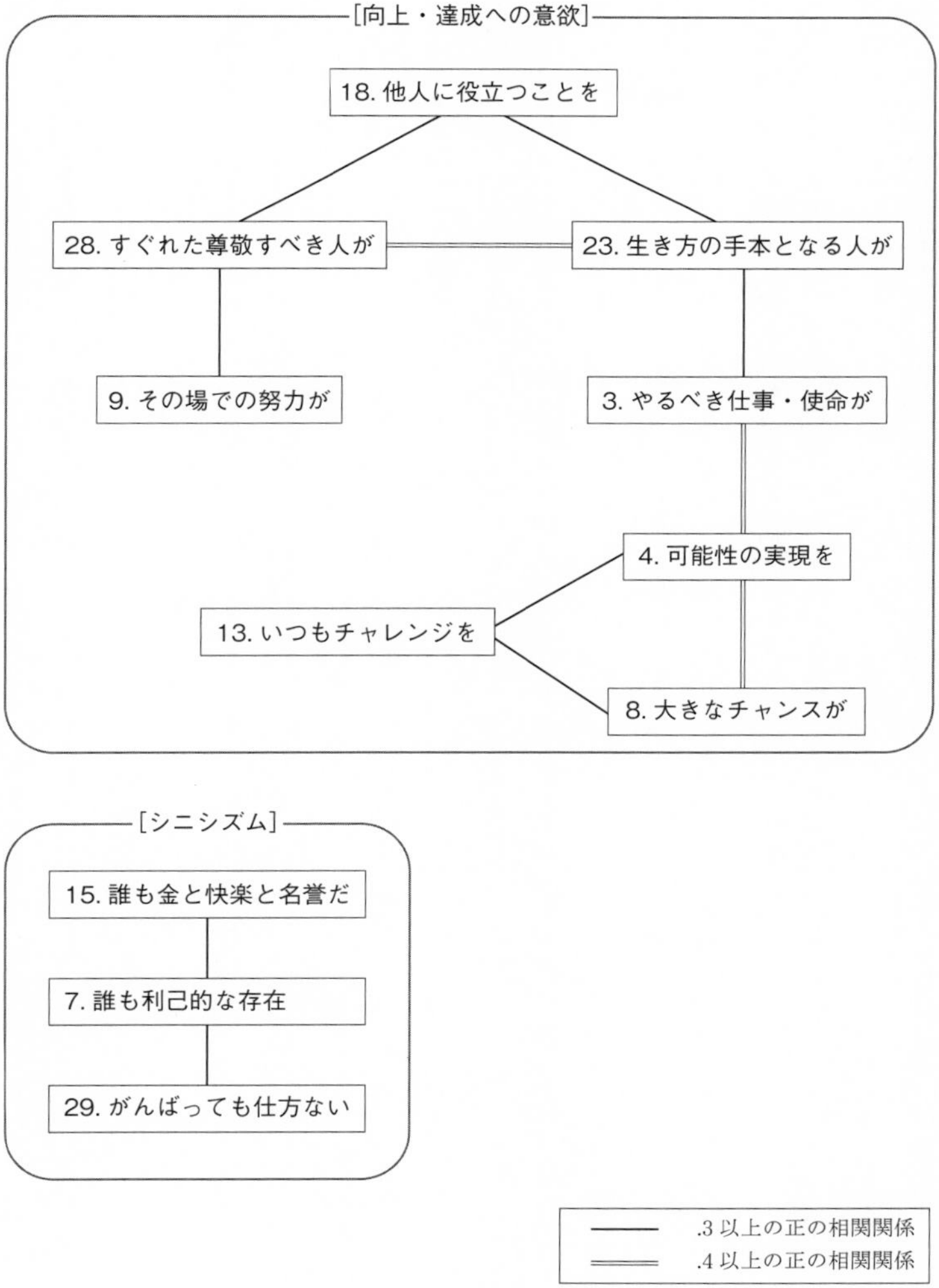

図 6-2　成人女性（大阪）の生き方意識（相関構造）

きな可能性を実現させたい」という項目が、相関連しつつ中心になっている大きな項目群が見られる。「自分の可能性の追求」に関する積極的意欲的な意識のあり方を示すものである。男性の場合、こういった領域が、生き方についての意識の中心を占めていると見てよいであろう。これと対立する関係にあるのが、「29　がんばっても仕方がない」といった項目群から成る領域である。「無意味感・無力感」に関する意識のあり方を示すものと言ってよいであろう。この他に、「尊敬する人を持つ」といった括り方のできる項目群、「7　人間は誰も利己的な存在」といった「シニシズム」的項目群が見られる。

図6－2によって女性の場合を見てみると、男性の場合とはかなり様相を異にすることが分かる。項目群は二つだけであり、大きい方のものは、男性の場合の「自分の可能性の追求」と「尊敬する人を持つ」の二つの項目群がいっしょになったものと見てよい。ここで主要な位置を占めているのは、「4　大きな可能性を実現させたい」と「23　生き方の手本となる人がいる」「28　すぐれた尊敬すべき人を持つ」であり、「向上・達成への意欲」として括ることができよう。もう一つは、男性の場合の「シニシズム」に「29　がんばっても仕方がない」といった「無意味感・無力感」にかかわる項目が加わったものである。ここでも「シニシズム」に関する項目群と呼んでおくことにしよう。

この二つの図から、当然のことながら、男女によって、生き方意識の内的構造に違いがあることが分かる。しかし、これと同時に、基本的な枠組みは意外にも共通していることもうかがわれるのである。このことは、因子分析の結果からも、はっきりと言えるのではないだろうか。

表6－3に示したのが、大阪の男性について因子分析した結果（バリマックス回転後）である。五因子で解釈すると、第Ⅰ因子が「自己実現的姿勢」、第Ⅱ因子が「無目的・無意味感」、第Ⅲ因子が「モデ

ル的人物志向」、第Ⅳ因子が「生かされている充実感」、第Ⅴ因子が「シニシズム的感覚」と呼べそうである。大阪の女性についての結果は表6－4に示す通りであるが、男性の場合とほぼ対応する形で、「自己実現的姿勢」「無目的・無意味感」「自己向上意欲」「感謝の気持ち」「現状への欲求・不満」と呼ぶことのできる五因子が得られた。特に「自己実現的姿勢」については、男性も女性も、非常にはっきりした形で表れており、意識全体の中での比重も大きくなっている。また「無目的・無意味感」の因子も、はっきりしたものであるが、男性の場合の方が比重が大きい。他の三因子については、意味内容は対応する点が多いとはいえ、男性と女性とでは、少しずつ軸がずれている。「生き方」についての意識が、微妙な形で食い違うことを示すものと言えよう。

以上に見てきたところから、生き方意識の内的構造について、次のようにまとめてみることができそうである。

⑴　項目相互の相関係数を基に見てみると、男性の場合、「自分の可能性の追求」とでも呼ぶべき意識の領域が、生き方の意識の全体の中で大きな位置を占め、これと対立する形で、「無意味感・無力感」に関する意識の領域がある。さらに、これらから相対的に独立する形で、「尊敬する人を持つ」という領域、「シニシズム」的な領域、が見られる。

⑵　同様に、相関係数から、女性の場合には、「向上・達成への意欲」とでも呼ぶべき意識の領域（男性の場合の「自分の可能性の追求」と「尊敬する人を持つ」がいっしょになったもの）と、「シニシズム」的な領域（男性の場合の「シニシズム」と「無意味感・無力感」にかかわる項目の一部がいっしょになったもの）との二つが顕著である。

表6-3　因子分析結果（バリマックス回転後）：大阪の成人男性

項　目	I 自己実現的姿勢	II 無目的無意味感	III モデル的人物志向	IV 生かされている充実感	V シニシズム的感覚	h^2
1. 今のままの自分でいい	－.033	－.467	－.046	.298	.151	.333
2. 自分を自己本位と思うことも	.018	.053	.038	.116	.213	.313
3. やるべき仕事・使命が必ず	.320	－.086	.413	－.244	.026	.340
4. 大きな可能性を実現させたい	.603	－.036	.332	－.208	.101	.529
5. 結局死ぬのだから努力はむだ	－.388	.484	.015	.090	.000	.393
6. 機会・条件に恵まれ私は幸せ	.442	－.145	－.318	.348	.046	.441
7. 人間は誰も利己的な存在	－.139	.397	－.094	－.058	.547	.488
8. 大きなチャンスが待っている	.713	.143	－.013	－.004	－.112	.542
9. その場の努力が大きな成果に	.667	－.216	.156	.014	.031	.517
10. 今楽しんでおかなくては損	.016	.078	－.105	.431	.208	.246
11. 人間として生まれたことに感謝	.350	.052	.368	.394	－.160	.441
12. 反対されると我慢できない	.190	.487	－.137	－.115	.185	.339
13. いつも何かへのチャレンジを	.643	.006	.055	－.040	－.205	.460
14. 成功よりその時々のがんばりを	.097	－.058	.244	.023	－.030	.074
15. 誰も結局は金と快楽と名誉だ	.043	.112	－.187	.210	.646	.511
16. 毎日の生活が灰色でいやだ	－.134	.432	.110	.054	.246	.280
17. 自分を考えに入れるとだめ	－.022	.492	－.056	.271	－.101	.329
18. 他人に役立つことをやりたい	.312	.031	.171	.345	－.262	.315
19. 自分の業績と言えるものを	.347	－.039	.400	－.233	.264	.406
20. 善人が泣きをみることもある	－.220	.370	－.104	.019	.409	.364
21. 周囲の人の支えでこの生活が	.022	－.052	－.098	.137	－.479	.261
22. 自分を木石と見てやっていく	－.008	.196	.064	－.013	.340	.158
23. 生き方の手本となる人がいる	.002	.112	.756	.154	－.041	.609
24. 無理をせずマイペースで	－.176	－.176	－.080	.150	.583	.431
25. 自分の存在は無目的で無意味	－.307	.558	－.049	.025	.102	.419
26. 大きな力におまかせして生きる	－.402	－.061	.196	.526	.075	.326
27. 自分という幻影に拘泥せず	－.040	.029	－.018	.512	.031	.266
28. すぐれた尊敬すべき人を持つ	－.037	－.026	.781	.177	－.003	.643
29. がんばっても結果に変わりはない	－.556	.171	.008	－.018	.105	.350
30. 自分の死に対し心の準備あり	－.115	.068	.172	.444	－.150	.267
	3.107 (10.4%)	2.225 (7.4%)	2.169 (7.2%)	1.822 (6.1%)	2.070 (6.9%)	11.392 (38.0%)

表6-4　因子分析結果（バリマックス回転後）：大阪の成人女性

項　目	I 自己 実現的 姿勢	II 無目的 無意味 感	III 自己 向上 意欲	IV 感謝の 気持ち	V 現状へ の欲求 不満	h^2
1. 今のままの自分でいい	−.021	−.114	−.465	.198	−.275	.344
2. 自分を自己本位と思うことも	.052	.402	−.029	−.148	.333	.297
3. やるべき仕事・使命が必ず	.630	−.209	.365	−.107	.097	.594
4. 大きな可能性を実現させたい	.757	−.012	.075	.069	.045	.585
5. 結局死ぬのだから努力はむだ	−.081	.601	.028	−.274	.071	.448
6. 機会・条件に恵まれ私は幸せ	−.095	−.070	.028	.507	.101	.282
7. 人間は誰も利己的な存在	.079	.274	−.310	−.151	.285	.281
8. 大きなチャンスが待っている	.599	.292	.007	.139	−.154	.487
9. その場の努力が大きな成果に	.189	.250	.277	.505	−.093	.439
10. 今楽しんでおかなくては損	.019	.002	.006	−.283	.092	.089
11. 人間として生まれたことに感謝	.367	−.106	−.377	.477	−.169	.515
12. 反対されると我慢できない	.155	.042	−.032	−.120	.539	.332
13. いつも何かへのチャレンジを	.665	.040	−.144	−.009	−.105	.476
14. 成功よりその時々のがんばりを	−.120	−.158	.287	.253	.132	.203
15. 誰も結局は金と快楽と名誉だ	.228	.285	−.318	−.118	.332	.358
16. 毎日の生活が灰色でいやだ	.007	.170	.017	−.014	.603	.393
17. 自分を考えに入れるとだめ	−.129	.035	.002	.204	.521	.331
18. 他人に役立つことをやりたい	.342	−.041	.241	.442	−.045	.374
19. 自分の業績と言えるものを	.349	−.097	.045	−.121	.126	.164
20. 善人が泣きをみることもある	−.068	−.094	−.438	−.090	.157	.238
21. 周囲の人の支えでこの生活が	−.014	−.090	−.029	.645	−.094	.434
22. 自分を木石と見てやっていく	.103	−.144	.082	−.010	.466	.255
23. 生き方の手本となる人がいる	.330	.031	.605	.097	−.189	.521
24. 無理をせずマイペースで	−.086	−.480	−.216	−.102	.317	.395
25. 自分の存在は無目的で無意味	−.286	.567	−.070	.049	.250	.473
26. 大きな力におまかせして生きる	−.024	−.087	.051	.555	.334	.430
27. 自分という幻影に拘泥せず	−.158	.033	−.018	.043	.419	.204
28. すぐれた尊敬すべき人を持つ	.277	.062	.510	.455	−.051	.550
29. がんばっても結果に変わりはない	−.223	.017	−.308	−.104	.446	.355
30. 自分の死に対し心の準備あり	−.166	−.210	.348	−.055	.146	.217
	2.706 (9.0%)	1.613 (5.4%)	2.004 (6.7%)	2.336 (7.8%)	2.450 (8.0%)	11.064 (36.9%)

(3) 因子分析の結果からは、男性の場合も女性の場合も、基本的に類似した基本因子が見出された。特に、「自己実現的姿勢」と「無目的・無意味感」の二つの因子は、男性と女性で共通であり、残りの三つの因子も、ニュアンスの違いはあるにせよ、類似した軸を示すものである。

4 韓国の場合との比較

筆者の研究室に韓国から留学生として来ている李孝淑さんは、ここで述べてきた生き方意識インベントリーをできるだけ忠実に韓国語に翻訳し、同様の方法で一九八九年春、韓国のソウルとテグ（大邱）において調査を実施した。この結果を、日本での結果と対比してみることによって、日本で当たり前とされている考え方と、韓国で当たり前とされている考え方との間に、どのような異同が見られるか、検討してみることにしよう（表6-5）。

すぐに気づくのは、日本人と韓国人との「生き方」意識に、男女を問わず、大きな違いがあるということである。たとえば、韓国では多数が「はい」と答えているのに、大阪では少数の人しかそう答えていない、という項目を拾ってみると、「17　自分を考えに入れるとだめ」「15　誰も結局は金と快楽と名誉だ」「26　大きな力におまかせして生きる」「27　自分という幻影に拘泥せず」「16　毎日の生活が灰色でいやだ」「30　自分の死に対し心の準備あり」などがある。逆に、大阪ではほとんどの人が「はい」と答えているのに、韓国ではそれほどでない、という項目としては、「6　機会・条件に恵まれ私は幸せ」「21　周囲の人の支えでこの生活が」などがある。

表 6-5　日本と韓国における人生観の比較／「はい」の回答率
――30 歳代前半から 50 歳代後半まで（30 歳代後半から 40 歳代前半が中心）――

項　目	男性			女性		
	大阪（人数）167	ソウル（人数）116	テグ（人数）122	大阪（人数）202	ソウル（人数）143	テグ（人数）177
5. 結局死ぬのだから努力はむだ	4.2	8.6	10.7	2.5	10.5	16.4
25. 自分の存在は無目的で無意味	3.6	5.2	3.3	3.0	2.8	8.5
27. 自分という幻影に拘泥せず	8.4	52.6	46.7	7.9	55.9	50.8
29. がんばっても結果に変わりはない	15.0	19.8	17.2	15.8	18.2	18.1
16. 毎日の生活が灰色でいやだ	16.8	52.6	47.5	16.8	52.4	59.9
12. 反対されると我慢できない	22.2	41.4	36.2	23.8	35.0	46.9
26. 大きな力におまかせして生きる	31.1	52.6	52.5	27.2	55.2	50.8
20. 善人が泣きをみることもある	26.9	24.1	19.7	22.3	28.0	16.9
2. 自分を自己本位と思うことも	27.5	33.6	25.4	31.2	23.8	20.9
30. 自分の死に対し心の準備あり	25.1	62.1	50.8	23.8	52.4	43.5
17. 自分を考えに入れるとだめ	27.5	75.0	82.8	13.9	74.8	75.7
22. 自分を木石と見てやっていく	32.3	11.2	8.2	23.3	15.4	12.4
15. 誰も結局は金と快楽と名誉だ	28.1	62.9	59.8	20.3	61.5	58.8
10. 今楽しんでおかなくては損	31.7	32.8	37.7	44.6	41.3	45.8
7. 人間は誰も利己的な存在	35.3	39.7	36.9	34.7	48.3	41.2
8. 大きなチャンスが待っている	47.3	53.4	49.2	22.8	49.7	46.9
23. 生き方の手本となる人がいる	47.9	62.9	56.6	48.5	56.6	55.4
24. 無理をせずマイペースで	61.7	76.7	82.0	84.2	79.0	76.8
28. すぐれた尊敬すべき人を持つ	61.1	69.0	56.6	66.3	61.5	57.1
18. 他人に役立つことをやりたい	64.7	73.3	59.0	64.4	58.7	52.5
4. 大きな可能性を実現させたい	68.9	79.3	65.6	43.6	72.7	57.1
1. 今のままの自分でいい	70.7	61.2	77.9	72.8	67.1	72.9
11. 人間として生まれたことに感謝	73.7	68.1	73.8	74.3	74.1	66.1
3. やるべき仕事・使命が必ず	74.3	75.9	73.0	55.0	75.5	65.0
13. いつも何かへのチャレンジを	71.9	66.4	73.8	60.4	52.4	63.3
6. 機会・条件に恵まれ私は幸せ	80.2	51.7	67.2	90.1	65.0	61.6
14. 成功よりその時々のがんばりを	76.6	87.9	81.1	84.7	85.3	86.4
9. その場の努力が大きな成果に	84.4	87.1	91.8	82.7	93.0	90.4
21. 周囲の人の支えでこの生活が	89.2	74.1	69.7	88.6	70.6	67.2
19. 自分の業績と言えるものを	89.8	80.2	73.8	84.7	81.8	75.1

注 1）表中の数字は%。項目の配列は，表 6-2 と同じ。
注 2）大阪での回答と 15% 以上の差がある場合は，数値にアンダーラインを付した。

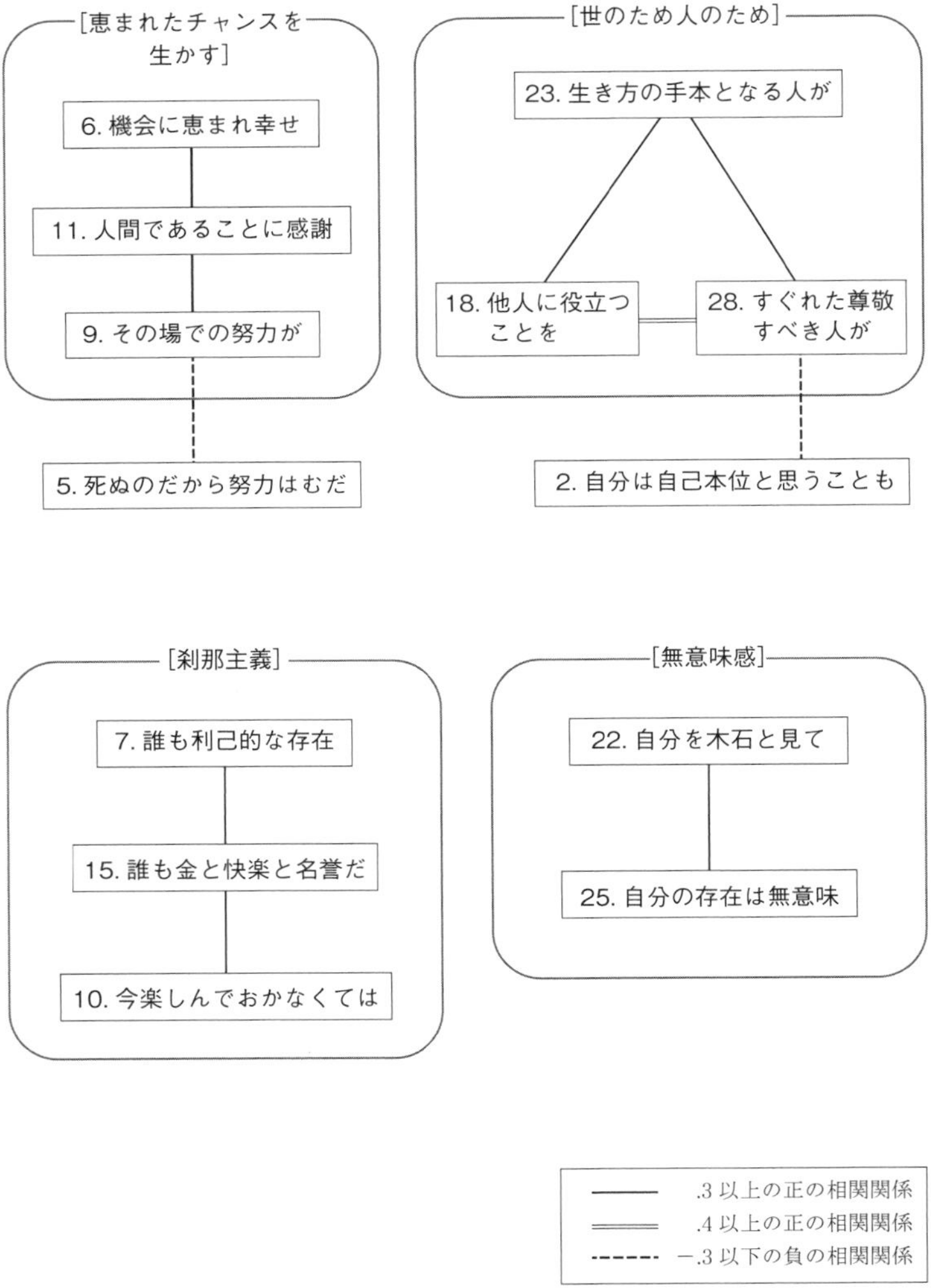

図 6-3　韓国ソウルの成人男性の生き方意識（相関構造）

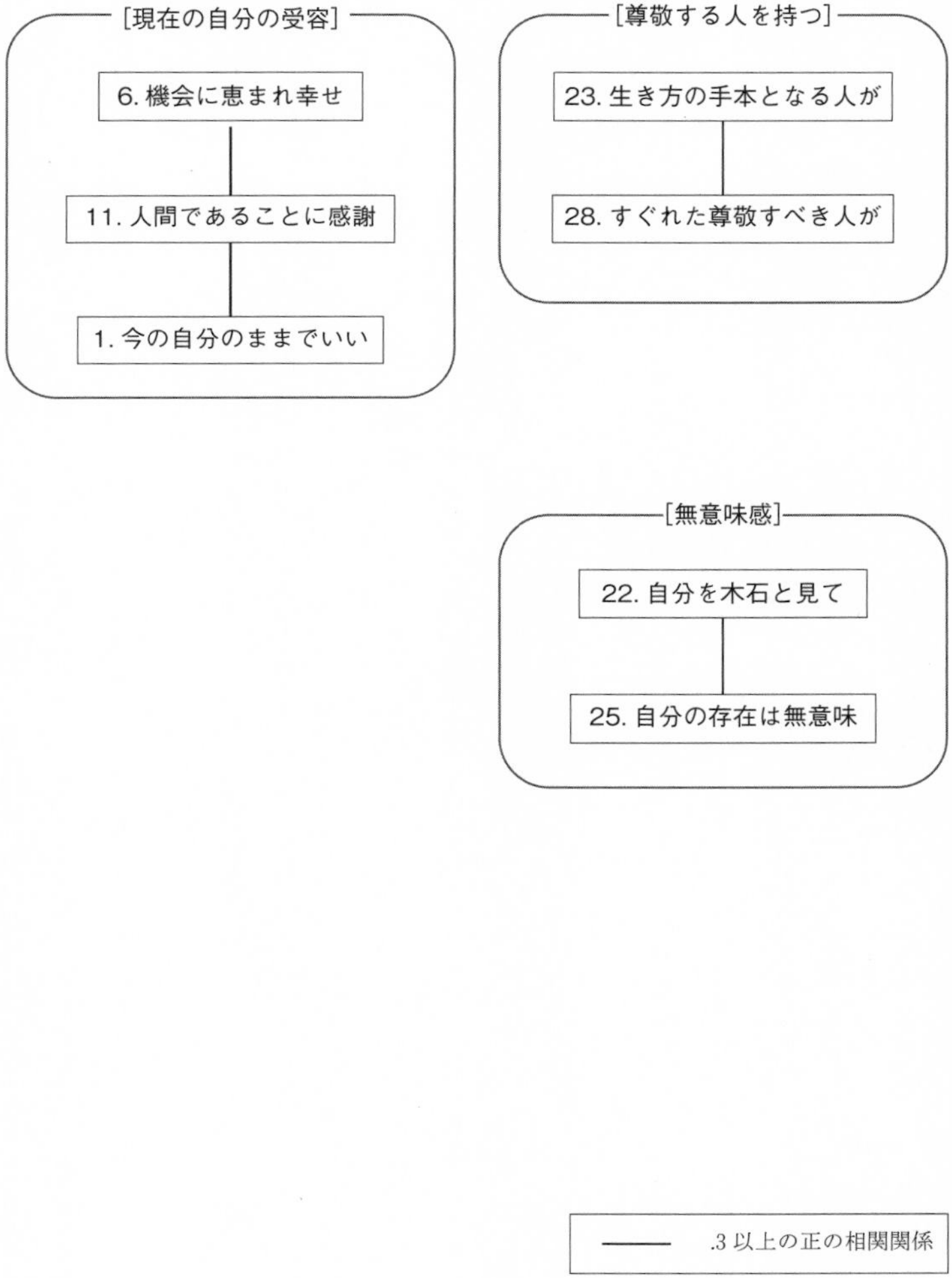

図 6-4　韓国ソウルの成人女性の生き方意識（相関構造）

また、男女差に関しても、日本人と韓国人の間に、興味深い違いが見られる。たとえば、「8　大きなチャンスが待っている」「4　大きな可能性を実現させたい」などは、大阪では、女性より男性の方にかなり多く見られるものであるのに対し、韓国では、男性と女性の間にそう違いが見られない。これらの項目が、いずれも「人生の夢」にかかわるものであるだけに、軽々に見過ごすことのできない部分である。男女の別を厳しく言う儒教文化の国では「人生の夢」に男女差がなく、一見、女性も男性に劣らず解放されているかに見える日本で男女差が見られるということは、いったいどういうことなのであろうか。

日本人と韓国人の「生き方」意識に見られるこうした顕著な相違は、まさに社会・文化の差を示すものである。ここには、双方の国が置かれている状況の違いも、当然反映していることであろう。しかし同時に、韓国の人の方がおおらかであり、率直であるという印象も受ける。また、日本人が、基本的に集団主義的メンタリティを持っているのに対し、韓国人が、基本的には個人主義的メンタリティを持つ、という違いも反映しているように思われる。

しかしながら、「生き方」意識にかかわるこうした違いは、表面的に相違点をあげてみるだけでなく、意識構造そのものの違いにまで立ち入って考えなくてはならない。詳しい検討は、別の機会に譲りたいと思うが、ソウルの男性と女性の場合について、項目間の相関関係を図示したのが、図6－3と図6－4である。大阪の場合とくらべて、生き方意識の内的構造自体に大きな違いのあることが、これらの図からうかがわれるのではないだろうか。

以上に見てきたところから、韓国と日本での生き方意識のあり方について、次のようにまとめてみることができそうである。

(1)　韓国では多数がそういう意識を持っているのに大阪ではそれほどでもない、という点の第一は、「自分を考えに入れない」「大きな力にまかせて」「自分という幻影に拘泥せず」「自分の死への準備」といった脱我的な意識のあり方である。そして、韓国の場合に顕著に見られる意識の第二は、「誰も結局は金と快楽と名誉だ」「毎日が灰色」といった現状へのシニシズムと不満の気持ちである。逆に、日本では顕著であるのに韓国ではそれほどでない、というのは、「私は幸せ」とか「周囲の人の支えでこの生活が」といった現状肯定的意識である。

(2)　「チャンスが」「可能性が」といった積極的な気持ちに関して、大阪では男性に特に見られ女性にはそれほどでない、といった差があるが、韓国では男女差が見られない。

(3)　項目相互の相関係数を見てみると、日本の場合と生き方意識の内的構造にかなりの違いが存在することがうかがわれる。特に、ソウルの男性に「世のため人のため」とでも呼ぶべき意識の領域と、その反面とも言える「刹那主義」的な領域が見られることは、けっして軽視することのできない点である。

5　モリスの一三の生き方に関する意識

先の調査の際に、第1章で紹介したモリスの一三の生き方についても、それぞれの考え方を尋ねてみた。ただし、モリスの用いた表現そのままではなく、章末にあるような形に表現を整理し簡略化してある。また、問い方も、「現代の多くの人はそういう考え方をしている」という形で間接的・投影的に問うものと、「自分自身がそういう考え方をしている」という形で直接的に問うものと、二種類を用意している。これは、この二つの答え方の間に見られる違いを検討してみることによって、ホンネとタテマエとの落差を、いささかなりとも推察してみたい、という考え方に立ってのことである。

まず、表6－6によって、大阪と松本で得た結果の概要を見てみることにしよう。各項目の表現は「見出し語」になっており、実際の項目内容は章末の調査票を見ていただきたい。

まず、男性の回答について吟味してみることにしたい。この表にもとづいて、「自分自身がそういう考え方をしている」という方の回答から見てみることにしよう。大阪では、一番多いのが「6　常に努力し、改善・改革をはかり、前進していくような生活（行動・努力）」、二番目が「5　他の人と協力して活動し、皆の中にとけこみ、いっしょに楽しむ、といった生活（参加・協同）」であり、全く人気のないのが「4　その時その場をどう楽しむかを心がけたい（享楽・解放）」である。これに対して松本では、一番多いのが「7　快楽と思索と活動を統合し、多様な生き方を柔軟に、ダイナミックに（多様・統合）」であり、二番目が「2　内面の充実を大事にし、節制と反省、瞑想と自己認識を（内閉・自足）」であり、全く人気のないのが「4　享楽・解放」のほか、「9　静かな受容性の中で待つ（受容・静観）」と「11　内面世界を大切にした観照的瞑想的な生活（瞑想・内面）」である。信州の伝統である哲学的瞑想的な志向が、松本の人達の回答に色濃くうかがえるようである。

「現代の多くの人はそういう考え方をしている」という方はどうであろうか。こちらは、大阪でも松

表 6-6　成人男女の 13 価値の選択（それぞれ 3 価値以内選択。選択率は％）

項目		男性 全体（人数）245	男性 大阪（人数）167	男性 松本（人数）78	女性 全体（人数）326	女性 大阪（人数）202	女性 松本（人数）124
1. 中庸・秩序	ひとは	25.3	28.7	17.9	24.2	25.2	22.6
	自分は	26.9	26.3	28.2	26.7	29.7	21.8
2. 内閉・自足	ひとは	15.5	16.8	12.8	17.2	16.3	18.5
	自分は	27.3	25.7	30.8	33.4	36.1	29.0
3. 共感・愛	ひとは	5.3	6.0	3.8	8.0	10.4	4.0
	自分は	9.8	9.0	11.5	9.5	10.4	8.1
4. 享楽・解放	ひとは	34.7	37.7	28.2	31.9	34.7	27.4
	自分は	1.6	1.8	1.3	1.5	1.5	1.6
5. 参加・協同	ひとは	25.7	24.0	29.5	23.6	26.2	19.4
	自分は	31.4	34.1	25.6	36.2	35.6	37.1
6. 行動・努力	ひとは	9.4	11.4	5.1	14.1	16.3	10.5
	自分は	35.5	38.9	28.2	23.6	23.8	23.4
7. 多様・統合	ひとは	23.7	24.0	23.1	21.8	22.3	21.0
	自分は	27.8	25.7	32.1	29.8	32.7	25.0
8. 安楽・快適	ひとは	40.8	45.5	30.8	40.2	44.6	33.1
	自分は	20.0	21.6	16.7	27.9	31.7	21.8
9. 受容・静観	ひとは	4.9	5.4	3.8	5.2	4.5	6.5
	自分は	2.4	3.0	1.3	1.8	2.0	1.6
10. 克己・厳格	ひとは	5.7	4.2	9.0	5.5	5.0	6.5
	自分は	9.8	10.2	9.0	11.7	11.9	11.3
11. 瞑想・内面	ひとは	1.6	1.2	2.6	1.2	1.0	1.6
	自分は	2.9	3.6	1.3	2.1	1.5	3.2
12. 活動・征服	ひとは	18.4	16.8	21.8	16.0	16.8	14.5
	自分は	22.9	21.0	26.9	14.4	12.9	16.9
13. 献身・奉仕	ひとは	5.7	7.2	2.6	7.4	8.4	5.6
	自分は	17.6	21.0	10.3	15.6	16.3	14.5

本でも、一番多いのは「8　日常の身近な快さを大事にし、満ち足りた気持ち、くつろぎ、感謝の気持ちを（安楽・快適）」というものである。これに次いで、大阪では「4　享楽・解放」が、松本では「5　参加・協同」と「4　享楽・解放」があげられている。

二つの答え方の落差を見てみると、「自分はそう考えるけれど多くの人の考え方はそうでない」という形になっているのは、大阪でも松本でも、まず「6　行動・努力」であり、次いで「2　内閉・自足」であり、また大阪の場合の「13　献身・奉仕」である。逆に「多くの人はそう考えるけれど自分の考え方はそうでない」という形になっているのは、大阪でも松本でも、まず「4　享楽・解放」であり、次いで「8　安楽・快適」である。どのような形でのタテマエが、この調査の回答に潜んでいそうか、ある程度まで推察がつくのではないだろうか。

女性の回答について、同様の吟味をしてみることにしよう。「自分自身がそういう考え方をしている」という方の答えはどうであろうか。大阪で多いのは、まず「2　内閉・自足」と「5　参加・協同」であり、次いで「7　多様・統合」と「8　安楽・快適」である。そして全く人気がないのが「4　享楽・解放」であり「11　瞑想・内面」である。松本の方では、「5　参加・協同」が特に多く、かなり間があいて「2　内閉・自足」であり、全く人気のないのが「4　享楽・解放」である。

「多くの人はそう考えている」の回答では、大阪の場合、「8　安楽・快適」が特に多く、次いで「4　享楽・解放」であり、「11　瞑想・内面」が特に少なくなっている。松本の場合も、「8　安楽・快適」が多く、「11　瞑想・内面」が少ない。

二つの答え方の落差を見てみると、「自分はそう考えるけれど多くの人の考え方はそうでない」という形の顕著なのは、大阪でも松本でも「2　内閉・自足」であり、逆に「多くの人はそう考えるけれど自分の考え方はそうでない」という形のものは、大阪でも松本でも「4　享楽・解放」が顕著である。

男女差が著しく見られるのは、「自分自身の考え方」としては、大阪で「6　行動・努力」を男性の方が多く選び、「2　内閉・自足」「8　安楽・快適」を女性の方が多く選んでいる点と、松本で「12　活動・征服」を男性の方が多く選び、「5　参加・協同」を女性の方が多く選んでいる点、である。これに対して、「多くの人の考え方」に関しては、それほど男女差が見られず、松本で「5　参加・協同」が男性の方に多く選ばれているくらいのものである。

以上から、少なくとも、次のような諸点を確認しておくことができるのではないだろうか。

(1)　先の「生き方」意識インベントリーの場合と異なり、モリスの一三価値のように、日常性からの距離の大きい理想を問う場合には、地域差や男女差がかなり見られる。大都市や男性といった、社会的活動に深く巻き込まれがちな条件の下にある人々は、「行動・努力」とか「参加・協同」といった世俗的・外面的な理想を選択しがちであり、小都市や女性といった、社会の激しい動きからやや距離を置きやすい条件の下にある人々は、「内閉・自足」といった精神的・内面的な理想を選択しがちである。

(2)　ホンネとタテマエの差が大きいことが推察されるのは、地域や男女の違いを越え、まず「享楽・解放」を理想とする考え方であり、次いで「行動・努力」「安楽・快適」「献身・奉仕」などを理想とする考え方である。他の多くの人々は、「享楽・解放」「安楽・快適」を願うが、自分はそうでなく、また自分自身としては「行動・努力」「献身・奉仕」を願うが、他の多くの人はそれほどでない、というわけである。現代日本社会の一般的価値観のあり方が、よくうかがえるのではないだろうか。

6　日本と韓国での理想的な生き方観

韓国の場合との比較を簡単に試みておくことにしよう。表6－7に、大阪での結果と韓国のソウル、テグの結果を並べてみた。松本の結果については、必要なら、前表の数値をここに持ってきて、比較してみていただきたい。

「自分自身がそういう考え方をしている」という回答に関して見てみると、韓国の男性の場合、「5　参加・協同」と「2　内閉・自足」が多くの人に選択され、次いで「8　安楽・快適」となっている。そして「4　享楽・解放」「9　受容・静観」などは人気がない。日本の場合と比較すると、「1　中庸・秩序」や「7　多様・統合」が韓国で不人気なこと、逆に「10　克己・厳格」が韓国の方で選択されがちなこと、といった違いが目立つ。韓国の女性の場合にも、「2　内閉・自足」「5　参加・協同」の選択が多く、「8　安楽・快適」がこれに次ぎ、「4　享楽・解放」「7　多様・統合」などは人気がない。日本の場合と比較すると、「3　共感・愛」「9　受容・静観」が韓国に多く、「7　多様・統合」「6　行動・努力」が日本に多い、といった違いが目につく。

「多くの人がそういう考え方をしている」の方では、韓国の男性にも女性にも、「8　安楽・快適」「5　参加・協同」「12　活動・征服」「2　内閉・自足」といった指摘が多く見られる。これを日本の

表 6-7　日本と韓国との比較／13 価値の選択（それぞれ 3 価値以内選択）

項目		男性 大阪（人数）167	男性 ソウル（人数）116	男性 テグ（人数）122	女性 大阪（人数）202	女性 ソウル（人数）143	女性 テグ（人数）177
1. 中庸・秩序	ひとは	28.7	19.8	16.4	25.2	19.6	14.1
	自分は	26.3	19.0	17.2	29.7	14.0	24.3
2. 内閉・自足	ひとは	16.8	29.3	29.5	16.3	30.1	28.2
	自分は	25.7	32.8	40.2	36.1	43.4	31.1
3. 共感・愛	ひとは	6.0	11.2	18.0	10.4	12.6	22.0
	自分は	9.0	25.9	13.9	10.4	21.0	21.5
4. 享楽・解放	ひとは	37.7	16.4	20.5	34.7	17.5	14.1
	自分は	1.8	6.9	5.7	1.5	2.8	5.6
5. 参加・協同	ひとは	24.0	29.3	36.9	26.2	33.6	37.9
	自分は	34.1	35.3	43.4	35.6	39.2	35.0
6. 行動・努力	ひとは	11.4	18.1	18.0	16.3	14.7	12.4
	自分は	38.9	13.8	22.1	23.8	11.9	12.4
7. 多様・統合	ひとは	24.0	15.5	18.9	22.3	11.2	11.9
	自分は	25.7	11.2	7.4	32.7	6.3	8.5
8. 安楽・快適	ひとは	45.5	33.6	34.4	44.6	35.0	39.5
	自分は	21.6	25.9	27.0	31.7	29.4	28.8
9. 受容・静観	ひとは	5.4	8.6	6.6	4.5	10.5	8.5
	自分は	3.0	7.8	7.4	2.0	16.8	11.3
10. 克己・厳格	ひとは	4.2	12.1	15.6	5.0	12.6	9.0
	自分は	10.2	19.8	19.7	11.9	13.3	13.6
11. 瞑想・内面	ひとは	1.2	11.2	4.1	1.0	4.9	9.6
	自分は	3.6	9.5	5.7	1.5	9.8	10.7
12. 活動・征服	ひとは	16.8	30.2	27.0	16.8	32.9	31.6
	自分は	21.0	9.5	17.2	12.9	11.9	17.5
13. 献身・奉仕	ひとは	7.2	13.8	21.3	8.4	14.0	18.1
	自分は	21.0	19.0	20.5	16.3	17.5	16.4

場合と比較すると、男性の場合も女性の場合も、韓国の方が「多くの人の考え方」とされているのは、「12　活動・征服」「2　内閉・自足」であり、日本での方が多く指摘されているのは、「4　享楽・解放」である。

二つの回答の仕方の違いを見てみると、韓国では、「多くの人はそう考えるけれど自分の考え方はそうでない」という形のものは、まず「12　活動・征服」であり、次いで「4　享楽・解放」である。日本の場合とくらべると、「活動・征服」について、ちょうど逆の傾向が見られる点が興味深い。また「自分はそう考えるけれど多くの人の考え方はそうでない」という形の回答は、韓国の場合、はっきりしたものが見られない。

以上に見てきたところから、いちおうのまとめとして、次のような諸点をあげておくことができるであろう。

(1)「生き方」の理想に関し、日本では韓国より、「多様・統合」とか「中庸・秩序」といった調和的で中間的な生き方が好まれる、という対照が見られる。韓国の人の方がはっきりと自己表現するのに対し、日本では婉曲であいまいな自己表現が好まれる、という文化の違いと関係しているのであろうか。

(2)韓国の方が日本より、ストイックで生真面目な考え方が強いように見受けられる。韓国の方がやや遅れて高度経済成長を経験し、大衆社会的な状況になったのはごく近年である、ということと関係しているのであろうか。

[参考資料]　モリスの「13の生き方」に関する調査票

以下に，生き方に関するいろいろな考え方が，13種類，ならべられています。これらをよく読んでいただき，**現代の多くの人はそういう考え方をしている**，とお考えのもの，また，**自分自身がそういう考え方をしている**，とお考えのもの，がありましたら，それぞれについて3つ以内（1つか2つか3つ）選んでいただき，その番号をこの調査票の末尾にある欄に御記入ください。

［1］明るい洗練された生活を通じて，理性と規律，礼儀と秩序のある活動的で文化的な生き方をしたいものである。積極的な姿勢を持たなくてはならないが，望みを持ちすぎたり，やりすぎになったりしないよう，慎重さがなくてはならない。また，友情も大切であるが，やたらと多くの人に慣れ親しむべきではない。

［2］自分自身のための時間を確保し，自分の関心や欲望をコントロールして，自分の内面の充実を考えたいものである。世間の動きに振り回され，あるいは自分の野心に振り回されて，自分自身を見失ってしまうことのないよう，注意が必要である。節制と反省，瞑想と自己認識，などが大事にされなくてはならない。

［3］人を愛することこそ，人生で最も重要なものである。共感的な愛のみが人生に意義を与えてくれるものであり，共感的な関心を持つことのできる相手を，いつでも持っていたいものである。このため，貪欲さや支配欲，知的なものへの没頭，自分自身への関心の持ちすぎを避け，自己主張を控えるべきである。

［4］人生は本来，楽しいものでなくてはならない。何かをなしとげたり，自分が何かになったりするために努力するということでなく，その時その場をどう楽しむかを心がけたいものである。人生は，修養のための道場ではなく，お祭りのための広場であるべきである。このため，何事にもこだわりを持たず，感覚を鋭くみがいておかねばならない。

［5］他の人達と協力して活動し，皆の中にとけこみ，皆といっしょに楽しむ，といった生活をしたいものである。人間関係のつながりこそが大事なのであって，お高くとまって自己中心的であったり，引っ込み思案で孤立や孤

－1－

独に浸りこんでいたりしてはならない。集団活動を，そしてそこでの協同と友情を，大切にしたいものである。

［6］挑戦と冒険の気持ちを忘れてしまえば，「居心地の良い」惰性の中で停滞してしまうだろう。感じたり考えたりしているだけでなく，まず行動しなくてはならない。常に努力し，改善・改革をはかり，前進していくような生活をこそ心がけたい。そして，次々に生じてくる新しい問題に，いつでも直面し，挑戦していきたいものである。

［7］さまざまの生き方があり，それぞれ学ぶべき点があるが，どれか1つだけを絶対視して，それに忠節を誓うようなことがあってはならない。ある時には1つの生き方が，他の時には別の生き方が，適切で妥当なものとなる。快楽と思索と活動を統合し，多様な生き方を柔軟に，かつダイナミックに活用していくべきである。

［8］日常の身近な快さを大事にすべきである。風味ある食べ物，快適な環境，親しい友人との語らい，家族の団らん，気晴らしと休息，などが重要である。そうした中で，満ち足りた気持ちになり，ゆったりとくつろぎ，感謝の気持ちを持ちたいものである。強烈な刺激的快楽の追求も厳格な禁欲もともに，本来，望ましいものではない。

［9］良きものは，特別に求めなくても，向こうからやって来る。自分という意識を脱ぎ捨て，欲することをやめ，静かな受容性の中で待つ時，私を支え，生かし，伸ばしてくれる力が，私自身に対し働いていることに気づくであろう。これによって，平安と喜びがもたらされるはずである。1人静かに座り，自然の声に耳を傾けたいものである。

［10］自己統制に留意した生活をしたいものである。自分自身を理性によって支配し，高い理想を堅持し，安楽と欲望に負けてしまうことのないよう，注意深く，かつ厳しく，自分に対さなくてはならない。人は結局，死滅するはかない存在であるとしても，このようにしてはじめて，自己の人間的な尊厳と気品を守ることができるのである。

［11］自己の内面世界を大事にした，観照的瞑想的な生活こそ理想である。外的な生活を断念した時に，人は自分自身の内面に存在する豊かなすばらしい世界に気づく。これを耕していくならば，生きとし生けるものへの深い

－2－

共感が，社会的な活動や交際や不毛性の認識が，そして思索することの喜びが，もたらされるであろう。

[12] 身体を動かし，肉体的エネルギーを十分に使うような生活をしたいものである。筋肉は，走ったり，よじ登ったり，泳いだり，スキーをしたり，等々の中で，生き生きとした喜びを感じる。身体を使って積極的に行動し，障害を克服し，支配し，征服することの中にこそ，人生の喜びと充実を実感できるのである。

[13] 自分自身が，他の人たちにとって，また世界全体にとって，なんらかの意味で役立つ存在であるような生き方をしたい。人々と世界全体に対しての，さらには宇宙の全体に対しての献身によって，善をはぐくみ，支えられたいものである。人は，それ自体の充足のために働いている偉大な力にとっての，信頼できる謙虚な道具となるべきである。

＊ここにあがっている13種類の考え方の中に，**現代の多くの人はそういう考え方をしている**，と思われるものがありましたら，その番号を下のカッコの中にお書きください。

(　　　　)　(　　　　)　(　　　　)

該当するものが見当たらない場合，下に簡単に，あなたのお考えをお書きください。

＊ここにあがっている13種類の考え方の中に，**自分自身がそういう考え方をしている**，と思われるものがありましたら，その番号を下のカッコの中にお書きください。

(　　　　)　(　　　　)　(　　　　)

該当するものが見当たらない場合，下に簡単に，あなたのお考えをお書きください。

－3－

附章1　京都大学卒業者の生き方意識

生き方に関する意識は、人によって皆異なる。一人ひとりを見ていけば、人生に対する多種多様な姿勢や態度が存在している。しかもそれは、その人の生きている文化や時代によって、大きく枠づけられている。

こうした生き方の意識を把握するには、一人ひとりについて入念な面接調査（深層面接を含む）を実施し、またそれに関連させる形で、一人ひとりの個人史を入念に調査してみることが必要である。しかし、概略的な点についてなら、質問紙（インベントリー）の形での把握が可能であり、構造的な検討や各種条件ごとの比較検討などの場合には、質問紙調査の方が適している。このため、生き方意識に関するさまざまな質問紙調査がこれまで実施されている。

梶田は「生き方意識インベントリー」と名づけられた質問紙を作成し（一九九〇年）、これを用いた調査を行ってきた。また同じ質問紙を用いて他の研究者も調査を実施している。ここでは、一九九六年度に実施した京都大学卒業者調査（一九九七年）において得られた資料について報告しておきたい。

どのような生き方が選択されているか

自分自身の生き方について考えてみる時期はいろいろある。しかし、これまでの各種調査では、調査がしやすいという理由からであろうが、高校生ないし大学生を対象としたものがほとんどと言ってよい。青年期にある若者の意識を探ることもたしかに重要であるが、ここではすでに成人し、社会のただ中で毎日をがんばっている人について、その意識のあり方を探っている。ここに報告する資料が重要な意味を持つとしたら、まず第一にこの点をあげることができるであろう。

一九九六年に実施された京都大学卒業者調査においては、京都大学の卒業者に対して大学在学中に受けた教育に関する感想や意見を求め、あわせて「生き方意識インベントリー」を用いて現在の人生観について尋ねている。

対象となった卒業者は、文学部、法学部、医学部、工学部を、一年前卒業（一九九三年度／九四年三月卒）、一二年前卒業（一九八三年度／八四年三月卒）、二二年前卒業（一九七三年度／七四年三月卒）、三二年前卒業（一九六三年度／六四年三月卒）、四二年前卒業（一九五三年度／五四年三月卒）の方々である。三二年前卒業の「六〇年安保」世代、二二年前卒業の「大学紛争」世代を挟んで、その前後の新制大学スタート段階の卒業者から、最近の大学教育大衆化によって「新新制大学」という言い方がなされる段階までの卒業者がここには含まれている。一九九六年六月に、総計三七〇〇人の方に質問紙が郵送され、約四〇％の方から回答が寄せられ、整理された。

表附1－1に示されているのが、全体の概略である。若い世代において「はい」の回答率が大きい項目から順に並べられている。一般に、ニヒリズム的な感覚が少なく、努力による向上への信頼感が色濃く見られるといってよいのではないだろうか。ただ「4　自分の持つ大きな可能性を実現させたい」「8　自分には大きなチャンスが待っている」という気持ちが、年齢が高くなるにつれて（卒業年次が古くなるにつれて）少なくなっていくのは、当然のこととはいえ、寂しい感じがないわけではない。その代わりに、「1　今のままの自分でいい」「14　成功よりその時々のがんばりが大事」「26　大きな力におまかせして生きる」「11　人間として生まれたことに感謝」といったゆとりある人生態度が年齢とともに増大していくことは、力強く思える点である。

表附1－2～表附1－6に、卒業学部による違いが年次ごとに示されている。学部間の相違は卒業年次ごとに特異な点が多く、どの年次も通じて一貫して「いかにも○学部卒業生らしい」といった人生観のあり方は見られない。もう少し詳しく見るために、いくつかの項目を選んで、学部と卒業年次をクロスした形で人生態度の相違が示されている（表附1－7）。じっくり見てみるといくつかの興味深い点が見られるであろう。

最後に、京大卒業者の人生観がどこまで特異なものであるか（言い換えるならどこまで一般的なものであるか）を見るため、一九八八年に大阪と松本の国立大学附属小学校の児童の父親（三〇歳代～五〇歳代）に対して調査した結果と比較したものが表附1－8に示されている。京大卒業者の方が低く出ている項目がいくつか見られる。たとえば、「3　自分のやるべき仕事・使命が必ずある」「4　自分の大きな可能性を実現させたい」「8　自分には大きなチャンスが待っている」「9　その場での努力が大きな成果に」「14　成功よりその時々のがんばりが大事」といった達成動機にかかわる点で、京大卒業者の「はい」回答が低い。心理的なゆとりの表れと見るべきなのか、それともやはり夢や意欲の薄さ、なのであろうか。ただ「15　誰も結局は金と快楽と名誉だ」「29　がんばっても結果に変わりはない」といったニヒリズムの気持ちが薄いのは、京大らしいロマンチシズムの健在さをうかがわせる感もある。

【参考文献】

梶田叡一『生き方の心理学』有斐閣、一九九〇年。
梶田叡一・溝上慎一・浅田匡『京都大学卒業者の意識調査――京都大学で受けた教育の評価と人生観』京都大学高等教育教授システム開発センター、一九九七年。

表附 1-1　京都大学卒業者の「生き方意識」（数字は「はい」の回答率：％）

	京大卒業者（男性）					京大卒業者（女性）		
卒業年（3 月卒）	1994	1984	1974	1964	1954	1994	1984	1974
年齢	24 ＋	34 ＋	44 ＋	54 ＋	64 ＋	24 ＋	34 ＋	44 ＋
n	157	272	304	272	346	74	29	18
19. 自分の業績と言えるものを	85.3	84.9	81.9	82.4	87.5	79.7	82.8	88.9
6. 機会・条件に恵まれ私は幸せ	79.5	83.1	82.9	73.3	80.1	83.8	72.4	88.9
21. 周囲の人の支えでこの生活が	76.4	78.2	78.5	74.6	87.0	74.3	82.8	77.8
13. いつも何かへのチャレンジを	68.8	61.4	58.6	63.2	55.7	45.9	55.2	72.2
4. 大きな可能性を実現させたい	64.3	57.0	46.7	34.3	31.1	59.5	44.8	38.9
24. 無理をせずマイペースで	63.1	57.4	55.3	49.1	50.7	73.0	82.8	77.8
28. すぐれた尊敬すべき人を持つ	60.5	57.0	53.6	58.1	67.5	64.9	51.7	77.8
9. その場の努力が大きな成果に	52.9	51.5	46.4	54.8	56.2	54.1	41.4	61.1
18. 他人に役立つことをやりたい	52.2	51.8	47.4	51.5	62.9	47.3	62.1	83.3
1. 今のままの自分でいい	50.3	55.7	64.7	69.0	78.6	51.4	48.3	72.2
20. 善人が泣きをみることもある	47.8	40.8	34.2	32.5	26.7	40.5	51.7	44.4
11. 人間として生まれたことに感謝	44.6	48.5	51.2	56.6	72.0	41.9	65.5	77.8
8. 大きなチャンスが待っている	43.9	31.3	19.1	15.8	12.8	23.0	6.9	27.8
3. やるべき仕事・使命が必ず	43.3	50.0	42.8	45.2	51.6	50.0	41.4	38.9
14. 成功よりその時々のがんばりを	43.3	39.3	58.2	58.2	77.5	43.2	51.7	72.2
23. 生き方の手本となる人がいる	40.1	39.3	38.8	30.6	48.1	48.6	41.4	38.9
2. 自分を自己本位と思うことも	33.1	20.2	12.2	12.5	13.9	35.1	27.6	11.1
10. 今楽しんでおかなくては損	29.3	23.2	15.8	18.0	18.5	28.4	34.5	11.1
16. 毎日の生活が灰色でいやだ	24.2	19.1	8.6	7.4	4.3	17.6	17.2	22.2
22. 自分を木石と見てやっていく	20.4	17.6	17.2	12.2	12.5	21.6	24.1	22.2
7. 人間は誰も利己的な存在	19.1	12.9	13.2	12.2	15.6	23.0	10.3	16.7
30. 自分の死に対し心の準備あり	18.5	18.0	19.5	27.6	34.9	18.9	13.8	33.3
12. 反対されると我慢できない	12.7	12.9	12.5	11.8	7.5	20.3	10.3	16.7
17. 自分を考えに入れるとだめ	12.2	11.9	11.3	20.4	23.1	8.1	3.4	5.6
15. 誰も結局は金と快楽と名誉だ	11.5	6.3	10.2	8.1	14.5	10.8	3.4	0.0
26. 大きな力におまかせして生きる	6.4	11.8	13.8	19.6	27.2	9.5	10.3	22.2
25. 自分の存在は無目的で無意味	5.7	2.6	2.6	1.8	1.7	6.8	6.9	0.0
27. 自分という幻影に拘泥せず	4.5	5.5	3.9	4.8	5.8	4.1	0.0	11.1
29. がんばっても結果に変わりはない	4.5	4.8	8.9	6.7	11.9	4.1	6.9	5.6
5. 結局死ぬのだから努力はむだ	3.8	2.6	2.0	0.7	2.6	2.7	3.4	0.0

注）項目は 1994 年卒男性の「はい」回答の多い順に並べかえてある。

表附 1-2　1994 年 3 月卒業者の「はい」の回答率（学部別，％）

	男性				女性	
学部	文学	法学	医学	工学	文学	法学
n	32	50	15	57	31	37
1. 今のままの自分でいい	46.8	50.0	53.3	50.9	38.7	64.9
2. 自分を自己本位と思うことも	31.3	36.0	20.0	33.3	41.9	27.0
3. やるべき仕事・使命が必ず	50.0	30.0	53.3	49.1	35.5	56.8
4. 大きな可能性を実現させたい	65.6	56.0	60.0	71.9	61.3	54.1
5. 結局死ぬのだから努力はむだ	6.3	2.0	6.7	3.5	6.5	0.0
6. 機会・条件に恵まれ私は幸せ	80.6	74.0	86.7	80.7	87.1	81.1
7. 人間は誰も利己的な存在	25.0	10.0	26.7	21.1	19.4	24.3
8. 大きなチャンスが待っている	50.0	34.0	33.3	50.9	9.7	32.4
9. その場の努力が大きな成果に	50.0	48.0	46.7	59.6	51.6	62.2
10. 今楽しんでおかなくては損	15.6	30.0	33.3	35.1	22.6	29.7
11. 人間として生まれたことに感謝	31.4	52.0	40.0	45.6	35.5	48.6
12. 反対されると我慢できない	15.6	12.0	6.7	12.3	16.1	18.9
13. いつも何かへのチャレンジを	68.8	64.0	53.3	77.2	48.4	40.5
14. 成功よりその時々のがんばりを	34.4	48.0	33.3	45.6	48.4	43.2
15. 誰も結局は金と快楽と名誉だ	12.5	10.0	13.3	12.3	12.9	8.1
16. 毎日の生活が灰色でいやだ	21.9	30.0	13.3	24.6	12.9	21.6
17. 自分を考えに入れるとだめ	3.1	10.0	6.7	21.1	6.5	8.1
18. 他人に役立つことをやりたい	59.4	44.0	46.7	54.4	41.9	51.4
19. 自分の業績と言えるものを	90.6	72.0	78.6	94.7	87.1	70.3
20. 善人が泣きをみることもある	50.0	38.0	60.0	52.6	29.0	43.2
21. 周囲の人の支えでこの生活が	75.0	82.0	73.3	71.9	71.0	78.4
22. 自分を木石と見てやっていく	12.5	30.0	6.7	21.1	35.5	10.8
23. 生き方の手本となる人がいる	28.1	50.0	13.3	47.4	51.6	43.2
24. 無理をせずマイペースで	62.5	60.0	73.3	63.2	74.2	75.7
25. 自分の存在は無目的で無意味	6.3	10.0	13.3	0.0	6.5	5.4
26. 大きな力におまかせして生きる	15.6	4.0	0.0	5.3	16.1	2.7
27. 自分という幻影に拘泥せず	12.5	4.0	0.0	1.8	6.5	2.7
28. すぐれた尊敬すべき人を持つ	62.5	58.0	60.0	61.4	67.7	62.2
29. がんばっても結果に変わりはない	9.4	4.0	0.0	3.5	3.2	2.7
30. 自分の死に対し心の準備あり	31.3	22.0	6.7	12.3	22.6	16.2

表附 1-3　1984 年 3 月卒業者の「はい」の回答率（学部別，％）

	男性				女性
学部	文学	法学	医学	工学	文学
n	41	73	32	126	20
1. 今のままの自分でいい	56.1	63.9	50.0	52.4	40.0
2. 自分を自己本位と思うことも	24.4	19.2	21.9	19.0	35.0
3. やるべき仕事・使命が必ず	65.9	28.8	50.0	57.1	40.0
4. 大きな可能性を実現させたい	65.9	41.1	53.1	64.3	45.0
5. 結局死ぬのだから努力はむだ	4.9	1.4	3.1	2.4	5.0
6. 機会・条件に恵まれ私は幸せ	73.2	86.3	84.4	84.1	65.0
7. 人間は誰も利己的な存在	17.1	9.6	21.9	11.1	10.0
8. 大きなチャンスが待っている	29.3	26.0	37.5	33.3	5.0
9. その場の努力が大きな成果に	51.2	53.4	31.3	55.6	40.0
10. 今楽しんでおかなくては損	19.5	24.7	21.9	23.8	40.0
11. 人間として生まれたことに感謝	43.9	46.6	62.5	47.6	65.0
12. 反対されると我慢できない	7.3	13.7	9.4	15.1	10.0
13. いつも何かへのチャレンジを	58.5	56.2	50.0	68.3	50.0
14. 成功よりその時々のがんばりを	53.6	40.3	41.9	33.3	45.0
15. 誰も結局は金と快楽と名誉だ	2.4	6.8	6.3	7.1	5.0
16. 毎日の生活が灰色でいやだ	4.9	21.9	28.1	19.8	20.0
17. 自分を考えに入れるとだめ	10.0	12.7	15.6	11.1	0.0
18. 他人に役立つことをやりたい	53.7	46.6	59.4	52.4	60.0
19. 自分の業績と言えるものを	80.5	83.6	84.4	87.3	85.0
20. 善人が泣きをみることもある	41.5	35.6	43.8	42.9	55.0
21. 周囲の人の支えでこの生活が	72.5	75.3	84.4	80.2	75.0
22. 自分を木石と見てやっていく	14.6	13.7	21.9	19.8	30.0
23. 生き方の手本となる人がいる	48.8	32.9	50.0	37.3	35.0
24. 無理をせずマイペースで	61.0	57.5	62.5	54.8	95.0
25. 自分の存在は無目的で無意味	4.9	1.4	0.0	3.2	10.0
26. 大きな力におまかせして生きる	29.3	5.5	12.5	9.5	10.0
27. 自分という幻影に拘泥せず	17.1	1.4	6.3	4.0	0.0
28. すぐれた尊敬すべき人を持つ	63.4	53.4	62.5	55.6	50.0
29. がんばっても結果に変わりはない	4.9	5.5	3.1	4.8	10.0
30. 自分の死に対し心の準備あり	31.7	16.4	15.6	15.1	20.0

表附 1-4　1974 年 3 月卒業者の「はい」の回答率（学部別，％）

	男性			
学部	文学	法学	医学	工学
n	31	77	35	158
1. 今のままの自分でいい	71.0	67.5	71.4	61.4
2. 自分を自己本位と思うことも	6.5	10.4	11.4	14.5
3. やるべき仕事・使命が必ず	48.4	44.2	57.1	37.1
4. 大きな可能性を実現させたい	32.3	40.3	28.6	56.0
5. 結局死ぬのだから努力はむだ	3.2	1.3	2.9	1.9
6. 機会・条件に恵まれ私は幸せ	77.4	87.0	82.9	81.8
7. 人間は誰も利己的な存在	3.2	10.4	14.3	15.7
8. 大きなチャンスが待っている	16.1	16.9	20.0	20.1
9. その場の努力が大きな成果に	32.3	45.5	34.3	51.6
10. 今楽しんでおかなくては損	12.9	18.2	17.1	15.1
11. 人間として生まれたことに感謝	45.2	64.5	45.7	47.2
12. 反対されると我慢できない	9.7	9.1	8.6	15.1
13. いつも何かへのチャレンジを	61.3	48.1	57.1	63.5
14. 成功よりその時々のがんばりを	71.0	54.5	65.7	56.0
15. 誰も結局は金と快楽と名誉だ	3.2	6.5	14.3	11.9
16. 毎日の生活が灰色でいやだ	9.7	5.2	8.6	10.1
17. 自分を考えに入れるとだめ	12.9	14.5	8.6	10.1
18. 他人に役立つことをやりたい	48.4	51.9	62.9	42.1
19. 自分の業績と言えるものを	77.4	80.5	80.0	83.6
20. 善人が泣きをみることもある	29.0	31.2	42.9	34.6
21. 周囲の人の支えでこの生活が	71.0	76.6	91.4	77.8
22. 自分を木石と見てやっていく	26.7	13.0	22.9	16.4
23. 生き方の手本となる人がいる	38.7	42.9	45.7	35.8
24. 無理をせずマイペースで	64.5	46.8	68.6	55.3
25. 自分の存在は無目的で無意味	3.2	2.6	2.9	2.5
26. 大きな力におまかせして生きる	12.9	13.0	14.3	14.5
27. 自分という幻影に拘泥せず	3.2	0.0	5.7	5.7
28. すぐれた尊敬すべき人を持つ	67.7	57.1	51.4	50.3
29. がんばっても結果に変わりはない	9.7	6.5	11.4	9.4
30. 自分の死に対し心の準備あり	16.1	16.9	34.3	18.2

表附1-5　1964年3月卒業者の「はい」の回答率（学部別，％）

	男性			
学部	文学	法学	医学	工学
n	33	69	35	133
1. 今のままの自分でいい	75.8	73.5	68.6	65.4
2. 自分を自己本位と思うことも	9.1	14.5	14.7	12.0
3. やるべき仕事・使命が必ず	60.6	46.4	51.4	39.1
4. 大きな可能性を実現させたい	36.4	34.8	41.2	31.6
5. 結局死ぬのだから努力はむだ	0.0	1.4	2.9	0.0
6. 機会・条件に恵まれ私は幸せ	63.6	76.8	80.0	71.6
7. 人間は誰も利己的な存在	15.6	4.3	14.3	14.3
8. 大きなチャンスが待っている	18.2	15.9	20.0	13.5
9. その場の努力が大きな成果に	42.4	53.6	54.3	58.6
10. 今楽しんでおかなくては損	27.3	15.9	22.9	15.8
11. 人間として生まれたことに感謝	66.7	62.3	51.4	52.6
12. 反対されると我慢できない	18.2	10.1	8.6	11.3
13. いつも何かへのチャレンジを	57.6	59.4	62.9	67.7
14. 成功よりその時々のがんばりを	51.5	49.3	80.0	59.0
15. 誰も結局は金と快楽と名誉だ	9.1	5.8	11.4	8.3
16. 毎日の生活が灰色でいやだ	18.2	4.3	11.4	5.3
17. 自分を考えに入れるとだめ	30.3	13.0	25.7	20.6
18. 他人に役立つことをやりたい	42.4	56.5	62.9	48.1
19. 自分の業績と言えるものを	78.8	89.9	85.7	78.2
20. 善人が泣きをみることもある	48.5	20.3	31.4	35.6
21. 周囲の人の支えでこの生活が	66.7	75.4	85.7	73.7
22. 自分を木石と見てやっていく	12.1	8.7	20.0	11.4
23. 生き方の手本となる人がいる	36.4	30.4	42.9	26.5
24. 無理をせずマイペースで	72.7	44.1	45.7	45.9
25. 自分の存在は無目的で無意味	3.0	0.0	5.7	1.5
26. 大きな力におまかせして生きる	27.3	18.8	22.9	16.7
27. 自分という幻影に拘泥せず	9.1	2.9	5.7	4.5
28. すぐれた尊敬すべき人を持つ	57.6	60.1	68.6	54.1
29. がんばっても結果に変わりはない	12.1	5.9	11.4	4.5
30. 自分の死に対し心の準備あり	30.3	23.2	45.7	23.3

表附 1-6　1954 年 3 月卒業者の「はい」の回答率（学部別，%）

	男性			
学部	文学	法学	医学	工学
n	53	137	42	113
1. 今のままの自分でいい	73.6	77.4	81.0	81.4
2. 自分を自己本位と思うことも	15.1	14.6	11.9	13.3
3. やるべき仕事・使命が必ず	60.4	46.0	56.1	53.1
4. 大きな可能性を実現させたい	28.3	32.6	16.7	36.3
5. 結局死ぬのだから努力はむだ	1.9	2.2	4.8	2.7
6. 機会・条件に恵まれ私は幸せ	79.2	72.1	88.1	86.8
7. 人間は誰も利己的な存在	11.3	16.1	19.0	15.9
8. 大きなチャンスが待っている	15.4	8.1	9.8	18.6
9. その場の努力が大きな成果に	50.9	54.4	47.6	64.6
10. 今楽しんでおかなくては損	15.1	20.4	16.7	18.6
11. 人間として生まれたことに感謝	60.4	75.2	69.0	74.3
12. 反対されると我慢できない	1.9	10.2	7.1	7.1
13. いつも何かへのチャレンジを	47.2	55.9	40.5	64.6
14. 成功よりその時々のがんばりを	75.5	76.6	76.2	79.6
15. 誰も結局は金と快楽と名誉だ	7.5	13.9	21.4	15.0
16. 毎日の生活が灰色でいやだ	7.5	3.6	7.1	2.7
17. 自分を考えに入れるとだめ	15.4	24.6	35.7	20.4
18. 他人に役立つことをやりたい	56.6	60.3	81.0	61.9
19. 自分の業績と言えるものを	90.6	86.8	85.7	87.6
20. 善人が泣きをみることもある	17.0	27.2	33.3	27.4
21. 周囲の人の支えでこの生活が	73.6	84.6	97.6	92.0
22. 自分を木石と見てやっていく	15.1	12.5	21.4	8.0
23. 生き方の手本となる人がいる	45.3	52.9	45.2	44.2
24. 無理をせずマイペースで	45.3	58.1	61.9	39.8
25. 自分の存在は無目的で無意味	1.9	0.7	2.4	2.7
26. 大きな力におまかせして生きる	30.2	25.0	35.7	24.8
27. 自分という幻影に拘泥せず	3.8	4.4	11.9	6.2
28. すぐれた尊敬すべき人を持つ	66.0	65.4	76.2	67.3
29. がんばっても結果に変わりはない	13.2	13.2	16.7	8.0
30. 自分の死に対し心の準備あり	44.2	33.1	38.1	31.0

のクロス集計（抽出項目について，％）

a.〈1. 今のままの自分でいい〉

	男性					女性		
	文学	法学	医学	工学	全体	文学	法学	全体
1954 年卒	73.6	77.4	81.0	81.4	78.6	—	—	—
1964 年卒	75.8	73.5	68.6	65.4	69.0	—	—	—
1974 年卒	71.0	67.5	71.4	61.4	64.7	—	—	72.2
1984 年卒	56.1	63.9	50.0	52.4	55.7	40.0	—	48.3
1994 年卒	46.8	50.0	53.3	50.9	50.3	38.7	64.9	51.4

b.〈6. 機会・条件に恵まれ私は幸せ〉

	男性					女性		
	文学	法学	医学	工学	全体	文学	法学	全体
1954 年卒	79.2	72.1	88.1	86.8	80.1	—	—	—
1964 年卒	63.6	76.8	80.0	71.6	73.3	—	—	—
1974 年卒	77.4	87.0	82.9	81.8	82.9	—	—	88.9
1984 年卒	73.2	86.3	84.4	84.1	83.1	65.0	—	72.4
1994 年卒	80.6	74.0	86.7	80.7	79.5	87.1	81.1	83.8

c.〈11. 人間として生まれたことに感謝〉

	男性					女性		
	文学	法学	医学	工学	全体	文学	法学	全体
1954 年卒	60.4	75.2	69.0	74.3	72.0	—	—	—
1964 年卒	66.7	62.3	51.4	52.6	56.6	—	—	—
1974 年卒	45.2	64.5	45.7	47.2	51.2	—	—	77.8
1984 年卒	43.9	46.6	62.5	47.6	48.5	65.0	—	65.5
1994 年卒	31.4	52.0	40.0	45.6	44.6	35.5	48.6	41.9

d.〈16. 毎日の生活が灰色でいやだ〉

	男性					女性		
	文学	法学	医学	工学	全体	文学	法学	全体
1954 年卒	7.5	3.6	7.1	2.7	4.3	—	—	—
1964 年卒	18.2	4.3	11.4	5.3	7.4	—	—	—
1974 年卒	9.7	5.2	8.6	10.1	8.6	—	—	22.2
1984 年卒	4.9	21.9	28.1	19.8	19.1	20.0	—	17.2
1994 年卒	21.9	30.0	13.3	24.6	24.2	12.9	21.6	17.6

e.〈30. 自分の死に対し心の準備あり〉

	男性					女性		
	文学	法学	医学	工学	全体	文学	法学	全体
1954 年卒	44.2	33.1	38.1	31.0	34.9	—	—	—
1964 年卒	30.3	23.2	45.7	23.3	27.6	—	—	—
1974 年卒	16.1	16.9	34.3	18.2	19.5	—	—	33.3
1984 年卒	31.7	16.4	15.6	15.1	18.0	20.0	—	13.8
1994 年卒	31.3	22.0	6.7	12.3	18.5	22.6	16.2	18.9

表附 1-8　京都大学卒業者の人生観の特色（中年男性との比較，%）

	京都大学卒業者*			中年男性**	
卒業年（3 月卒）／都市	1984	1974	1964	大阪	松本
年齢	34 +	44 +	54 +	**	**
n	272	304	272	167	78
1. 今のままの自分でいい	55.7	64.7	69.0	70.7	66.7
2. 自分を自己本位と思うことも	20.2	12.2	12.5	27.5	25.6
3. やるべき仕事・使命が必ず	50.0	42.8	45.2	74.3	67.9
4. 大きな可能性を実現させたい	57.0	46.7	34.3	68.9	64.1
5. 結局死ぬのだから努力はむだ	2.6	2.0	0.7	4.2	1.3
6. 機会・条件に恵まれ私は幸せ	83.1	82.9	73.3	80.2	75.6
7. 人間は誰も利己的な存在	12.9	13.2	12.2	35.3	32.1
8. 大きなチャンスが待っている	31.3	19.1	15.8	47.3	38.5
9. その場の努力が大きな成果に	51.5	46.4	54.8	84.4	79.5
10. 今楽しんでおかなくては損	23.2	15.8	18.0	31.7	32.1
11. 人間として生まれたことに感謝	48.5	51.2	56.6	73.7	60.3
12. 反対されると我慢できない	12.9	12.5	11.8	22.2	25.6
13. いつも何かへのチャレンジを	61.4	58.6	63.2	71.9	73.1
14. 成功よりその時々のがんばりを	39.3	58.2	58.2	76.6	85.9
15. 誰も結局は金と快楽と名誉だ	6.3	10.2	8.1	28.1	35.9
16. 毎日の生活が灰色でいやだ	19.1	8.6	7.4	15.0	19.2
17. 自分を考えに入れるとだめ	11.9	11.3	20.4	27.5	26.9
18. 他人に役立つことをやりたい	51.8	47.4	51.5	64.7	66.7
19. 自分の業績と言えるものを	84.9	81.9	82.4	89.8	84.6
20. 善人が泣きをみることもある	40.8	34.2	32.5	26.9	25.6
21. 周囲の人の支えでこの生活が	78.2	78.5	74.6	89.2	84.6
22. 自分を木石と見てやっていく	17.6	17.2	12.2	32.3	21.8
23. 生き方の手本となる人がいる	39.3	38.8	30.6	47.9	48.7
24. 無理をせずマイペースで	57.4	55.3	49.1	61.7	60.3
25. 自分の存在は無目的で無意味	2.6	2.6	1.8	3.6	3.8
26. 大きな力におまかせして生きる	11.8	13.8	19.6	31.1	12.8
27. 自分という幻影に拘泥せず	5.5	3.9	4.8	8.4	5.1
28. すぐれた尊敬すべき人を持つ	57.0	53.6	58.1	61.1	64.1
29. がんばっても結果に変わりはない	4.8	8.9	6.7	15.0	19.2
30. 自分の死に対し心の準備あり	18.0	19.5	27.6	25.1	30.8

*　1996 年の調査。

**　1988 年，大阪と松本の国立大学附属小学校児童の父親（30 歳代～ 50 歳代）に対する調査。

第7章　大学新入生の生き方意識——京都ノートルダム女子大学生の場合

1　〈生き方意識〉インベントリー

自己意識の実存的なアスペクトに関する研究が必要であり重要であることは、近年さまざまな形で指摘されている（梶田、二〇〇一年）。ここで取り上げる自己の生き方についての意識のあり方は、まさに実存的なアスペクトに関する自己意識を問題にするものと言ってよい。人は誰しも、自己の生き方について、意識の濃淡、体系性の強弱、主要な着眼の所在、等々の違いはあるにせよ、年齢を重ねていく中で自分なりの考え方を作り上げている。そして、そうした〈生き方意識〉が、日常の生活の仕方に、さらにはなんらかの決断を迫られる場面での判断の仕方に、大きな枠組みとして働いていることはあらためて言うまでもない。こうした〈生き方意識〉については、さまざまな視点・方法による研究が可能であろうが、われわれは三〇項目から成る〈生き方意識〉インベントリーを作成し（梶田、一九九〇年）、それを用いた調査を実施するという方法で研究を進めてきた。このインベントリーは、人の社会的な面での生き方を問題とするのではなく、実存的な面での生き方を見ようというものである。具体的には「自己の存在意義・自己受容」「脱自己中心性」「自己の可能性・目的」「努力への意志・向上心」「ニヒリズム」の五つの領域を取り上げ、人の内面世界の深みに即した形で〈生き方意識〉を検討しようとするものである。ただし、五つの領域のそれぞれが独自の意味を持つものとして下位尺度を構成して検討するなどといったやり方をとるのではない。〈生き方意識〉の全体をこうした各領域をカバーする形で考えたいということで、こうした形での項目構成を行ったのである。

このインベントリーを構成する三〇項目については、附章2の章末に添付されている調査票によって、その表現内容を見ていただきたい。各項目は、次のような形で五つの領域ごとに設定されている。

A　自己の存在意義や自己受容にかかわる感覚・意識……項目1・6・11・16・21・26
B　脱自己中心性にかかわる感覚・意識……………………項目2・7・12・17・22・27
C　自己の可能性や目的にかかわる感覚・意識……………項目3・8・13・18・23・28
D　努力への意志や向上心にかかわる感覚・意識…………項目4・9・14・19・24・29
E　ニヒリズムにかかわる感覚・意識………………………項目5・10・15・20・25・30

このインベントリーを用いた調査研究としては、これまでに、

(1)　日本と韓国の大都市と中都市（大阪市およびその郊外と松本市／ソウル市およびその郊外とテグ市）を取り上げ、三〇歳代後半〜五〇歳代前半の男女（小学生の子どもの両親）の〈生き方意識〉

について比較検討したもの（梶田、一九九〇年）

(2) 二〇歳代～六〇歳以上の男女一四〇〇人余を対象に調査し、年代別男女別に〈生き方意識〉の特徴を検討したもの（高井、一九九一年）

(3) 京都大学卒業者（卒業後二年、一二年、二二年、三二年、四二年）について、その〈生き方意識〉について年代別に検討したもの（梶田他、一九九七年：梶田、一九九八年）

(4) キリスト教主義高校と仏教主義高校の三年生に対して調査を実施し、その〈生き方意識〉のあり方を比較検討したもの（山田、一九九四年）

(5) 中堅看護婦の〈生き方意識〉の特性について検討したもの（梶田、一九九二年）

(6) 血液透析療法を受けている患者の〈生き方意識〉を、健康な日常生活を送っている人達のそれと比較検討したもの（牧野、一九九五年）

などが報告されている。

2 京都の女子大学新入生についての調査

ここでは、京都ノートルダム女子大学に入学して間もない一年次生を対象として、

(1) このインベントリーの項目の意味するところを理解しているか

(2) 項目の意味するところを自分にとって重要なものと受けとめているか

(3) 項目の意味する考え方は自分に当てはまるのか

ということについて検討する。これは何よりも、〈生き方〉意識インベントリーを構成する項目群の少なからぬ部分が実存的な深みに関係するものであることから、現在の多くの若者にとって理解しがたいもの、なんらの重要性も感じられないもの、ではないかという疑問にこたえるためのものである。その意味では、第一義的には、このインベントリーの妥当性を検討するものと言ってよい。

もしも理解されない項目が多いということであれば、少なくとも大学生（およびそれ以下の人達）を対象とした調査研究にこのインベントリーを用いることは、基本的に不適切ということになるであろう。また、自分にとって重要であるとは思えないと回答される項目が多ければ、少なくとも大学生（およびそれ以下の人達）に対してこのインベントリーを実施することは、彼らの〈生き方意識〉を探るという目的からは、ほとんど意味のないものということになる。こうした研究目的に加えて、今回の調査では、京都ノートルダム女子大学に入学してきた学生達の〈生き方意識〉の実際はどうなのか、ということを見てみたいという意図も、当然のことながら含まれている。

本調査は、筆者が担当する生涯発達心理学科一年次生対象の講義「人間性の心理学」第二回目の時間（二〇〇二年四月二五日の一三時一〇分～一四時四〇分）に、同一学科の他の教員によって実施された。学生達には前述した調査票が配布され、すべての記入が終わった後で自由に感想を書くことが求められた。

今回の調査では、従来の諸研究での場合と異なり、一つの項目に対して「理解できるか」「自分は同様に考えるか」「自分にとって重要と思うか」という三通りの回答が求められている。ちなみに、通常の〈生き方意識〉インベントリーの場合、三通りの回答のうちの真ん中のもののみが求められることになる。

この調査を実際に受けた学生の中には、大学コンソーシアム京都の単位互換学生として聴講に来ている他大学の学生や、京都ノートルダム女子大学の二年次以上の学生も含まれていたが、ここに報告するのは、本来の講義対象である一年次生についての結果のみである。ちなみに、年齢としてはいずれも一八歳か一九歳である。

3　女子大学新入生への調査結果が語るもの

表7－1の右欄に示されているように、多くの項目において「理解できる」とするものが高い比率を占めている。具体的には、理解度九九％以上が全体で八項目、九五％以上が全体で一七項目、九〇％以上が全体で二二項目、となっている。

これに対して「理解できる」比率の最も低い項目としては、「27　私は、結局は〃自分〃などというものはない、幻影のような〃自分〃にこだわるのはくだらないことだ、という気がしています」が六八・四％である。この項目の意味するところは、自分自身へのこだわりの強い、そして自己中心的な考え方をしがちな若い年代の人達の多くにとって理解しがたいものであるのは、むしろ当然のこととも考えられる。現代日本の二〇歳前の女性の場合、こうした発想にふれたこともほとんどなく、自分の念頭にも上ったこともない人が大半ではないか、と思われるのである。事実、この項目の意味するところを自分にとって「大事だ」としたものは一三・二％、自分に「当てはまる」としたものは一一・四％でしかない。実際の記入状況（この項目についての三つの回答の相互関連）を点検すると、当然のこと

表 7-1　京都ノートルダム女子大学 1 年次生の人生観と調査項目の理解度・重要性認識

項　目	当てはまる	大事だ	理解できる
26. 大きな力におまかせして生きる	10.5	20.2	81.6
5. 結局死ぬのだから努力はむだ	11.4	27.2	85.1
27. 自分という幻影に拘泥せず	11.4	13.2	68.4
17. 自分を考えに入れるとだめ	15.8	11.5	78.1
25. 自分の存在は無目的で無意味	18.4	20.2	88.6
29. がんばっても結果に変わりはない	21.9	28.1	88.6
22. 自分を木石と見てやっていく	22.8	20.2	76.3
15. 誰も結局は金と快楽と名誉だ	28.1	21.9	89.5
30. 自分の死に対し心の準備あり	30.7	37.7	90.4
20. 善人が泣きをみることもある	38.6	33.3	91.2
8. 大きなチャンスが待っている	45.6	55.3	99.1
16. 毎日の生活が灰色でいやだ	48.2	33.3	93.0
12. 反対されると我慢できない	49.1	36.0	98.2
10. 今楽しんでおかなくては損	41.2	44.7	98.2
1. 今のままの自分でいい	53.5	64.9	97.4
3. やるべき仕事・使命が必ず	53.5	57.9	93.9
23. 生き方の手本となる人がいる	58.8	59.6	96.5
7. 人間は誰も利己的な存在	58.8	43.0	94.7
2. 自分を自己本位と思うことも	63.2	57.9	99.1
11. 人間として生まれたことに感謝	64.0	64.9	97.3
18. 他人に役立つことをやりたい	68.4	63.2	99.1
14. 成功よりその時々のがんばりを	70.2	73.7	97.4
28. すぐれた尊敬すべき人を持つ	72.8	63.2	97.4
24. 無理をせずマイペースで	73.7	66.7	97.4
9. その場の努力が大きな成果に	74.6	72.8	98.2
13. いつも何かへのチャレンジを	78.1	77.2	99.1
4. 大きな可能性を実現させたい	81.6	77.2	99.1
19. 自分の業績と言えるものを	84.2	73.7	100.0
6. 機会・条件に恵まれ私は幸せ	85.1	75.4	99.1
21. 周囲の人の支えでこの生活が	94.7	86.0	99.1

注 1）数字は 114 名中の%。
注 2）項目は「当てはまる」回答の少ない順に並べかえてある。

ながら、「理解できない」という学生は自分にとって「大事だ」とも思わず、自分に「当てはまる」ともしていない（表7－2a参照）。この項目について、三人に二人の学生が意味を理解できるとしたのは、むしろ予想以上のことと言ってよいのではないだろうか。したがって、この項目に関しては、調査実施対象の精神的成熟度に十分配慮する必要があるとはいえ、一般的な意味では妥当なものであったと考えることができるであろう。

この項目に次いで「理解できる」比率が低いのは、「22　私は、できることなら、義理や体面などいっさい考えないで、自分が木や石になったつもりでやっていきたい、と思っています」（七六・三％）と、「17　私は、自分自身のことは考えに入れないで計画したり行動したりしないと、結局はうまくいかないものだ、という気がします」（七八・一％）である。これも先の項目27と同様、「脱自己中心性」にかかわる項目であり、自分にとって「大事だ」とする学生は二〇・二％と一一・五％、自分に「当てはまる」とする学生は二二・八％と一五・八％でしかない。これも結局は、先の項目27について考えたところと同様である。

表7－1を全体として見てみるならば、自分に「当てはまる」考え方については自分にとって「大事だ」という意識を持っており、またその項目を「理解できる」という比率は非常に高いものになっている。いささかながらこの傾向に反するものは、「5　私は、人間は誰もいつかは死んでしまうのだから、がんばって努力してみても結局はむだだ、という気がしています」「25　私は、自分が存在し生きていることには、全く何の目的も意味もない、という気がしています」「15　私は、世間の人はすぐにきれい事を言いたがるけれど、結局は誰もが、お金と快楽と名誉を求めているだけだ、と思います」と

いった「ニヒリズム」に関する項目である。これらの項目の場合には、意味は「理解できる」が、自分にとって「大事だ」とも自分に「当てはまる」とも思わない、といった傾向が見られるのである。これに加えて、「29　私は、自分がどんなにがんばって努力をしていったとしても、結局のところ結果にそう大きな違いはないだろう、という気がしています」にも、そうした傾向が示されている。この項目は「努力への意志や向上心」に関する意味内容を持つものとして設定されたものであるが、やはりそこにニヒリズム的なニュアンスが色濃くうかがわれると言ってよいであろう。

全三〇項目について、その項目に対する三つの回答相互の関連も検討されたが、そのすべてをあげるのは煩雑になるので、最後の項目「30　私は、自分自身に遅かれ早かれ訪れる〝死〟に対して、心の準備がいちおうできており、そう恐ろしいとは思っていません」についての結果を表7－2bとして、最初の項目「1　私は、いろいろ不満なところや反省すべきところがないわけではないが、基本的には、今のままの自分でいい、と思っています」についての結果を表7－2cとして掲げておきたい。いずれも、その項目の意味するところを「理解できる」人の中にも、自分に「当てはまる」と考える人とそうでない人、自分にとって「大事である」と考える人とそうでない人とが存在していることが分かるし、また自分にとって「当てはまる」と考えることと自分にとって「大事である」とすることとが、一人ひとりの内面において分離して考えられていることがうかがわれて興味深い。

以上に結果の概略を見てきたところから、京都ノートルダム女子大学の一年次生の多くは、一般に、次のような傾向が見られると考えてよさそうである。

(1)　脱自己中心性といった高度な精神的な成熟にかかわる意識についてはまだだし、という傾向が見ら

表 7-2　回答の構造（114 人中）

a：項目 27〈自分という幻影に拘泥せず〉

		理解できる	
		はい	いいえ
当てはまる	はい	14	0
	いいえ	67	31

（一部無答 2）

		理解できる	
		はい	いいえ
大事だ	はい	16	0
	いいえ	65	31

（一部無答 2）

		当てはまる	
		はい	いいえ
大事だ	はい	7	9
	いいえ	6	91

（一部無答 1）

b：項目 30〈自分の死に対し心の準備あり〉

		理解できる	
		はい	いいえ
当てはまる	はい	34	2
	いいえ	69	7

（一部無答 2）

		理解できる	
		はい	いいえ
大事だ	はい	42	2
	いいえ	61	7

（一部無答 2）

		当てはまる	
		はい	いいえ
大事だ	はい	20	24
	いいえ	16	53

（一部無答 1）

c：項目 1〈今の自分のままでいい〉

		理解できる	
		はい	いいえ
当てはまる	はい	61	0
	いいえ	50	3

		理解できる	
		はい	いいえ
大事だ	はい	72	2
	いいえ	37	1

（一部無答 2）

		当てはまる	
		はい	いいえ
大事だ	はい	36	38
	いいえ	23	15

（一部無答 2）

れること（理解できない人も少なくなく、いちおう意味を理解できる人であっても大事だとも思っていないし、自分に当てはまるとも思っていない人が多い）。

(2)　ニヒリズム的な意識に陥ることなく健全で前向きの意識を持つ人が多い（いちおう理解できるが、大事だとも思わないし、自分に当てはまると思っていない人が多い）。

こうした傾向は現代日本の二〇歳直前の若い女性の多くに、一般的な傾向として見られるものではないだろうか。この意味でも、このインベントリーは全体として、若い人達に対して実施する場合においても、一般的な意味での妥当性がある、と言ってよいのではないかと考えられる。

個々の項目について自分に「当てはまる」という回答の傾向を見てみると、全般的には従来の各種の調査研究で得られた日本女性の場合の回答傾向と、そう大きな違いはない。しかしながら、今回の調査結果には年齢的な若さを如実に反映したものと見られる部分が時に見られないわけでない。調査手続きや調査対象の選び方が異なっているためこのままでは比較が困難なので、詳しい検討と考察は今後の研究にまちたい。

4　学生達の具体的感想

最後に、学生がこの調査の実施の後で書いた感想から、ランダムに（学生名薄のある部分を抜き出し、ほぼその順序通りに）いくつかを拾ってみたい。これによって学生達がこのインベントリーの実施をどのように受けとめたか、各項目に触発されて何を考えたかなどを、具体的な形で理解することができるであろう。これはまた、このインベントリーの妥当性を総合的に考えていく際の重要な土台となるものと考えられる。

〔A〕項目の中に「自分が存在し生きていることには全く何の目的も意味もない」とあったが、今一番興味のあることです。どうやって赤ちゃんが生まれてくるかは分かるけど、なんで生まれてくるかは分かりません。そして死ぬのかも。不条理だらけだと思いました。だけど意味がないからこそ自分はここにいるんだと思います。

〔B〕この質問の一つひとつ、ふだんこれといって気にとめないことを直接的に問いかけていると思いました。人間の自己中心的な面や考え方など、いきなり言われると、自分のことなのに考えてしまうのが不思議だと思いました。死のことを聞かれても考えたことないし、なんだか面白いことを聞くなと思いました。アンケートになるぐらいだから、そう考えている人もいると思うと、少し悲しく思います。

〔C〕今日やったアンケートは私が日頃よく思うことがのっていました。私は命の大切さを身をもって分かっているので、今自分やまわりの友達がここに生きていることが、本当に大切な時間をもらっていると思います。だから今できることは精一杯やりたいと思うし、自分にも他の人にもいろいろな可能性があると思うので、たくさんのことにチャレンジしていきたいと思います。今の自分に満足していますか？　のような質問がありましたが、私は自分のしたい勉強もでき友達もいるし、どっちかといえば満足しています。でも自分が今ここに生きていることの大切さを考えると、もっとできることがあって、まだ満足してはいけないような気がしています。

〔D〕こういうアンケートをしたのははじめてだったので、なんだか不思議でした。質問内容が今まで考えたことのないようなものばかりだったので、少し難しかったです。

〔E〕アンケートの内容で、意味はいちおう理解できるけど、理解したくないものがあった。項目26である。神様とかいないとも思わないけど、いるとも思っていないので、理解しにくい。

〔F〕このアンケートをして、私が人生について深く考えていないということがよく分かった。大学生になったのだから、もっと自分を知らなくてはいけないと思う。

〔G〕アンケートの項目の中には、すぐ答えられるものと、すごく考えさせられる項目がありました。今まで自分が悩んだ項目もあって、みんなはどう思っているのか、すごく典味があるので、結果が出た時は、ぜひ見たいです。

〔H〕理解できても同意はできない項目が多かった。ネガティブな項目が多く、はっきり聞かれると戸惑うものもあった。やっぱり人はポジテイブに生きていきたい。

〔I〕今までやったことのない質問があって少しとまどうことがありましたが、自分の内にある無意識的な考えがどんなものであるか気づくことができました。これから心理学を研究していくうえで自分自身を研究対象にするのも良いかもしれないと思います。

〔J〕項目30のように、私は時々、死んでしまったらどうなるのかが気になります。祖父が死んだ時、飼っていたネコが死んだ時、とても悲しくて泣いたのを覚えています。今、私が死んだら、きっと家族や友人、学校の方々が悲しく思ってくれると思いますが、年をとった時、私が未婚で、たった一人きりで死んだ時、どのように扱われるだろうか？　誰も悲しく思わないだろうか？　と考えると、心配になります。人は死んだらどうなるのですか。体は残っていても、息をせず、体が動かなく、とても冷たい。死ぬことは、どんなことなのですか。そして、生きることは、どんなことなのですか。近頃気になっているのは以上のことです。

〔K〕いくつかの項目は何度か読み返さないと理解できないものもあったが、それとは別にむかしふっと考えたことのあるような項目もあってびっくりした。それに関してはすぐに答えることができた。他の人はどのように答えたのか興味を持つアンケートだった。

〔L〕心理学を学び始めて思ったことなのですが、高校の時には使われていなかった難しい言葉や学問的な言葉の言い回しが多くなったなと思いました。今日のアンケートにもそういった言葉の言い回しが多く、よく文章を読まないと質問の意図をつかみそこねそうでした。しかし、アンケートの質問は日々人々が生きていくうえでの疑問に直接もとづいたもので、意味深長なものだと思いました。

〔M〕幼い頃、自分が人間としてこの世に存在する意味がよく分からなかった。だから「もし私がこの世に存在しなかったら?」と考えると、なんとも言いようのない虚無感に襲われた。また「今こうやって生活しているのは誰かの夢の中ではないのか?」と不思議に思ったりした。今も「なぜ何のために存在しているのか?」ということに対するハッキリした答えを言葉にできないけど、ここにこうしていられることに違和感を感じなくなった。神の存在を確信できるようになったからかもしれない。

〔N〕今日のアンケートで、人間にはいろんな思いや悩みがあって生きているんだな、と思いました。時には強く、時には弱い、そんな人間について、早くたくさんのことを学び、知っていきたいです。

〔O〕調査の項目はどれも私はふだんからあまり意識していないので当てはまりませんでした。私はあまりものごとを深く考えて生きていないのかなぁ、と思います。項目の意味は理解できても、自分には関係ないなぁ、と思う項目が多かったです。ただ、努力は絶対に報われるものなんだ、とは思っています。受験を経験して特にそう思うようになりました。「努力してむだ」というようにはけっして思いません。

〔P〕たまに自分について考えます。もしかしたら自分はまわりから見ても自分から見ても何の価値もない人間かもしれないと思ったりします。今回このアンケートをしてみて、あらためて私が考えていたりすることが紙の上にあらわれてみると、理解はできるが否定したい気持ちが強く出てきました。自分はほんとに価値のない人間かもしれないが、自分はそれを望んでいるわけではない、自ら進んで価値がないと決めつける自分が逆にいやだと感じました。たしかに私は醒めた面もあるし、努力なしでは人並み以下の能力しかない。だけど、けっして努力を惜しむ人間ではないと思っています。結局この調査は、自分についてふだん考えていないことを、〃はい〃〃いいえ〃で分かるようにする方法だったのだろうかと思っています。先生には多量のデータの中の一枚にしかすぎないでしょうが、私には私なりに自分の肯定や否定を考えることのできる調査だったと感じています。

【参考文献】

梶田叡一『生き方の心理学』有斐閣、一九九〇年。

梶田叡一「〃生と死〃の行動計量（1）」第54回行動計量シンポジウム（一九九二年一二月一九日、統計数理研究所）口頭発表。

梶田叡一『京都大学卒業者の〃生き方〃意識』日本人間性心理学会第17回大会発表論文集、一九九八年、八〇～八一頁。

梶田叡一「はじめに」『自己意識研究の現在』梶田叡一編、ナカニシヤ出版、二〇〇二年、一～四頁。

梶田叡一・溝上慎一・浅田匡『京都大学卒業者の意識調査――京都大学で受けた教育の評価と人生観』京都大学高等教育教授システム開発センター、一九九七年。

高井範子「現代人の生き方に関する一研究」大阪大学人間科学部一九九〇年度卒業論文、一九九一年一月。

牧野智恵「血液透析療法を受けている患者の〝生き方意識〟の一考察」『福井県立大学看護短期大学部論集』創刊号、一九九五年、四一～四九頁。

山田倫代「宗教意識の形成と教育」大阪大学人間科学部一九九三年度卒業論文、一九九四年一月。

第8章　実存的自己意識の心理学を

1　〈社会的自我〉研究への偏向

W・ジェイムズによる分析的な論考が、現代の心理学的自我論（自己意識研究）の土台になっていることは、多くの人の認めるところであろう。ジェイムズは大部な『心理学原理』（一八九〇年）の短縮版としてまとめたとする『心理学』（一八九一年）において、主我（主体としての自我）と客我（客体としての自我）の区別を提唱した。そしてこの客我（対象化され意識化された私）を、さらに物質的自我（身体・衣服・所有物にもとづく私のイメージ）と社会的自我（周囲の人からの認識としての私のイメージ）、精神的自我（自分自身の意識状態や精神的能力・特性＝知的・道徳的・霊的なものを含む＝としての私のイメージ）の三つに分けて論じたのである。[*1]

アメリカにおける実証的な自己意識研究の流れは、これら三種の自我のうち社会的自我にのみ着目して行われてきたと言ってもあながち過言ではない。たとえば、ジェイムズの考え方を発展させたと言われるクーリー（一九〇二年）の鏡映自己像（looking-glass-self）はその典型であろうし、ミード（一九三四年）やニューカム（一九五〇年）の社会的相互活動論に立つ自己意識論では、まさに社会的自我のみが問題とされていると言ってよい。[*2] もちろん、こうした流れの中にあって、少数ではあるが物質的自我を問題とする実証的研究も見られないではない。たとえば自己概念の構成要素についての研究や、自尊意識（Self-esteem）を支えるものについての研究などである。

しかしながら、精神的自我についての実証的研究は、モリスの「人生の道」などの研究（一九四二年・一九五六年）に見られる程度で、ほとんど問題にされてこなかったのが実情である。[*3] 別の見方からすれば、精神的自我の研究は、性格や精神的能力、心理的適応性、精神的健康等々に関するテストやインベントリーの作成とのかかわりで（＝内省的な項目群を設定するに際して）取り上げられてきたにせよ、自己意識や自己概念といった文脈ではあまり考えられることがなかった、と言った方がよいのかもしれない。

いずれにせよ、これら三種の自我（自己意識）を形成し、支え、変容するものは、原理的に異なっていることに注意が必要である。たとえば物質的自我の場合は、自己による所有あるいは具有という事実の自他による確認と意味づけである。社会的自我の場合は、自己の社会的な位置や役割、その意味づけの自他による確認である。これに対し、精神的自我の場合は、自己についての事実や意識とその意味づけに関する自己確認である。つまり、物質的自我と社会的自我の場合には、徹頭徹尾社会的相互活動によって形成されると考えることが可能であるのに対し、精神的自我の場合には（きっかけや素材は社会的相互活動から提供される場合があるとしても）、基本的に内省と自己内対話が主要な基盤となっている。自己意識の問題を対人的社会的な面からのみ論じがちな現代心理学の偏向は、こうした視点からも是正されなければならないのではないだろうか。

共有（と前提している）の社会文化的枠組み（〈我々の世界〉）における意味づけを中心とした自己意識やアイデンティティを問題にするのもよいが、ある程度まで精神的に成熟した人の場合には、その人に独自固有の（銘々持ちの）内的世界（〈我の世界〉）における自己の意味づけこそが中核的な意義を持っている。もしもそうであるなら、そういう人の場合、社会的自我ではなく精神的自我の面を中心に検討を深めていくことこそが重要となるのではないだろうか。もちろん、可能性としては誰もが、〈我々の世界〉から区別された自分自身の独自固有な〈我の世界〉に多少なりとも気づき、それを準拠枠とした自己意識を持つことがないではないのであるから、人間の心理一般を問題にする場合であっても、この問題を避けて通るわけにはいかないであろう。

2　精神的あるいは実存的なレベルでの自己意識

精神的自我、特にその中核ともなる実存的レベルでの自己意識ということになると、人生観とか死生観と呼ばれてきたものが深く関連してくる。私自身は『生き方の心理学』[*4]（一九九〇年）で、そうした点を広範囲に論じたいと念願したが、ごく一端をなぞったにとどまった。ただ、モリスの「一三の生き方」についての調査票（本書第6章末を参照）と、死生観を含めた人生観を中心とした「生き方意識インベントリー」（同附章2末を参照）を用いて、日本と韓国の大都市と中都市の壮年男女を対象に実施した調査結果は、データ的に興味深い意味を持つと思う。その後も、この「生き方意識インベントリー」については多様な対象群に対して調査を実施し、検討を加えている。

「生き方意識インベントリー」に含まれる項目のうち、最も実存的な内容を持つもの、〈我の世界〉的意識の中核に位置するもの、は自分自身の死に関する意識であろう。「メメント・モリ（自らが死すべき存在であることを忘れるな）」は、この意味において、西ヨーロッパのキリスト教文化において、伝統的にきわめて重視されてきたところである。

たとえば京都大学の卒業生に対する調査結果[*5]（梶田、一九九七年）では、「生き方意識インベントリー」の項目30「私は、自分自身に遅かれ早かれ訪れる〝死〟に対して、心の準備がいちおうできており、そう恐ろしいとは思っていません」について、次のような回答分布が得られている（数字は男性卒業生についての「はい」の比率／三件法）。

卒業後四二年（一九五四年三月卒業／年齢六四歳以上）　三四・九％
卒業後三二年（一九六四年三月卒業／年齢五四歳以上）　二七・六％
卒業後二二年（一九七四年三月卒業／年齢四四歳以上）　一九・五％
卒業後一二年（一九八四年三月卒業／年齢三四歳以上）　一八・〇％
卒業後二年（一九九四年三月卒業／年齢二四歳以上）　一八・五％

ここから直接的にうかがわれることは、年齢が上がっていくにしたがって「自分自身の死」に対する心の準備が少しずつできていくことである。これは、年齢的に自己の死に近づいていくにつれて、意識面でそれへの備えができていくと解するならば、当然至極のことと言ってよいのかもしれない。

しかし、こうした点についても文化的枠組みの影響は、きわめて大きなものがある。たとえば同じ項目30に対する日本と韓国の壮年男性（いずれも国立大学附属小学校在籍児童の父親／三〇歳代後半〜五〇歳代）の回答は、次のようになっていたのである（三件法での「はい」の比率／本書第6章所収）。

韓国	ソウル	六二・一％	テグ	五〇・八％
日本	大阪	二五・一％	松本	三〇・八％

実存的な意味で根本的な位置を占める死の意識について、韓国と日本ではかなり大きな差があるのである（日本では「自分自身の死」に対して心の準備ができているという人がそう多くはない）。しかし、それだけですべてが分かったように思うわけにはいかない。

ここに示された結果をどう読み解くかは、考えれば考えるほど大きな問題をはらんでいる。「心の準備ができている」ということは、「自分自身の死」について考えたとしても不安・動揺がない、言い換えるなら「自分自身の死」をなんらかの意味で受容している、ということを意味しているであろう。しかしながら、そうした不安・動揺のなさは「自分自身の死」をどのような形で受け入れているからなのか、という点は全く不明である。「自分が死ねば天国や極楽での来世がある」というものもあれば、「自分が死ねば自分という意識もろとも自分のすべてが無化するのであるから何も問題はない」というものもあるであろう。さらには「自分という存在そのものも幻影であり、したがって自分の死ということもなんら実態のないものである」といった考え方をする人もあるかもしれない。

自分自身の存在の基本的あり方をどのような形で認識し意味づけているかによって、「自分自身の死」の意味するものも大きく異なってこざるをえない。そうすると、日本の場合には年齢が上がっていくにしたがって、あるいは韓国人の方が日本人よりもずっと、「自分自身の死」に対する「心の準備」ができ、不安・動揺のない状態になっているとしても、年齢段階によって、文化の違いによって、その準備の具体的な内容に大きな違いはないかということを考えてみなくてはならなくなる。

3　自己意識の〈公理系〉あるいは基盤的枠組み

自己意識を最も基盤的な地点で枠づけているものとして、それぞれの文化に固有の〈公理系〉が存在する、という考え方を筆者は『意識としての自己』（一九九八年）で提出した。[*6] たとえば「私は、自分自身の主人公であり、自由意志によって自主的判断を行う」〔公理：2〕ということを自明の前提にするからこそ、自分のやったことで何か悪い結果が生じた時には、「自分のやったことには自分で責任をとらなくてはならない、逃げ隠れしたりごまかしたりしてはいけない」という強い自責の念に襲われることになるのである。また暗黙のうちにこうした公理的な前提を互いに共有しているからこそ、他の人の責任を問うことも可能になるし、また社会的な司法制度も機能するわけである。

「自分自身の死」についての「心の準備」ということにしても、当然、その人がアプリオリに持つ、こうした〈公理系〉を土台として考えてみなくてはならないであろう。

たとえば現代日本に生活する多くの人は、多分、「私は、出生以前には存在せず、また死とともに消滅する」〔公理：4〕ということを暗黙の前提にしているであろう。しかしインド文化に強く影響を受けた国の人であるなら、「私は、出生以前には別の個人の形で存在していたし、私自身の死後もまた別の個人として生まれ変わって生き続けていく」〔公理：4／別1〕といった輪廻転生を暗黙の前提にするはずである。さらには、キリスト教やイスラム教などの思想の影響が強い国では、「私は、出生以後の自分の行為に応じて、死後、極楽（天国）あるいは地獄で新たな生を生きていく」〔公理：4／別2〕といった暗黙の前提を持つ人が少なくないであろう。

このいずれの〈公理〉を基盤として「心の準備」をするかによって、深い地点における〈今〉〈ここ〉での自己の生の意識は大きく異なったものになるはずである。

実は、私自身の調査データからは、この点は不分明なままである。「生き方意識インベントリー」には「来世を信じるかどうか」という項目も、「輪廻転生を信じるかどうか」という項目もないからである。しかし、現代日本の文化的枠組みでは「来世」も「輪廻転生」もほとんどの人が信じていないであろうから、そうした項目はそもそも不必要と考えた方がいいのかもしれない。ただ、先に述べた〔公理：4〕を多くの人が前提としているとしても、存在の開始（出生）から消滅（死）までの全生涯をどのように意味づけていくかという点については、調査データは若干の示唆を与えてくれる。

4 〈自分の生涯〉をどう意味づけるか

「自分が生きて存在している」ということについて、「生き方意識インベントリー」は、意味的に大きく異なった次の三つの項目を準備している。

項目25「私は、自分が存在し生きていることには、全く何の目的も意味もない、という気がしています」。

項目26「私は、大自然の力（あるいは神様、仏様、など）によって支えられ生かされているのだから、つまらぬことで一喜一憂しないで、安心しておまかせしておけばよい、と思っています」。

項目27「私は、結局は〝自分〟などというものはない、幻影のような〝自分〟にこだわるのはくだらないことだ、という気がしています」。

これら三項目の間にも、また先の項目30を加えた四項目の間にも、京都大学卒業生の調査結果の場合にも、大阪や松本、ソウルとテグの壮年男性、壮年女性の調査結果でも、ほとんど相関関係は見られない。ただ、ここに取り上げた三項目に関しても、韓国と日本の間の興味深い文化差が見られるので、まずそれを紹介しておきたい[*7]（壮年男性の結果のみ/三件法での「はい」の比率）。韓国の社会が日本の社会にくらべて非常に宗教的である（キリスト教徒の比率も高く、民族的宗教の影響もまた強く残る）ことと関係がありそうな結果である。

	韓国		日本	
	ソウル	テグ	大阪	松本
項目25　自分の存在は無目的で無意味	五・二％	三・三％	三・六％	三・八％
項目26　大きな力におまかせして生きる	五二・六％	五二・五％	三一・一％	一二・八％
項目27　自分という幻影に拘泥せず	五二・六％	四六・七％	八・四％	五・一％

さて、大阪の壮年男性についての「生き方意識インベントリー」全三〇項目に関する因子分析結果（五因子／バリマックス回転）から見ると、「自分自身の死」についての「心の準備」の具体的内容をうかがわせる点がないわけではない。

項目30「自分の死に対し心の準備あり」も項目26「大きな力におまかせして生きる」も、また項目27「自分という幻影に拘泥せず」も、「生かされている充実感」と名づけた第4因子にのみ負荷が高いという共通性を示しているのに対し、項目25「自分の存在は無目的で無意味」は、「無目的・無意味感」と名づけた第2因子に高い負荷を持ち、また「自己実現的姿勢」と名づけた第1因子に対してマイナスの負荷を持つという特異性を示す。ここから、少なくとも大阪の壮年男性については（そして日本の壮年男性一般の場合にも多分そうであろうが）、「自分自身の死」についての「心の準備」の具体的内容は、無意味感やシニシズムを乗り越えた「自分自身の存在に対する余裕を持った相対感と充実感」あるいは

「生かされているという実感に支えられた脱我執的で他力的な姿勢」とでも言うべきもの（親鸞的な死生観に典型的なもの）ではないか、という想定ができるであろう。

残念ながら、韓国の人達の「自分自身の死」に対する「心の準備」の具体的内容については、ここではこれ以上の検討をすることができない。しかし、こうした手法を用いて、「心の準備」の具体について、さらには文化的な〈公理系〉とそれを前提にした自己の存在の基本的意味づけが、自己意識のあり方をその深部においてどのような形で規定しているかについて、検討していくことが可能になるのではないだろうか。

5　終わりに

精神的自我ないし実存的なレベルの自己意識について実証的なデータを基に検討する方法は、多様な形で考えられるであろう。たとえば、個別の面接調査を重ねていくなども有力な方法であろうし、また自由記述の形でテーマに沿った内省結果を得るなどという方法も有力なものとなり得るであろう。しかし、どのような研究方法をとるにせよ、次のような基本視点だけは、十分に念頭に置いていく必要があるように思われるがいかがであろうか。

(1)　自己意識研究において、社会的相互活動と並んで、あるいはそれ以上に、自己内対話による自己意識の形成・維持・変容・深化を重視していくべきである。

(2) 自己意識やアイデンティティの問題は、〈我々の世界〉(社会・世間)での意味づけからだけ研究すべきではなく、その人の独自固有の〈我の世界〉における意味づけを視点に入れて(人により側面によってはこちらを基盤として)研究すべきである。

(3) 自己内対話とか〈我の世界〉といっても必ずしもその人だけのものでなく、(具体的な社会的相互活動をも基礎づけている)共有の文化的基盤(暗黙の〈公理系〉)をアプリオリに持つということを重視し、こうした基盤を考慮に入れて検討すべきである。

こうした視点を堅持した自己意識研究を、今後、精力的に推進していくべきではないだろうか。

＊1 ジェームス『心理学(上・下)』今田恵訳、岩波書店、一九三九年。

＊2 ミード『精神・自我・社会』稲葉三千男他訳、青木書店、一九七三年、およびニューカム『社会心理学』森東吾・万成博訳、培風館、一九六四年、を参照。

＊3 モリス『人生の道』渡辺照宏・尾住秀雄訳、理想社、一九六六年。

＊4 梶田叡一『生き方の心理学』有斐閣、一九九〇年。

＊5 梶田叡一・溝上慎一・浅田匡『京都大学卒業者の意識調査――京都大学で受けた教育の評価と人生観』京都大学高等教育教授システム開発センター、一九九七年。および、梶田叡一「京都大学卒業者の〝生き方〟意識」『京都大学高等教育研究』第3号、一九九七年、八六～九七頁(本書附章1に収録)。

＊6 梶田叡一『意識としての自己』金子書房、一九九八年。

＊7 梶田叡一『生き方の心理学』有斐閣、一九九〇年、第8章「日本の現代人に見る〈生き方〉意識」(本書第6章に収録)。

附章2　「生き方意識インベントリー」の再検討

1　女子大学新入生の「理解できる」を土台とした場合の「大事だ」「当てはまる」

〈生き方意識〉インベントリーの各項目が、人生経験の蓄積と自省の継続との上にはじめて自覚されるといった実存的深みにかかわるものを含んでいたにもかかわらず、京都ノートルダム女子大学に入学して間もない一年次生（一八歳と一九歳のみ）の多くは「意味を理解できる」と回答していた（六八・四％〜一〇〇％、平均九三・〇％）。

しかしなかには、「理解できない」学生の少なくない項目も見られた。たとえば、項目27「私は、結局は〝自分〟などというものはない、幻影のような〝自分〟にこだわるのはくだらないことだ、という気がしています」が「理解できる」とした学生は六八・四％でしかない。また、項目22「私は、できることなら、義理や対面などいっさい考えないで、自分が木や石になったつもりでやっていきたい、と思っています」（七六・三％）と、項目17「私は、自分自身のことは考えに入れないで計画したり行動したりしないと、結局はうまくいかないものだ、という気がします」（七八・一％）も理解度が非常に高いとは言いがたい。これら三項目はいずれも「脱自己中心性」にかかわる項目であり、個人主義という名の自我中心主義に陥っている現代の若者の多くにとっては、まさに「考えたこともない」「自分とは無縁の」発想なり考え方なりであると言ってよいであろう。

いずれにせよ、自分にとって「大事だ」とか自分に「当てはまる」といった視点から〈生き方意識〉のあり方を探るうえでは、「意味が理解できる」という場合に限定して検討してみるべきである、という考え方を排除することはできない。第7章での報告にも、一部の項目について、「理解できる」「大事だ」「当てはまる」の三つの回答相互の関係についての検討が含まれているが、本章ではすべての項目について「理解できる」という回答を土台とした検討の結果を報告したい。

表附2−1に示したのは、各項目について、「理解できる」とした学生に限定した場合の「大事だ」という回答の割合と自分に「当てはまる」という回答の割合である。また「理解」でき、「大事」だと思い、しかも自分に「当てはまる」という回答の、全体に対する割合も示されている。

当然のことながら、「意味を理解できない」という回答が比較的多かった前述の三項目については、第7章で報告した無操作の回答比率（素比率）と「理解できる」を土台として算出された今回の比率（修正比率）との間に差が見られる。さらに言えば、こうした実存的意味内容を持つ項目が「自分にとって本当に当てはまる」というのは、「理解でき」「自分にとって大事だと思い」そのうえで「自分に当てはまる」でなくてはならない、と厳格な形で考えた場合の比率（厳格比率）との間にも、差が見られる。

表附 2-1　調査項目を理解した者の中での重要性認識と趣旨賛否（考え方が自分にも該当）

項　目	A 当てはまる	B 大事だ	C 理解・大事・該当	該当
26. 大きな力におまかせして生きる	11.9	9.7	4.3	10.5
5. 結局死ぬのだから努力はむだ	12.2	27.5	6.1	11.4
27. 自分という幻影に拘泥せず	16.0	19.7	6.1	11.4
17. 自分を考えに入れるとだめ	18.1	13.6	6.1	15.8
25. 自分の存在は無目的で無意味	19.1	24.2	8.7	18.4
29. がんばっても結果に変わりはない	18.8	28.7	8.7	18.4
22. 自分を木石と見てやっていく	29.0	27.0	14.0	22.8
15. 誰も結局は金と快楽と名誉だ	28.7	24.7	11.4	28.1
30. 自分の死に対し心の準備あり	33.0	40.7	15.7	30.7
20. 善人が泣きをみることもある	42.3	34.6	22.8	38.6
8. 大きなチャンスが待っている	43.7	45.5	28.9	41.2
16. 毎日の生活が灰色でいやだ	46.0	55.7	37.7	45.6
12. 反対されると我慢できない	50.9	34.9	23.6	48.2
10. 今楽しんでおかなくては損	50.8	37.5	25.4	49.1
1. 今のままの自分でいい	54.9	64.8	31.5	53.5
3. やるべき仕事・使命が必ず	57.0	60.7	48.2	53.5
23. 生き方の手本となる人がいる	60.9	61.8	50.8	58.8
7. 人間は誰も利己的な存在	59.2	42.5	24.5	58.8
2. 自分を自己本位と思うことも	64.6	59.2	43.8	63.2
11. 人間として生まれたことに感謝	66.6	66.6	54.3	64.0
18. 他人に役立つことをやりたい	71.6	67.2	57.0	68.4
14. 成功よりその時々のがんばりを	72.0	74.7	63.1	70.2
28. すぐれた尊敬すべき人を持つ	73.4	63.7	60.5	72.8
24. 無理をせずマイペースで	75.6	68.4	56.1	73.7
9. その場の努力が大きな成果に	76.7	75.0	66.6	74.6
13. いつも何かへのチャレンジを	78.7	76.1	65.7	78.1
4. 大きな可能性を実現させたい	82.3	77.8	73.6	81.6
19. 自分の業績と言えるものを	84.2	72.8	70.1	84.2
6. 機会・条件に恵まれ私は幸せ	85.8	76.1	69.2	85.1
21. 周囲の人の支えでこの生活が	96.4	87.6	86.8	94.7

注 1）A，B は「理解できる」とした者の中の、C は全被験者中の割合（%）。
注 2）項目は「当てはまる」回答の少ない順に並べかえてある。

　項目27「自分という幻影に拘泥せず」では、「自分に当てはまる」が素比率で一一・四%だったのが修正比率では一六・〇%となる。しかし、厳格比率で見ると六・一%まで下がる。ちなみに「自分にとって大事だ」は素比率で一三・二%だったのが修正比率では一九・七%となる。また項目22「自分を木石と見てやっていく」では、「自分に当てはまる」が素比率で二二・八%だったのが修正比率では二九・〇%となるが、厳格比率で見ると一四・〇%まで下がる。ちなみに「自分にとって大事だ」は素比率で二〇・二%だったのが修正比率では二七・〇%となる。また項目17「自分を考えに入れるとだめ」では、「自分に当てはまる」が素比率で一五・八%だったのが修正比率で一八・一%となるが、厳格比率で見ると六・一%まで下がる。ちなみに「自分にとって大事だ」は素比率で一一・五%だったのが修正比率では一三・六%となる。

　全体的に見ると、「理解できる」を土台にした場合の「当てはまる」も「大事だ」も（＝修正比率）、比率がやや上がるものの大きな傾向は変わらない。「理解」でき、「自分に当てはまる」と思い、しかも「大事」だと思う、というものは（＝厳格比率）、素比率からの下落がかなり大きく見られる。特にそのままの「当てはまる」（＝素比率）との間の違いの大きなものは、項目7「人間は誰も利己的な存在」であって、その差が三三・三%、次いで項目16「毎日の生活が灰色でいやだ」の場合が二四・六%、項目12「反対されると我慢ができない」が二三・七%、項目1「今のままの自分でいい」が二一・〇%、項目2「自分を自己本位と思うことも」が一九・四%、となっている。これらはいずれも日常的な自省に際して現れがちな意識と言ってよいものであり、「理解でき」「自分に当てはまる」が「大事である」とは思わない、という学生が多いことを示すものである。

2　生き方のステップ・トラップの図式と項目の意味内容との対応

〈生き方意識〉インベントリーの各項目の意味づけを、より明確化するため、本書の第5章に示した図5－1との関係を検討しておくことにしたい。表附2－2に吟味した結果の概要をまとめてみたので、これを中心に見ていく。

「生き方のステップ」の図式で最も低次の次元は、ステップ0「無自覚なまま生きる」である。この次元では〈欲求〉緊縛性や幼児的な自己中心性が特徴となる。こうしたあり方に最も関係の深いのは項目10「今楽しんでおかなくては損」であろう。またこれと同時に、項目29「がんばっても結果に変わりはない」といった無力感や、項目16「毎日の生活が灰色でいやだ」といった鬱的意識、項目25「自分の存在は無目的で無意味」や項目20「人生は偶然の積み重ね、努力した善人が泣きをみることも」のような基本的無意味感も、自分自身の意識世界に受け身的に閉じ込められているだけという意味で、この次元にかかわるものといってよい。こうした項目について「理解」でき、「自分に当てはまる」と思い、「大事」だと思う学生は、項目によって八・七％～二八・九％であって、そう多くはない。

〈世の中〉の発見という第一段階の目覚めがあったにもかかわらず、その段階に閉じ込められてしまうというトラップ1「〈我々の世界〉を規準に生きる」に最も忠実なのは「長いものには巻かれよ」といった考え方であるが、これをもう少し深く考えていけば、項目15「誰も結局は金と快楽と名誉だ」や項目7「人間は誰も利己的な存在だ」も、この点にかかわるものと言えるであろう。この二項目につい

表附 2-2 〈生き方意識〉インベントリーの各項目と〈生き方のステップ・トラップ〉との関係

項　目	ステップ0 無自覚	トラップ1 世間への固執	ステップ1 世間の尊重	トラップ2 自己への固執	ステップ2 自己の尊重	トラップ3 放縦	ステップ3 自由自在に生きる	* 理解・大事・該当
10. 今楽しんでおかなくては損	×							28.9
29. がんばっても結果に変わりはない	×							8.7
25. 自分の存在は無目的で無意味	×							8.7
20. 善人が泣きをみることもある	×							22.8
16. 毎日の生活が灰色でいやだ	×							23.6
15. 誰も結局は金と快楽と名誉だ		×		(×)		(×)		11.4
7. 人間は誰も利己的な存在		×				(×)		24.5
21. 周囲の人の支えでこの生活が			×				(×)	86.8
18. 他人に役立つことをやりたい			×		(×)			57.0
2. 自分を自己本位と思うことも			×					43.8
5. 結局死ぬのだから努力はむだ				×				6.1
12. 反対されると我慢できない				×				25.4
19. 自分の業績と言えるものを				×	(×)			70.1
9. その場の努力が大きな成果に					×			66.6
14. 成功よりその時々のがんばりを					×			63.1
24. 無理をせずマイペースで					×			56.1
3. やるべき仕事・使命が必ず					×			48.2
4. 大きな可能性を実現させたい				(×)	×			73.6
13. いつも何かへのチャレンジを					×			65.7
8. 大きなチャンスが待っている					×		(×)	37.7
6. 機会・条件に恵まれ私は幸せ					×			69.2
23. 生き方の手本となる人がいる					×			50.8
28. すぐれた尊敬すべき人を持つ					×		(×)	60.5
1. 今のままの自分でいい						(×)	×	31.5
11. 人間として生まれたことに感謝					(×)		×	54.3
17. 自分を考えに入れるとだめ							×	6.1
22. 自分を木石と見てやっていく					(×)		×	11.4
26. 大きな力におまかせして生きる						(×)	×	4.3
27. 自分という幻影に拘泥せず							×	6.1
30. 自分の死に対し心の準備あり					(×)		×	15.7

＊その項目を「理解でき」「大事だと思い」「自分に当てはまる」とした人の全被験者に対する割合（%）を示す。

ても「理解」でき「自分に当てはまる」と思い、「大事」だとする学生は一一・四％と二四・五％であり、そう多いとは言えない。

次のステップ１「〈我々の世界〉を大事に生きる」は、自分の社会的な立場や役割を自覚し、それを大事にしながら、自分の社会的使命を果たしていくことに努める、というものである。この次元に深くかかわるものとしては、項目21「周囲の人の支えでこの生活が」や項目18「他の人に役立つことをやりたい」があり、この次元に関する自省からは項目２「自分を自己本位と思うことも」のような意識が出てくるものと思われる。この三項目については、八六・八％、五七・〇％、四三・八％と、かなりの学生が「理解」でき、「自分に当てはまる」とし、「大事」だと考えている。

自己の固有性の発見という第二段階目覚めがあったにもかかわらず、その段階に閉じ込められてしまうトラップ２「独我論的〈我の世界〉に生きる」に関係の深いのは、項目12「反対されると我慢できない」であり、また項目19「自分の業績と言えるものを」とか、この反対の意味を持つ項目５「結局死ぬのだから努力はむだ」も関係するものである。これら三項目についての学生の反応は項目によって大きく散らばっており、「理解」「該当」「大事」の三条件がそろっているものが項目19では七〇・一％あるのに対し、項目５では六・一％しかない。

次のステップ２「真の〈我の世界〉を基盤に生きる」は、独自固有な自分自身のあり方について自覚し、自己の内的拠り所を持って自己責任で生きていく、というものである。この次元と関係の深いのは、項目９「その場の努力が大きな成果に」、項目14「成功よりその時々のがんばりを」、項目13「いつも何かへのチャレンジを」、項目３「やるべき仕事・使命が必ず」、項目４「大きな可能性を実現させたい」、項目8「大きなチャンスが待っている」、項目6「機会・条件に恵まれ私は幸せ」があり、これはまた項目24「無理をせずマイペースで」にもかかわり、項目23「生き方の手本となる人がいる」、項目28「すぐれた尊敬すべき人を持つ」ということにもなっていくであろう。この次元に関係する項目が一〇項目と全項目の三分の一を占めるほど多いということは、この〈生き方意識〉インベントリーが、結局のところ、この次元での生き方を知らず知らずのうちに重視するものになっていたということであろうか。この一〇項目に対する学生達の反応は、「理解」「該当」「大事」の三条件のそろったものが（項目8と項目3でやや低いが）おおむねかなり高い水準にあると言ってよい。

さて、〈生かされてある私〉という第三段階目覚めがあったにもかかわらず、その段階に閉じ込められてしまうトラップ3「放縦な欲望全面肯定で生きる」に関係の深いのは、間接的にはいくつか考えられるが（表附2－2ではカッコに入れて表示）、直接的には該当する項目が見当たらない。ここでは、他のステップやトラップの中に隠れる形で放縦への志向がうかがわれる、というだけにとどめておきたい。

ここで示す図式において最も高次の次元は、ステップ3「自由自在に生きる」である。この次元では「自他のとらわれから解放」され、「大調和」「全肯定」の境地にいたることが想定される。これに最も関係あるのは、項目26「大きな力にまかせて生きる」や項目1「今のままの自分でいい」であり、また項目17「自分を考えに入れるとだめ」、項目22「自分を木石と見てやっていく」、項目27「自分という幻影に拘泥せず」である。そしてこれはまた項目30「自分の死に対して心の準備あり」につながっていくであろう。こうした項目についての学生達の反応は、項目11に対する反応がやや例外的であるのを除けば、自分に「理解」でき、自分に「当てはまり」、「大事」だと思う、という回答は少数である。

こうした意識のあり方の次元分けを試みる際、特に注意すべき点は、人がある段階の意識状態になったからといって常にその段階に留まるわけでもなく、またどういう問題領域においても同一の段階の意識状態でもって対応するわけではない、ということである。「生き方のステップ」にしても、ある段階まで行ったということは、その人の意識状態が時により場により変動する際の上限（天井）を示すものであって、常にその人が達成した最高次の段階において意識し行動するわけではない、ということをここで強調しておくことにしたい。禅宗において「悟後」の修行が強調されるゆえんである。

3　林枝里香による宗教者（修道女）の〈生き方意識〉に関する検討

〈生き方意識〉インベントリーを用いた他の研究成果について、最後に簡単にふれておくことにしたい。

国吉知子助教授の全面的な指導の下で、京都ノートルダム女子大学生涯発達心理学科の卒業論文作成のために行った林枝里香（二〇〇四年）の調査研究では、その一部として、〈生き方意識〉インベントリーをカトリック修道女四一人〔C群〕と非カトリック女性（特定の宗教を持たない人）四一人〔非C群〕に対して実施し、両群を比較検討した結果が含まれている。

その結果によると両群ともにニヒリズムに関する項目群と脱自己中心性に関する項目群についてはは多くが「はい」としない、という共通点が見られるが（これは他の調査結果の場合と同様）、生きるうえでの理想像を持っているかどうか、刹那的意識を持っているかどうか、「生かされている」といった意識を持つかどうかなどといった点では大きな差が現れている。特に両群の差異が大きく現れている（「はい」の比率のうえで）項目をあげると、項目23「生き方の手本となる人がいる」（C九五・一％、非C一七・一％）、項目26「大きな力におまかせして生きる」（C八二・九％、非C二二・二％）、項目3「自分のやるべき仕事・使命が必ず」（C八五・四％、非C一九・五％）、項目28「すぐれた尊敬すべき人物を持つ」（C九七・六％、非C三九・〇％）、項目11「人間として生まれたことに感謝」（C九七・六％、非C五三・七％）、項目10「今楽しんでおかないと損」（C七・三％、非C四一・五％）、などとなる。

なおこの調査研究では、項目間の相関係数にもとづいて両群の〈生き方意識〉の内的構造も検討されている。

本研究は非常に興味深いものであり、こうした研究成果を踏まえた調査研究が今後も続出することを望みたい。

【参考文献】

梶田叡一『生き方の心理学』有斐閣、一九九〇年。

梶田叡一「〈生き方意識〉インベントリーの項目が理解できるか――KND女子大学新入学生の場合」京都ノートルダム女子大学生涯発達心理学科研究誌『プシュケー』、二〇〇三年三月、第2号、一～一八頁（梶田、2003a）。

梶田叡一「〈我の世界〉への目覚めと生き方の発展」学校法人ノートルダム女学院『教育のプリズム――ノートルダム教育』、二〇〇三年三月、第2号、一～七頁（梶田、2003b）。

林枝里香「イエス・キリストに対する自己理想の投影」京都ノートルダム女子大学二〇〇三年度卒業論文、二〇〇四年一月。

[附]　〈生き方意識〉インベントリー（生活意識調査票）

私達の研究室では，日常生活の中でわれわれ現代人が何をどのように考えて生きているのか，そこにどのような構造や傾向が見られるか，という問題について研究を進めています。この研究の一環として，このようなアンケート調査を実施することになりました。お忙しいところをお手数を掛け，まことに恐縮に存じますが，なにとぞご協力いただきますよう，お願いいたします。

なお，ご記入いただきました調査票の取り扱いには細心の注意を払い，どういう形においてもご迷惑のかかることがないようにいたします。また，結果は統計表の形でしか外に出ることはありません。どうか率直に，日頃のお考えをお示しくださいますよう，お願いいたします。

＊この調査票にご記入いただいた年月日：　　年　　月　　日

次の 30 項目について，それぞれ 3 つの問いがあります。それぞれの問いごとに率直に答えてください。

項目 1. 私は，いろいろ不満なところや反省すべきところがないわけではないが，基本的には，今のままの自分でいい，と思っています。
(1) この項目の意味について，私はいちおう理解できます。〈はい〉〈いいえ〉
(2) この項目のことは，私に当てはまると思います。〈はい〉〈いいえ〉
(3) この項目のことは，私にとって非常に大事です。〈はい〉〈いいえ〉

項目 2. 私は，自分のことを，いつでも自分勝手なことばかり考える，なんて自己本位の人間なんだろう，と思うことがあります。
(1) この項目の意味について，私はいちおう理解できます。〈はい〉〈いいえ〉
(2) この項目のことは，私に当てはまると思います。〈はい〉〈いいえ〉
(3) この項目のことは，私にとって非常に大事です。〈はい〉〈いいえ〉

項目 3. 私は，自分自身の人生において，どうしてもやりとげなくてはならない自分なりの仕事なり使命なりがある，という気がしています。
(1) この項目の意味について，私はいちおう理解できます。〈はい〉〈いいえ〉
(2) この項目のことは，私に当てはまると思います。〈はい〉〈いいえ〉
(3) この項目のことは，私にとって非常に大事です。〈はい〉〈いいえ〉

−1−

項目 4. 私はなんとかして自分の大きな可能性を見つけ，その実現に向かっての努力をして，大きく花を咲かせなくては，と考えています。
(1) この項目の意味について，私はいちおう理解できます。〈はい〉〈いいえ〉
(2) この項目のことは，私に当てはまると思います。〈はい〉〈いいえ〉
(3) この項目のことは，私にとって非常に大事です。〈はい〉〈いいえ〉

項目 5. 私は，人間は誰もいつかは死んでしまうのだから，がんばって努力してみても結局はむだだ，という気がしています。
(1) この項目の意味について，私はいちおう理解できます。〈はい〉〈いいえ〉
(2) この項目のことは，私に当てはまると思います。〈はい〉〈いいえ〉
(3) この項目のことは，私にとって非常に大事です。〈はい〉〈いいえ〉

項目 6. 私は，細かいことでは今までいろいろあったにせよ，基本的には良い機会や条件に恵まれてきた幸せな人間だ，と思っています。
(1) この項目の意味について，私はいちおう理解できます。〈はい〉〈いいえ〉
(2) この項目のことは，私に当てはまると思います。〈はい〉〈いいえ〉
(3) この項目のことは，私にとって非常に大事です。〈はい〉〈いいえ〉

項目 7. 私は，人間は誰も，結局のところは自分のことしか考えようとしない利己的な存在だ，という気がします。
(1) この項目の意味について，私はいちおう理解できます。〈はい〉〈いいえ〉
(2) この項目のことは，私に当てはまると思います。〈はい〉〈いいえ〉
(3) この項目のことは，私にとって非常に大事です。〈はい〉〈いいえ〉

項目 8. 私は，自分自身の将来には大きな可能性が潜んでおり，そのうちに思いがけないチャンスに恵まれて，それが現実のものになるだろう，という気がしています。
(1) この項目の意味について，私はいちおう理解できます。〈はい〉〈いいえ〉
(2) この項目のことは，私に当てはまると思います。〈はい〉〈いいえ〉
(3) この項目のことは，私にとって非常に大事です。〈はい〉〈いいえ〉

項目 9. 私は，その時その場で自分なりに精一杯の努力をしていけば，最後には必ず大きな成果が得られるに違いない，と考えています。
(1) この項目の意味について，私はいちおう理解できます。〈はい〉〈いいえ〉
(2) この項目のことは，私に当てはまると思います。〈はい〉〈いいえ〉

－2－

(3) この項目のことは，私にとって非常に大事です。〈はい〉〈いいえ〉

項目 10. 私は，がんばって節約して財産ができたとしても，結局は元気な間しかそれを使って楽しめないのだから，あまり先のことばかり考えないで，楽しめる時に精一杯楽しんでおかなくては損だ，と思います。
(1) この項目の意味について，私はいちおう理解できます。〈はい〉〈いいえ〉
(2) この項目のことは，私に当てはまると思います。〈はい〉〈いいえ〉
(3) この項目のことは，私にとって非常に大事です。〈はい〉〈いいえ〉

項目 11. 私は，この世に一人の人間として生まれてきたことをありがたく思い，感謝の気持ちに満たされることがあります。
(1) この項目の意味について，私はいちおう理解できます。〈はい〉〈いいえ〉
(2) この項目のことは，私に当てはまると思います。〈はい〉〈いいえ〉
(3) この項目のことは，私にとって非常に大事です。〈はい〉〈いいえ〉

項目 12. 私は，自分の意見に反対されたり，自分の考えと違う主張をぶつけられたりすると，我慢できなくて，感情的になってしまいます。
(1) この項目の意味について，私はいちおう理解できます。〈はい〉〈いいえ〉
(2) この項目のことは，私に当てはまると思います。〈はい〉〈いいえ〉
(3) この項目のことは，私にとって非常に大事です。〈はい〉〈いいえ〉

項目 13. 私は，今までと違う新しいことに，いつでもチャレンジし，自分の可能性を広げていきたい，と考えています。
(1) この項目の意味について，私はいちおう理解できます。〈はい〉〈いいえ〉
(2) この項目のことは，私に当てはまると思います。〈はい〉〈いいえ〉
(3) この項目のことは，私にとって非常に大事です。〈はい〉〈いいえ〉

項目 14. 私は，世間的な意味で成功するかどうかより，その時その場で精一杯がんばったかどうかの方がずっと大事だ，と考えています。
(1) この項目の意味について，私はいちおう理解できます。〈はい〉〈いいえ〉
(2) この項目のことは，私に当てはまると思います。〈はい〉〈いいえ〉
(3) この項目のことは，私にとって非常に大事です。〈はい〉〈いいえ〉

項目 15. 私は，世間の人はすぐにきれい事を言いたがるけれど，結局は誰もが，お金と快楽と名誉を求めているだけだ，と思います。

－3－

(1) この項目の意味について，私はいちおう理解できます。〈はい〉〈いいえ〉
(2) この項目のことは，私に当てはまると思います。〈はい〉〈いいえ〉
(3) この項目のことは，私にとって非常に大事です。〈はい〉〈いいえ〉

項目 16. 私は，毎日の生活が，どうしてこんなに変わりばえも新鮮さもない灰色のつまらないものなんだろう，といやになることがあります。
(1) この項目の意味について，私はいちおう理解できます。〈はい〉〈いいえ〉
(2) この項目のことは，私に当てはまると思います。〈はい〉〈いいえ〉
(3) この項目のことは，私にとって非常に大事です。〈はい〉〈いいえ〉

項目 17. 私は，自分自身のことは考えに入れないで計画したり行動したりしないと，結局はうまくいかないものだ，という気がします。
(1) この項目の意味について，私はいちおう理解できます。〈はい〉〈いいえ〉
(2) この項目のことは，私に当てはまると思います。〈はい〉〈いいえ〉
(3) この項目のことは，私にとって非常に大事です。〈はい〉〈いいえ〉

項目 18. 私は，どんなにささやかなことでもいいから，他の人に役立つことを見つけ責任を持ってやっていかなくては，と考えています。
(1) この項目の意味について，私はいちおう理解できます。〈はい〉〈いいえ〉
(2) この項目のことは，私に当てはまると思います。〈はい〉〈いいえ〉
(3) この項目のことは，私にとって非常に大事です。〈はい〉〈いいえ〉

項目 19. 私は，どんなに小さなことでもいいから，これは自分がやったことだ，と言えるものを持ちたい，と思っています。
(1) この項目の意味について，私はいちおう理解できます。〈はい〉〈いいえ〉
(2) この項目のことは，私に当てはまると思います。〈はい〉〈いいえ〉
(3) この項目のことは，私にとって非常に大事です。〈はい〉〈いいえ〉

項目 20. 私は，人生は偶然の積み重ねであって，努力した善人が泣きをみたり，自分勝手な悪人が幸せになっても不思議ではない，と思っています。
(1) この項目の意味について，私はいちおう理解できます。〈はい〉〈いいえ〉
(2) この項目のことは，私に当てはまると思います。〈はい〉〈いいえ〉
(3) この項目のことは，私にとって非常に大事です。〈はい〉〈いいえ〉

項目 21. 私は，周囲の人達に支えていただいているからこそこんなふうに生

－4－

活しているのだ，と思うことがあります。
(1) この項目の意味について，私はいちおう理解できます。〈はい〉〈いいえ〉
(2) この項目のことは，私に当てはまると思います。 〈はい〉〈いいえ〉
(3) この項目のことは，私にとって非常に大事です。 〈はい〉〈いいえ〉

項目 22. 私は，できることなら，義理や体面などいっさい考えないで，自分が木や石になったつもりでやっていきたい，と思っています。
(1) この項目の意味について，私はいちおう理解できます。〈はい〉〈いいえ〉
(2) この項目のことは，私に当てはまると思います。 〈はい〉〈いいえ〉
(3) この項目のことは，私にとって非常に大事です。 〈はい〉〈いいえ〉

項目 23. 私は，この人をお手本に生きていきたいと思う人（今の人でもむかしの人でも，また日本の人でも他の国の人でもよい）を持っています。
(1) この項目の意味について，私はいちおう理解できます。〈はい〉〈いいえ〉
(2) この項目のことは，私に当てはまると思います。 〈はい〉〈いいえ〉
(3) この項目のことは，私にとって非常に大事です。 〈はい〉〈いいえ〉

項目 24. 私は，あまり無理をしないで，自分自身と上手につき合いながら，マイペースで少しずつやっていくしかない，と考えています。
(1) この項目の意味について，私はいちおう理解できます。〈はい〉〈いいえ〉
(2) この項目のことは，私に当てはまると思います。 〈はい〉〈いいえ〉
(3) この項目のことは，私にとって非常に大事です。 〈はい〉〈いいえ〉

項目 25. 私は，自分が存在し生きていることには，全く何の目的も意味もない，という気がしています。
(1) この項目の意味について，私はいちおう理解できます。〈はい〉〈いいえ〉
(2) この項目のことは，私に当てはまると思います。 〈はい〉〈いいえ〉
(3) この項目のことは，私にとって非常に大事です。 〈はい〉〈いいえ〉

項目 26. 私は，大自然の力（あるいは神様，仏様，など）によって支えられ生かされているのだから，つまらぬことで一喜一憂しないで，安心しておまかせしておけばよい，と思っています。
(1) この項目の意味について，私はいちおう理解できます。〈はい〉〈いいえ〉
(2) この項目のことは，私に当てはまると思います。 〈はい〉〈いいえ〉
(3) この項目のことは，私にとって非常に大事です。 〈はい〉〈いいえ〉

－5－

項目 27. 私は，結局は「自分」などというものはない，幻影のような「自分」にこだわるのはくだらないことだ，という気がしています。
(1) この項目の意味について，私はいちおう理解できます。〈はい〉〈いいえ〉
(2) この項目のことは，私に当てはまると思います。〈はい〉〈いいえ〉
(3) この項目のことは，私にとって非常に大事です。〈はい〉〈いいえ〉

項目 28. 私は，自分にはとてもまねできないが，人間として非常にすぐれたすばらしい人（今の人でもむかしの人でも，また日本人でも他の国の人でもよい）を知っており，尊敬の気持ちを持っています。
(1) この項目の意味について，私はいちおう理解できます。〈はい〉〈いいえ〉
(2) この項目のことは，私に当てはまると思います。〈はい〉〈いいえ〉
(3) この項目のことは，私にとって非常に大事です。〈はい〉〈いいえ〉

項目 29. 私は，自分がどんなにがんばって努力をしていったとしても，結局のところ結果にそう大きな違いはないだろう，という気がしています。
(1) この項目の意味について，私はいちおう理解できます。〈はい〉〈いいえ〉
(2) この項目のことは，私に当てはまると思います。〈はい〉〈いいえ〉
(3) この項目のことは，私にとって非常に大事です。〈はい〉〈いいえ〉

項目 30. 私は，自分自身に遅かれ早かれ訪れる「死」に対して，心の準備がいちおうできており，そう恐ろしいとは思っていません。
(1) この項目の意味について，私はいちおう理解できます。〈はい〉〈いいえ〉
(2) この項目のことは，私に当てはまると思います。〈はい〉〈いいえ〉
(3) この項目のことは，私にとって非常に大事です。〈はい〉〈いいえ〉

－6－

Ⅲ

「生き方」の形成と深化を

第9章　自己実現の教育

1　自分なりに生ききっていく

自己実現というのは難しい言葉であるが、はやりの言葉でもある。いろんな人がいろんな視点から自己実現について論じている。その中で一番多い発想といえば、自分が憧れていること、夢に思っていることが実現することこそ自己実現だという考え方であろう。私は何々になりたいと小さい頃から思っていた、その夢が実現して成人してから実際にその仕事をするようになった、これこそまさに自己実現だ、という発想の仕方である。この発想でいくと、子ども達に「お前達夢を持たないといけないよ、夢を持ってその夢が実現するようにがんばらないといけないよ、それが自己実現ということなんだよ」と言ってやらなくては、ということになるであろう。はっきり言って、私はそういう自己実現はしんどいな、と思う。そういう夢はだいたい実現することが少ないようにも思う。夢というのは、実際には実現の可能性が薄いからこそいいのではないだろうか。夢が現実生活の補償となって、現実生活を支える機能を持つ、と言われるのもこのためだろうと思われてならない。

子ども達に大きくなってから何になりたいかと聞くと、タレントになりたいとか、飛行機のパイロットになりたいとか、あるいはお医者さんになりたいとか弁護士になりたいとか、いろいろ言うであろう。もちろん、それが実現すればそれでいい。でもたいていそれは狭き門である。ほとんど無理だと思った方がいいであろう。タレントになりたいといっても、よほどラッキーで、しかも特殊な才能がないと無理である。あるいは医者になりたい、弁護士になりたいといっても、よほど中学・高校の時に勉強ができないと無理であろうし、勉強さえできればいいかというとそういうわけにもいかない。適性が必要である。憧れとか夢が実現するというのは、ごくごく例外的な場合と思った方がいいのである。だから、小学生や中学生に向かって、親や先生が、「あなた達大きな夢を持ちなさいね、その夢の実現のためにがんばりなさいね」と言うとすれば、非常にかわいそうなことになるのではないだろうか。そんなことは言わない方がいい。「夢がつぶれて今こんなことをやっています」と言う人が意外なほど多い。「小さい時からの夢が実現しました」と胸を張って言っている人はそう多くないのではないか。もちろん、子どもが夢を持つこと自体はいいことである。夢ぐらい持たせてやったらいいが、しかし、あまりまわりから激励して「夢の実現のためにがんばれ!」と言わない方がいいし、また、「これこそ自己実現の教育なんだ」というふうには考えない方がいいであろう。

このことと裏腹になるが、自己実現の教育というと、親とか教師の側で何か一つのすばらしい理想像を思い描いて、「こういう人になるようがんばれ!」と激励する場合がある。学校の勉強をがんばらないといけないとか、ものごとを深く考え、きちんと判断するように心がけなくてはならない、などと叱咤することになるかもしれない。あるいは、難しい高校へ行って、難しい大学へ行って、いい企業に入って、という一番の本音が出てくるかもしれない。それでは、もし東大に入ったら自己実現になるのかというと、これもまた実現の難しい話であるし、たとえ東大入学が実現したとしても、今では出世も充実した人生も保証されるわけでない。

ということで、本人が自分の夢を描いてがんばるというのはなかなかしんどいことである。また親や教師がこの子のためにがんばらせたいと夢を描いて叱咤激励するのももしんどいことであろう。素直でいい子であればあるほど、自分自身を「べき」「べき」「べき」で縛ってしまうことになるのも怖いことである。いい天気だから外に出たいけど、ちょっとこの単語を覚えるべきだとか、明日のために予習しておくべきだとか、「べき」「べき」で自分をいつも縛っていてはかわいそうである。そうした自己規制を続けていく中で何か大事なことが抜け落ちるのではないか、と思われて仕方ないのである。本当の自己実現の教育というのは全く別のものではないか、夢を思い描いてがんばるということでかえって本当の自己実現が分からなくなってしまうのではないか、と思われたりもするのである。

目標意識を持つことは大切なことである。しかし問題は目標意識の中身なのである。私自身は、本当の自己実現とは、自分の一生を自分なりに生ききっていけるようになることである、と考えている。このいった目標意識を本人も親や教師も持っていくことは、必要でもあり、大事なことでもあるのではないだろうか。世間の目にどう映るかとか、社会的な地位や肩書きとしての目標ではなく、自分自身に与えられた〈運命〉に、あるいは〈使命〉に、どう対処していくか、そこで自分なりの充実をどう実現していくか、を問題にする発想である。こうした方向に向けて子どもを育てていく教育こそ、本当の意味での自己実現の教育ではないだろうか。
そういう考え方をした時、次に述べるいくつかのポイントが自己実現の教育の目標として出てくるように思われるのである。

2　内的エネルギーの汲み上げを

まず第一は、その人の内面から次々とエネルギーが湧き出てくるような下地作りをしておきたい、ということである。「べき」「べき」ではエネルギーが出てきようがない。優等生がものを言うと、理屈としてはもっともだけれど勢いがないと言われることが多いこともある。自分の実感の世界に足が降りていない。自分の本音の話でもなく、格好つけすぎの話であることが多いことも話でもない。だから勢いが出てこないのである。ユングも、そうした意味のことを言っている。本当に内面からエネルギーが出てくるためには、自分自身に対して素直になって、自分の内面にある自分なりの感覚とか感性に足を降ろさないとだめなのである。

ところが学校の教育の中では、その逆のことをやっていることが時にあるのではないだろうか。「こういうことはなかなか分からないだろうけど、教科書ではこういうふうに言われているんだから、ひとまずこういうものとして覚えておきなさい」といった教え方をすることはないであろうか。「いろいろと疑問があるかもしれないけれど、こういうものとして覚えておかないと上級校の受験はどうにもならないぞ!」とか、「ひとまずこれはこういうものとして覚えておいて、上級校に受かってからなぜそうなのかということは考えなさい」といった感じの発想も色濃くあるのでは、と思われてならない。自分の実感・納得・本音で考えていくことを大事にするのではなく、正解的な結論とか社会的に望ましいとされていること、世間的に格好いいことばかり教えこもうとしていることが多いのではないだろうか。学校教育の持つ「社会化」という基本的雰囲気のせいかもしれないが、子どもの方でも、内的な必然性を抜きにして、外的に与えられるものを鵜呑みにしてしまう、という現実があるのではないかと思われてならないのである。

最近の子どもは素直である。われわれが子どもだった頃とは全然違う、と言いたくなることがあるほどである。まさに、お坊ちゃま、お嬢ちゃまである。小綺麗と言えば小綺麗である。おとなしくていいと言えばそうなのであるが、もう少し元気があってもいいようにも思う。そういう子どもの実情を見ると、子どもの方から自分でものを考えるのをやめてしまって、「ここでの正解は何?」「ここで先生が求めておられることは何?」「ここで望ましいことは結局何なの?」と尋ねてしまいそうな感じがある。実際にそういう発言を聞いたわけではないが、自分の方から判断中止、思考中止してしまっているように見える子どもが多い。しかし、そういうことを積み重ねていったら、肝心な時にエネルギーが出てこないのではないかと思われてならない。「どうしてか知らないけど私には分からない!」と言える子が出てこないといけない。「教科書にはこう書いてあるけど、何度読んでみても私には何のことか分からない」、さらには「私はどうしてもこれに同意できない」と言える子が出てきてほしいものである。これはなかなか難しいことであるが、そういう方向に子どもの姿勢が変わっていかないと、なかなか本当のエネルギーが出てこないのではないかと心配である。

ある中学校でエネルギーにあふれる授業を見たことがある。社会科の授業で、明治維新の後の近代国家建設のプランとして、大久保利通の考えた富国強兵の路線と、中江兆民の考えた「国でなく民が栄えればいい」という二つの路線について生徒が双方の立場に分かれて討論する、という場面を見せてもらった。指導案では、歴史の実際の動きとしては大久保利通の富国強兵でいったわけだけれども、しかし中江兆民的な生き方をとっていたら民衆はもっと幸せになったかもしれない、その可能性に気づく、という構想であった。生徒達は大久保派と中江派とだいたい半々に分かれ、話し合いははじめ互角であった。大久保派が「やっぱりあの時代のことだから国ということを忘れるわけにはいかないだろうし、そうしたら国が強くなることを考えなくてはいけないだろうし、それを通じて人々も豊かになっていくという考え方をするのも当然だろう」といったことを言うと、中江派は「国とかなんとか言っても、いわば頭の中でこしらえた話であって、結局生活しているのは一人ひとりの人間なんだ、一人ひとりの人間が幸せにならなければどうにもならないわけで、国のために一人ひとりが犠牲になるのはおかしいじゃないか」というような主張をしたわけである。ところが一〇分か一五分したら形勢が変わってきたのである。決定的に大久保派が有利になってきたのである。つまり教師の思惑とは断然反対の方に進んでいってしまったわけである。「一人ひとりが幸せにならないといけないと言うけれども……」と、大久保派の人達が言い始めたのである。「当時の世界状況、アジアの状況を見てみろ、中国はどうなっていたか、インドはどうなっていたか、幸せ、幸せって言うけれども自分だけの幸せを考えていたら、多分日本なんて明治の一〇年代ぐらいで欧米の植民地になっていたんじゃないか」。これに対して中江派も負けずに、「徴兵制などでも長男は免除されていたり、金持ちはお金を積んで逃れたり、そういう不公平があったじゃないか」などと言う。大久保派は「マクロとミクロ、大きな話と小さい話を混同したらいけない」と言う。「幸せ、幸せと言うけれども、植民地化されて、基本的人権が認められなくて、人間扱いされなくて、二等三等四等の人間として見られて、その中での幸せってどういうことだと思っているの」という主張をする。富国強兵という政策は、当時の国際状況ではやむにやまれぬ選択だったんじゃないか、というわけである。しかし、教師の方は指導案に違う方向を書いているから、一生懸命中江兆民派に加わって「しかし、しかし、……」と言うわけである。結局のところは、大久保派優勢のまま授業は終了となった。

午後に研究会があって、この授業の展開過程が問題になり、出席の教師達からさまざまな感想や意見が出された。「先生のこれまでの授業の積み上げが良くないから、先生の願った方向に今日の授業はいかなかったじゃないか」という意見も出た。「実は今日で完結させるつもりだったんですけれども、次回もう一度資料を整え直してやり直します」と授業者の教師は答えていた。しかし他の教師の中から「今日の授業は面白かった。たしかに先生の想定したところとは全く違ったかもしれないけど、先生のこれまでの積み上げが良かったから、今日みたいな話し合いができたんだ」という声が出たのである。いろいろ大久保派であろうと中江派であろうと基本的にはどっちでもいいではないか、というのである。いろいろと隠された資料が出てくるかもしれないし、世の中のものの考え方が変わったら社会科で教える歴史的常識も変わってくるだろう。中学生の時に中江派だったから良いとか、大久保派だから悪いということは全くない。大事なのは、あの時代の二つの基本路線をめぐって、本気で、自分の実感と本音で、自分の知識を総動員して、その場限りのきれい事ではない話し合いをすることではないか。これは今までよほどそういうことを積み重ねてこなかったらできることではない。今日の授業で、先生の思惑通りいかなかったこと自体が、先生のふだんの授業のすぐれていた点を証拠づけている。こういう意見が強く出てきたのである。

助言者の最後のまとめもまたこうした意見を支持するもので、指導案通りいかなくてもいい、生徒の本音がよく出た話し合いで良かった、ということであった。私もそう思う。教科書や資料を見れば、社会科なんてだいたい何を言ったらいいか分かる。教えたい価値の方向が如実に示されている。生徒の方としては、それを口にしてさえいれば楽なのである。でもそれでやっていたら考えないままになるであろう。自分で考えて、間違った結論を口にしても、本当はいいはずである。社会的事象について自分の実感にもとづいて本気で考えてみること自体に意味があるはずである。結果として間違った考え方をとったとしても、また後になって正しい考え方に気づけばいい。だから授業の時は、本気にさえ考えていたら、どう言ったっていいのである。軽々しく望ましい答え、格好いい答え、先生が待っている答え、正解とされる答え、に乗っていかないことである。こういうところに十分気をつけていかないと、自分で考えるエネルギーが出てこなくなるのではないか。自分の内面の実感・納得・本音の世界を踏みしめて考えるようにしないと、自分の内部から促すものにもとづいて考えるようにしないと、エネルギーはすぐに枯渇してしまうのである。

自分の感性とか感覚といったもの、自分に意味あるもの価値あるものとして感じられるもの、こういった本当に自分の内面にあるものにどう気づいていくか。たとえば音楽とか美術などの場合を考えてみてほしい。優等生的な人なら、私は高尚な趣味として音楽を少しやらないといけないからといって、ベートーヴェンを少し聞くとか、モーツァルトを少し聞くとか、バッハを少し聞くとか、ヴィヴァルディの『四季』はやっぱりいいと話すとか、そういうことになりがちであろう。そうすると、音楽とは結局その程度のものだと思ってしまうことになる。何かの音楽を聞いて、涙が出てとまらないとか、胸が打ち震えて仕方ない、という気持ちを経験しないまま、音楽をただ単に社交的なひけらかしの道具にしてしまう、あるいは頭の中の教養というだけのものにしてしまう。しかし、それは寂しいことではないだろうか。音楽体験とは、理屈でなく、なぜかこの曲が自分にピンとくる、これを聞いていると充実した感覚に満たされる、という何かである。それをつかまなければいけない。もちろん、それをそのまま口にすると、少々格好悪いことがあるかもしれない。素直に自分を振り返ってみると、たとえば、クラシックでは何も感じないけど演歌なら何かを感じる、ということもあるかもしれない。私も最近、クラシックより石川さゆりの方がずっと良かったりすることがある。しかし格好良かろうと悪かろうと、自分にピンとくるものを見つけないといけないのである。そうやっていってはじめてエネルギーが出てくるのである。

与謝野晶子の短歌に「やは肌の熱き血潮に触れもみでさびしからずや道を説く君」というものがある。教師業というのはだいたい道を説くものである。いろいろいいことを言う、正しいことを言う、望ましいことを言う。しかしそういう中で、ひょっとしたら「やは肌の熱き血潮」に心が打ち躍るような、そういう感覚がどこかにいってしまっているかもしれない。しかし、もっと怖いのは、中学生ぐらいでそれがなくなってしまっている子がいるんじゃないか、ということである。中学生にいろいろ聞けば、いいことを言う。道徳の時間とか話し合いの時間とかに聞いていると、「本当に本気かな?」と思うようないいことをみんな言うことがある。あれはやはり、もう少し本音でみんなが話し合いできるようにならなくてはいけないのではないか。もっと言うと、自分の本音の世界を自分で追求し探求し、大事にしていく、という姿勢を持つようにならなくてはいけないのではないか。これは長い時間をかけて少しずつ実現していくよう努めなければならない教育課題だろうと思われてならない。

3　内的なジャイロスコープを

二番目に、内面に自分なりのジャイロスコープ（方向感覚）ができていかないといけない、ということがあるであろう。自分なりの方向感覚がないと、周囲の動き、世の中の動きに左右されて、流されていってしまう。どっちが得かよく考えてみよう、とそればかりになる。どっちへいったら拍手がもらえるか、ということになる。「豚もおだてりゃ木に登る」という言葉もあるが、それになってしまう。結局、甘い水のある方、得になる方、手を叩いてもらえる方、格好いい方、こればかりを求めて右往左往するようでは、自分の人生ではない。自分自身の内的世界を忘れて、外側の世界ばかりに、社会的な世界ばかりにこだわっている人は、えてしてそういうことになりがちである。

そういう人は、外側の事情が変わってくると滑稽なことになる。この間まで積極的に一つの立場に立って主張していた人が、ほんの三年五年たったら全く違うことを言うようになっている、といった例である。以前はこういうふうに言っていたらみんなが手を叩いてくれたけど、最近は社会的風潮が変わって違うことを言わないと手を叩いてもらえなくなった、というわけであろう。大学の先生や文化人と称する人達にもよくある姿である。もちろんそれは、特別な人のことではない。私の中にも同じような弱さが潜んでいる。よほど注意していないと、誰だってすぐに風見鶏的な変わり身をしてしまいがちなのである。ただし、政治的な立場は状況によって変わっていったっていい。政治的な立場は何か社会的なものを実現するためのものである。しかし生きていくうえで大事にしないといけないことについて、ころころ言うことが変わっていく、しかも、いつでも言っていることが周囲から拍手されそうなことばかり。こういうことでは気味が悪いというか、人間としてこれで大丈夫かなと思うのではないだろうか。私の中にもそれが潜んでいるのではないかと思うと、どうやったら歯止めができるのか不安にならざるをえない。

どう変わってもいいのであるが、その人なりの赤い糸がたどれるような変わり方であってほしいものである。そのためには内的な感覚に根差していることが不可欠であろう。自分なりにどうしてもこれを大事にしていかないといけないというものがないと、結局、まわりからの拍手の起こり方、あるいは損得に応じて、二転三転していくことになるわけである。短い間だったらそれでもいいのかもしれないが、無原則的に二転三転してきた人生を後になって振り返ることがあれば、自分で悲しくなるのではないか、と思われてならない。やはり、これからの子どもに願うのは、みんながどんなに拍手してくれても登りたくない時には木に登らない、登るべきでないと思う木には登らない。逆に誰も拍手してくれなくても登るべきだと思ったら、木にでも何にでも登る。こういう内的な判断軸ができてくることではないだろうか。

吉田松陰の辞世の歌に、「かくすればかくなるものと知りながらやむにやまれぬ大和魂」というものがある。こんなアホなことをやればこういう結果になるのは百も承知、しかし、アホなことであろうと何であろうと、内的に促すものに従って自分がやるべきだと思ったことをやったのだ、ということであろう。たしかに本当にアホな形で密航を企てたわけである。しかも失敗して自首して出た。当局でもほっとけないから藩にお預けとなって、牢屋に入れられ、結局それがもとで二九歳で刑死するわけである。損な生き方である。しかし、やはりすばらしい覚悟ではないだろうか。「やむにやまれぬ大和魂」である。損になろうと得になろうと関係ない、ちゃんとしたジャイロスコープを、内的感覚を、育てていけないだろうか。少しずつでいい、小学生や中学生の頃から、そういうジャイロスコープを内面に持っていたわけである。損になろうと得になろうと関係ない、ちゃんとしたジャイロスコープを、内的感覚を、育てていけないだろうか。これこそまさに人間教育の大きな課題である。人の顔を見てやるのではなくて、拍手の起こり方を見てやるのではなくて、得になるかどうか考えてやるのではなくて、やむにやまれずやっていくという、そういう何かが欲しいのである。これが結局、自分の実感や納得や本音の世界に根を下ろした生き方をする、ということにつながっていくのである。

自分の実感として本当にやりたいこと、本当にやらなくてはならないと思えることは何だろうか、こういうことをいつも吟味していかなければならない。頭の先で、これはいいことだとか、これはしゃれているとか、これは得になるとか判断するのではなくて、自分にとってどうしても大事に思えるかどうか、大事にしなくてはという感覚があるかどうか、が問題なのである。自分がこれまで生きてきた中での体験に照らして考えた時、本当に自分にそれが納得できるのだろうか、と考えてみなくてはいけない。少しずつ、そういう心の方向づけを育てていかなければいけないのではないだろうか。自己内吟味ということが言われるが、自分の中で自分の感覚そのものまで吟味していく、自分が一度判断したその判断そのものも繰り返し吟味していく、こうした習慣がないと結局は流されていくだけになるであろう。日本の教育のこれまで弱かった面とは、世の中の動きに流されてしまうだけの人間を育ててきたことではないか、という気がしてならないのである。

4　異なった実感世界に対して心を開く

三番目として、自分と異質な世界に生きている人、自分と異質の実感・納得・本音を持っている人、こういう人のものの見方、考え方、発言に対しても虚心坦懐に耳を傾け、心を開いていける能力を養う、ということを考えておきたい。自分の実感は何だろう、自分の納得は何だろう、自分の本音は何だろう、ということを自分の中でよく吟味して、それにもとづいて考えたり判断したりできるようになるということは大事なことである。しかしそれだけでなく、他の人が持つ自分と異なった実感や納得や本音にも本当にこだわって考える、という姿勢や能力も同時に養っていかなければならないのである。生い立ちや育ちが違うと、実感の世界が違う。こんなにおいしいものなのに、と言ったって、どうしてもそれはいや、と言う人がいるわけである。欧米人と日本人とでは、たとえば納豆の好みなど相容れない場合がないわけではない。味やにおいについての実感の世界が違うのである。私などは納豆をおいしいと思う。しかし欧米人の多くが嫌悪の表情をする。我が家によく来る外国人の場合もそうであった。

お互いそういう違う世界を持っているのである。生い育ちが違うことからくる違いもあるであろう。いずれにせよ、お互いの実感の違いにお互いが気づいて、互いにそれを尊重し合う、という気持ちがないといけないのではないだろうか。これが欠けると、自分だけが正義の味方みたいな気持ちになって、自分と違う感覚を持つ人を見たら糾弾することしかできなくなる。本人はいいつもりであろうが、偏狭な人間になってしまうのである。

正義というものは、必ずしも一つではない。一九九〇~九一年の湾岸戦争の時でも、日本ではアメリカの立場からの正義ばかりを語っていた感がある。しかし、私の家に来るモロッコとかレバノンなどイスラム側の人達は、全く違う意見を持っていた。何もフセイン大統領がいいとは言わないが、しかし、アメリカはアラブを叩くために上手にわなを仕掛け、挑発して大義名分を握ったんだ、あの戦争によってアメリカは中東の石油利権を結局は押さえたじゃないか、政治的にもサウジアラビアを完全に自分のところに取り込んだじゃないか、といった言い方をしていたことを思い起こす。イギリスやフランスのテレビ局は(もともと、あのあたりの面倒な状況をつくったのはイギリス、フランスであるが)、フセイン大統領もひどいけれど、アメリカもやり方がちょっと……と、高みの見物的な見方がないわけではなかった。いずれにせよ、日本のマスコミは、言語道断なフセイン大統領を叩くためには正義の味方ブッシュ大統領が乗り出していかないといけなかった、それにしてもあれだけの戦いをやったのに犠牲者が少なくて良かった良かった、であった。しかし犠牲者というのは、アメリカ人やイギリス人のことだけではないはずである。イラクの人がどれだけ死んでいるか。しかし、日本のテレビではほとんどそれを言わなかった。何十万人もの人が死んでいるのである。あの戦争は犠牲者が少なかった、のではないのである。アメリカ人の犠牲者が少なかったというだけの話である。このことからも、どういう立場から見るかによって、いくつもの正義があることが分かるのではないだろうか。こうしたことは、社会的事象のほとんどについて言えることであろう。

しかし我が国では、いつでも正義はたった一つという感じになってしまいがちである。唯一の正義に立つ人が錦の御旗を掲げて自分達以外の人を糾弾する、大新聞は常にその応援記事を書く、といったことになりがちである。自分とは異質な世界を持つ人に対して心を開く訓練が、歴史的にいって日本人には足りなかったのではないだろうか。そういう能力をみがいてこなかった。言うまでもないが、多様な正義に対して心を開くということは、自分の正義を譲ることではない。他の人が自分とは全く違う論理、見方を持っている、ということに気づくことは、自分の中のものの見方を豊かにするためなのであって、それを聞いていちいち「うーん、そうだなあ」と同調しなくてはならない、ということではない。そんなことをしていたら、自分の中に何もなくなってしまうであろう。自分の中の論理、ものの見方は、ピシッと持っていなくてはならない。しかし、同時に自分と異質な論理や見方に対して、どうやって心を開くか、どうやって虚心坦懐に耳を傾けるかである。

これは、訓練によってはじめて実現する能力ではないだろうか。この辺、日本人の今まで非常に弱かった面ではないだろうか。いつでもその時その時のたった一つの正解とか正義を受け入れて、それでものを見てしまって、それ以外のことに目を向けようとしない。しかし、どんどん世界の「常識」が多様化していく時勢である。自分の「常識」以外に目を向けないままでは諸外国の人とつき合っていくことができないであろう。小さな自分の仲間内で、蛸壺の中で、お互いの傷をなめ合い肩を叩き合いながらやっていくだけなら、自分持ちの正義だけでやっていけるであろうが、広い世界に出たら、特に激動する状況においては、とうていやっていけないであろう。

5　概念化《ロゴス》した自分なりの原理を

そして四番目は、生きていくうえでの自分なりの原理をはっきりさせていきたい、ということである。自分の実感・納得・本音の世界を大事にし、それを深めていかなくてはならないが、そういう内面世界を貫く原理のようなものを、きちんと意識化していくことを考えていきたいものである。このためにも、小学生、中学生の時から少しずつ、そういう内的原理になりそうなものと出会わせていった方がいいのではないか。もちろん、小学生や中学生の時にいい言葉に出会ったとしても、その時にはピンとこないかもしれない。しかし、年月が経ち、いろんな苦労をする中で、ピンとくる時が来たりするのではないだろうか。「中学生の時に聞いたあの言葉が、なるほどこんな大事な意味を持っていたんだ！」と気づく時が来るのではないだろうか。そういった時のために、大事だと思われる言葉を子ども達にぶつけていかないといけないのではないか、言葉の形で表された原理的なものと出会う場を準備してやらなくてはいけないのではないか、と思うのである。

例として、ここではまず三つあげておきたいと思う。その第一は「人生、青天井」。人生というものは基本的に可能性に満ちている、ということである。これを、繰り返し繰り返し教えないといけない。本人にその意味が分からなくても、「青天井、青天井」と言い続けなくてはいけない。人間生きている限り青天井なのである。一寸先が分からないから青天井なのである。まだ中学生の段階で「自分の成績はこのくらいだ、だからこれくらいの高校しか入れない、それなら高校を出てからの進路はこういう程度でしかない、それなら結局自分の人生なんて……」という哀れなことを言う子どもが出てきてはならないのである。あらゆる可能性が秘められている中学生が言うべき言葉であろうか。私はそういう言葉を聞くとむきになって、それがいかに間違いであるか、ということを言いたくなるのである。

勉強ができればそれにこしたことはない。今の社会のこういう仕組みの中では勉強さえできれば楽である。幼稚園から大学までの先生になれるであろう。役所や大会社に勤めることができるであろう。まあまあの暮らしができるかもしれない。しかし、せいぜいその程度である。反対に、勉強ができないからだめかというと、そんなことは全然ない。私が小学校の時にいっしょのクラスだった人で、料亭を三軒くらい持っている人がいる。でも勉強はできなかったし、中学までしか出ていない。しかし、私より何十倍何百倍もお金持ちである。あるいは中学の時の同級生の一人は、県会議員になっている。彼が四年前に県会議員に当選した時、元の担任の先生を中心にむかしの同クラスの者が集まって「励ます会」という名の同級生会をした。その時先生が、「おまえがなあ、勉強もあまりしなかったしなぁ」と繰り返しおっしゃっていた。でも彼は、青年団に入って伸びたのである。畜産高校へ行って、青年団に入って、同時に消防団などでも鍛えられて、すごく成長したのである。いい先輩、いい後輩もできて、そして中海干拓反対の運動が盛り上がった時に、島根県議会議員選挙に担ぎ出されて当選してしまったのである。しかし、彼は実はその時、ネフローゼで入院中であった。健康面から言っても、学校時代の成績から言っても、ネガティブなまずい方の材料がたくさんあった人である。それが今、本当にがんばって活躍している。中学を出て三五年も経てば、中学の時の勉強がどうのこうのということは、あまり関係がない。当たり前と言えば当たり前であるが、教育界にいる人はこの大事なことに意外と気づいていない場合があるのでは、と思えてならない。

とにかく中学や高校の成績だけで自分の将来を考えてしまうようになっては、絶対だめである。誰にも一年先は分かるわけでない。五年先も分かるわけでない。ましてや、一〇年先、二〇年先にどれだけの人間になるかなどということは、全然分からない。がんばるかどうか、幸運に恵まれるかどうかである。私はそういう意味では大きな夢を持たせなくてはいけないと思っている。「勉強はできないけれど、自分にはどこか必ずいいところがあるはずだ、自分ではまだ見つけていないかもしれないけど……。いずれにせよ、自分なりにがんばっていきさえすれば、そのうち必ずすばらしいことがあるはずだ」といった夢である。これがまさに、「青天井」という意識の持ち方なのである。

これは、若い時だけのことではない。五〇歳になっても、六〇歳になっても、七〇歳になっても、青天井である。定年間近になったからもう先がない、などと思うのは大間違いである。芹沢光治良《せりざわこうじろう》という作家・フランス文学者が、ある新聞にこう書いておられた。自分が八〇代になった時、もう自分の人生はこれで終わりだと思った。身体も弱ってきてものも考えられないし、後は静かに死を待つだけだ、と思ったという。七〇歳ぐらいの時からほとんど仕事らしい仕事もしていない。ところが、ある日突然、大きな転機になるようなことがあって、すっかり元気が回復し、九〇歳からまた小説を書き始められた。そして毎年一冊、九六歳で亡くなられるまで刊行されたのである。本人も晩年まで気づかれなかったのであるが、やはり青天井だったのである。いつチャンスがあるか分からないのである。チャンスというのは外側からだけ来るものでなく、内側からもまた、いつ新しいチャンスが湧き上がってくるか分からない。死ぬ間際まで青天井なのである。

さて、二つ目に「生かされている」という言葉を大事にしたいと思う。「それぞれなりに生かされ、活動の舞台を与えられている」ということを、私達は折にふれて子ども達に言っていく必要があるのではないだろうか。自分の力で生きていると思うからしんどいのである。たしかに自分なりにがんばっていかなくてはならない時がある。しかし、どうしても辛くなったら、すべてをほっぽりだして寝ころがっていたらいいのである。そのままでは死んでしまう、ということなら死ねばいいであろう。そういう気持ちさえあれば、どこか安心して生きていけるのではないだろうか。このことは、たとえば親鸞も言っているように思うし、道元も言っているように思う。「生かされている」という事実に、他力も自力もないのである。

「私が、私が」と言うとしよう。しかし、その「私が」としゃべっている声帯だとか、しゃべっている言葉を紡ぎ出している頭だとかは、自分で作ったものではない。遺伝子の働きで自然にできたものか何か知らないが、「私が、私が」と言っているのは、作り上げられ、与えられた装置でそういうふうに思わされ、そう言っているだけのことである。「私が、私が」とみんな思いたいものであるが、それはある意味で仮の私がそう機能している、と考えることもできるであろう。事実そういうものではないかと私は考えている。与えられた装置、与えられた機能で「私は、私は」と思っているにすぎないのである。「私が、私が」という気持ち、それは生きている間の一つの約束事なのである。しかし、そうした中にも、やはり一つの認識として、生かされているというか、舞台が与えられているというか、一つの生命として発展するよう支えられているというか、そういうことへの気づきがあっていいのではないだろうか。お昼のご飯だって自分で作ったものではない。他人の労働の成果を与えていただいて、食べさせていただいて、新しいエネルギーで生きていけるように支えられている。着ているものだってそうである。人の労働の成果を活用させていただいている。これだって生かされているのである。人々の中で、すべて支えられていると考えていいであろう。さらに言えば、一人ひとりが大きな生命をもらって、大自然に生かされ、また互いに生かし合っているのである。

こういう認識は、自我の目覚めの時期といわれる青年期に特に必要となるのではないだろうか。この時期は「私が、私が」と自分にこだわる気持ちが強くなる時期だからである。これによって自我を確立していくわけであるが、「自分が、自分が」ばかりでやっていくと、苦しくなる。「なんで自分はこうなんだろう」「自分は、なんでうまくいかないんだろう」「私の弱点はどこで……」などとこだわりだしたらきりがない。心理教育相談室などに相談に来る子どもの様子を見ていると、学校嫌いや登校拒否の子であろうと、友人関係や家庭内のことでノイローゼになった子であろうと、自我発達の弱さみたいなものがあって、上手な形で自分にこだわれないことが多い。こだわりだしたらにっちもさっちもいかなくなるのである。こういう子が今、非常に増えているように思う。結局は生かされているんだから、どうなってもいいじゃないか、できる限りは努力し、がんばらねばならないけれども、いよいよとなれば親を捨て、家を捨てて、自分のスタイルで生き延びていけばいいじゃないか。今日できることはきちんと今日やらなければいけないだろうが、辛くなったら「明日やれることは今日やるな！」とモットーを変えたっていい。それで死ぬわけではない。こうした開き直りは上手に指導していかないといけないが、ただなんでもきちんとしないといけないといった完全主義が今、子ども達にも大人にもはやりすぎているのではないか。これがしがらみになって登校拒否とかノイローゼとかその他いろんな心理的不適応がもたらされているのでは、と思われてならない。エネルギーがあって健康な時はきちんとやればいいけれども、しんどい時はそれなりにやっていけばいい、そういう割り切り方をこれからは大切にしていきたいと思う。

三つ目には、「照一隅」とか「一日なさざれば一日食わず」という言葉を大切にしたい。自分ができる範囲で何かやらないと生きていくうえでよくない、という気持ちの持ち方である。

今の子ども達は、いつのまにか「お嬢ちゃま、お坊ちゃま」の気分を持ってしまっている。まわりの人は、親でも先生でも、自分を世話してくれて当たり前だと思っている。当たり前というより、無意識のうちに先生は学校で自分の世話をしてくれるための存在だと思っているのではないか。これは日本だけのことではない。豊かになるとどこの国でも「お嬢ちゃま、お坊ちゃま」で育つようになって、なかなか脱自己中心化ができないと言われている。二歳や三歳の時の「世界の中心に自分がいる」という気持ちを、中学生になっても高校生になっても、あるいは三〇歳になっても四〇歳になっても、そのまま持ち続けている、ということである。「自分のために世界はある」という基本感覚である。これはやはり一度ぶち破らないと、本当の意味で積極的に生きていくことができないのではないか。結局、自分がすべての中心に存在していて、みんなは自分を世話してくれるのが当然、という気があるから「指示待ち人間」にもなるのである。そして何かがうまくいかないとすぐ「くれない族」になる。「誰だれは〇〇してくれない」「先生は〇〇してくれない」「お母さんは〇〇してくれない」といった恨みがましい気持ちに支配されてしまうのである。「くれない族」も「指示待ち人間」も、土台となっている心理構造は同じである。

自分が世の中の中心にいて、自分の面倒をみるために他の人達がいる、といった感覚を少しずつぶち破らなければならない。たしかにこれは難しいことである。どうやってぶち破るか、その一つのきっかけになるのが「照一隅」という言葉に示されるところではないだろうか。「照一隅」というのは、一隅を照らすということ。自分は世界中を照らしてやろうと思っても、それは無理である。日本ではたとえ総理大臣といっても、国内どころか、党内さえ照らしきれないと言われたりする。結局、誰だってそう広いところを照らせるわけでない。自分の直接に責任を負える一隅、一つのコーナーしか、照らすことは不可能である。本当に大事なのは、自分が照らすべき一つの小さな片隅をちゃんと照らしきるかどうか、ということである。たとえば、中学生だったら何をしないといけないということはないけれど、自分の部屋ぐらいは片づけなさい、自分の下着ぐらいは洗いなさい、自分の食べたものの片づけぐらいはしなさい、となるのではないか。自分の生きていくうえで必要となる最低限のことくらいは、自分で後始末しないといけない。こうしたことは、私は大学生にも機会を見つけては言っていることである。私の研究室に来ている学生なども、学生控え室をすぐに資料やごみで足の踏み場もない状態にしてしまう。いくら汚いところでも、生きていこうと思えば生きていけるだろうが、きちんとしているのが当たり前という感じになってくれば、きれいにするようになるのではないか。本当はそういうしつけが、もっと小さい時にできていれば、大学生になってから言わなくても済むのであるが……。大学では学問的なことだけを言っていられればいいのであるが、学生の顔を見ると、掃除とか片づけとか言わなければならないのは、残念な気がしないではない。いずれにせよ、「照一隅」の気持ちを持つことである。大きいことは考えなくていい、しかしやるべきことは最低限のこととしてやらなければならないのである。

これら三つの原理に加えて、もう一つ、艱難辛苦に対して積極的に立ち向かう姿勢を子どもに持たせたい。言葉にすると、こうした姿勢態度を強調したものは、あげ出したらきりがないほどある。

たとえば佐賀の山本常朝の言葉を集めた『葉隠《はがくれ》』には、「武士道とは死ぬことと見つけたり」という有名な言葉があるが、その他にも、「二つの道があって、得になる道と損になる道、生きる道と死ぬ道があれば、ためらわないで損になる道、死ぬ道を行け」とか、「恋で一番いいのは忍ぶ恋である」とか、いくつか私の好きな言葉がある。陽明学者・熊沢蕃山には、「憂きことのなおこの上に積もれかし限りある身の力試さん」という歌がある。いいことがもっともっと積み重なってくれ、というのではなく、いやなことであっても「もっと来い！」という積極的な気持ちで迎え、取り組んでいかないといけない、ということである。島根県広瀬の月山では、山中鹿之介が、「我に七難八苦を与えたまえ」と祈ったと言われているが、これもまた同じ精神である。すばらしい祈りである。我に勝利を与えたまえでなく、我に大きなお城を与えたまえでなく、我に快楽を与えたまえでなく、我においしいものを与えたまえでなく、七難八苦を与えたまえなのである。こう祈れる心はすごいと言わざるをえない。そういうふうに祈った時の山中鹿之介というのは、内からのエネルギーが満ちあふれていたに相違ない。エネルギーがなくなってくると、「何かいいことがないかな、おいしいことがないかな」ということになってしまうのである。エネルギーに満ちあふれているからこそ、「憂きことのなおこの上に積もれかし」になるのである。こういう精神は、小学生や中学生の時には、どこまで理解できるか分からないが、しかし言葉としてだけでも教えておきたいものである。こうしたことが、必ず分かる日が来るはずである。これが分からないままで死んでしまったら気の毒ではないだろうか。

6　生き方のモデルとしての教師ということも

自分の内側からエネルギーが湧き出てきて、内的なジャイロスコープがあって、自分とは違う実感・納得・本音にも配慮でき、自分を支え前進させていくための原理みたいなものを自分なりに反芻していける、そういう人間に育っていってほしいものである。このためには体験をいろいろ積み重ね、実感世界を広げ深めるということが必要となるであろう。たとえば最近、子ども達が地域のおじいさん、おばあさんといっしょにいろんな活動をする交流教育のいい実践を見せていただいた。老人会と学校との連携である。こういう中で子どもが得る体験は非常に意義あるものだろうと思う。また、さまざまな障害のある子ども達との交流教育も最近見せていただいている。こういう活動で得られる体験も非常に意義があるであろう。

そういう体験教育をいろいろ工夫してやっていきたいものであるが、そうした折に大きな意味を持つのは、子どもの前に立つ教師の姿ではないだろうか。子どもは、実物モデルとしての教師から日常体験的に人間としてのあり方とか生き方について、いろいろ学んでいるのである。モデルとしての教師といっても謹厳実直な模範としてのモデルにならなくては、と言っているのではない。別に反面教師であってもいい。「俺みたいになるなよ！」ということでもいいのである。いずれにせよ、自分が具体的な形での実物モデルとして子どもの前に立っている、ということをいつでも考えておいてもらいたいのである。たしかに、これは厳しい話である。しかし、お互い教職にある間はそういうふうにやっていかなくてはいけないわけである。親だってそうである。時が来ればいやでも子どもは離れていく。親の一番の課題は「子どもに上手に捨てられること」なのであるが、捨てられるまでになんらかのモデルとしての姿を、具体的な手掛かりとして子どもに見せておかなくてはならないのではないだろうか。この点では、教師も親も同じである。

たとえば、自分が本当にエネルギーにあふれている、という姿を子ども達に見せてやりたいな、と思う。たしかに教えるということは苦しいことである。私もたった二年間ながら、大学院に籍を置いていた時に中学・高校の先生をしたことがある。本当に苦しかったという思いがある。非常勤講師であったが専任並みの時間数を持っていた。帰る時にはいつも疲労困憊して、手も足もブルブル震えていたのを思い出す。しかし逆に言うと、だからこそエネルギーにあふれた姿を子ども達に見せるよう努力しないといけない、と思うのである。三〇歳、四〇歳になった人間というのは、ああいうふうに疲れ果てて惨めな姿になってしまうのか、と思って子ども達が育ってくれたら困るであろう。本来教師は、教壇に立つだけで子ども達の心が明るくなって、活気が出るような存在でなくてはいけない。親もそうである。親も教師も、子どもと接する時は、空元気でいいから元気づけしないといけない。だから職員室には等身大の鏡をいくつか備えよう、と私はよく言ってきたのである。授業に行く前、自分の顔や姿を映してみるのである。この顔や姿を子どもが見た時、心が明るくなるかどうかである。子ども達が「ああしんどいな、またこの先生と一時間の授業か。生きていくのは辛いものだ」というような気持ちに間違ってもなったらいけない。みんながだらけている時でも、その先生が教壇に立ったら、「よしやるぞ!」という気持ちになる。これも一つのモデル提示として、教師が努力しないといけない点であろう。子どもに本当の活気を与えることができさえすれば、授業の中身は三の次、四の次であってもいいくらいである。

さらに言えば、教師は右顧左眄《うこさべん》しているような姿を子どもに見せないよう努力したいものである。教師だって人の子であるから、人間的な弱い面を持っていないわけではない。持っているとしても、そこは見せない方がいい。教師の弱い面を見ることで、子どもがうまく育ってくれたらいいが、それを当たり前のこととして受けとめる感覚が育ってしまうことがあれば大変である。得になる方しか考えないで動いていたり、拍手がくる方しか考えないで動いていたり、強い人に媚びへつらうような発言しかできないというようなことがあったりしたら、うまくいけば反面教師になるにしても、子どもの目の前で恥ずかしい限りではないだろうか。さらに言えば、自分だけが正義の味方みたいにふるまっているのも恥ずかしいことであるし、あるいは自分の生きる原理原則が全然見つかっていないようなフラフラした姿を示しているのも恥ずかしいことである。なんとか子どもの前にいいモデルとして立ちたい、何かいい手がかりとなるものを示したい、と私も教師の一人として思わざるをえない。私も教育界とのつき合いが長くなったが、そういう点でも多くの本当にすばらしい先生方に出会ってきたように思う。私はこれだけでも得をしたな、と思っている。

もちろん、すべての教師がりっぱな人格者である必要はない。私が言いたいのは心意気である。気持ちの問題である。他の仕事と違って、教師という仕事には教育者だから許されるというところがないわけではない。自由度の広い仕事である。逆に言うと、自由度が広いからこそ、何かこういう良い思い出を子どもの中に残したい、という気持ちがあっていいのじゃないか、と思うのである。

教育ということを考える時、どうしても外側からものを考えやすい傾向がある。たとえば授業でも、こういう手立てでやって、ああいう手立てでやって、という外側からの見方で終わってしまいがちになる。しかし、その手立てが子ども一人ひとりにどう受けとめられたか、ということがもっと大事なはずである。しかしそのことを、すぐに忘れてしまう。一人ひとりは、顔の後ろに固有の世界を持っているのである。ところがえてして、親も教師も顔の表面しか見ていない。やはり顔の後ろにある世界に思いをはせたいものである。顔の表面で勝負するようになったら終わりである。上手にTPO（時・場所・場合）にあった物言いが、行動が、できるようになった、というだけではならない。何よりもまず顔の後ろ側の世界である。やはり長い年月を通じて、自分の責任で自分の一生をやっていけるような、そういう姿勢なり内実なりを作っていかなくてはならないのである。あえて言うと、日本の教育に一番欠落してきたものはそういうことではないだろうか。個性の教育といい、自己教育力といい、多くの場合、外面の話として考えられてきたのではないか、という気もしないではないのである。

ここで私が述べてきたことは、お互いの努力目標みたいなものである。見果てぬ夢かもしれないが、一人ひとりの子どもの顔の後ろ側の世界にこだわって、本当に実感が育っているか、納得が育っているか、本音が育っているか、そういう実感・納得・本音の世界に足をつけてものが考えられるようになっているか、にこだわっていきたいものである。そういう視点からの真の自己実現を、子どもへの願いとして考えていけたら、と念願する次第である。

第10章　生涯にわたって生き抜く力を

1　寿命が大幅に延びた時代の教育課題

人生には、準備の期間、現役の期間、悠々自適の期間を考えることができる。準備の期間というと二〇年前後であろうか。一八歳で社会に出る人、あるいは二〇歳で出る人、二二歳で出る人、二五歳で出る人、いろいろとあるであろうが、現役の期間というのは普通で四〇年、うまくいけば五〇年くらいあるかもしれない。しかし、六〇歳とか七〇歳で現役を引退したとすると、あと二〇年くらいは生きることになる。一〇〇歳までうまく生きられるとしたら、六〇歳で現役を引退した人の場合、四〇年、悠々自適の期間があることになる。八〇歳で引退したとしても二〇年くらいはある。そうすると、準備の期間くらい、あるいはそれ以上に、悠々自適の期間があるという可能性を考えざるをえなくなる。しかも準備の期間といっても一〇歳くらいまでは、あまりものを考えていないから、本当の意味で人生に対して準備しているのは一〇年か一五年、長くてもそんなものであろう。そうすると、少なくともその二倍くらいは悠々自適の期間があることになる。

これを教育ということで考えるとどうなるであろうか。非常にオーソドックスな考え方は、子どもを一人前にするのが教育であった。社会的現役の期間へうまく滑り出せるようにすればいい、という教育である。この考え方で教育していくと、生き方の教育とか、自己実現の教育というのは、きわめて簡単な話になる。「どういう仕事につきたい?」「うん、それなら小学校からこういうことを勉強しておかないといけないよ。中学ではこれをがんばらなくてはいけないよ。高校ではこういうことをやっておかないといけないよ」。これでいけばいいわけである。そういう場合の生き方というのは、結局は自分の志望する仕事につける、そしてその仕事の中でがんばってやっていける、ということである。そこでの教育課題は、そういう就職を可能にする力をどうつけるか、ということになるわけである。

これはもちろん大事なことであるし、今、進路指導ということで考えられているのは、ほぼこういうことであろう。もっと言うと、今の小・中・高・大の教育というのは、実際にはほぼこういうオーソドックスな教育観に立っていると言っても過言ではないかもしれない。こういう教育観を「類型1」と言っておくことにしよう。

もう一つの教育の発想というのは、社会的現役時代の終わりまでを考えて、それに必要な力を身につけさせておく、というものである。たとえばキャリア・エデュケーションの発想などもこれであろう。就職をした後になって本当に自分の力を発揮していく。場合によっては転職もするだろう。同じ会社にいたとしても自分のやる仕事が変わってくるだろう。あるいは昇進、昇格をして、だんだん管理的なこともするようになるだろう。自分が世の中に出て、どういう仕事をどういう形でやっていくだろうかと、

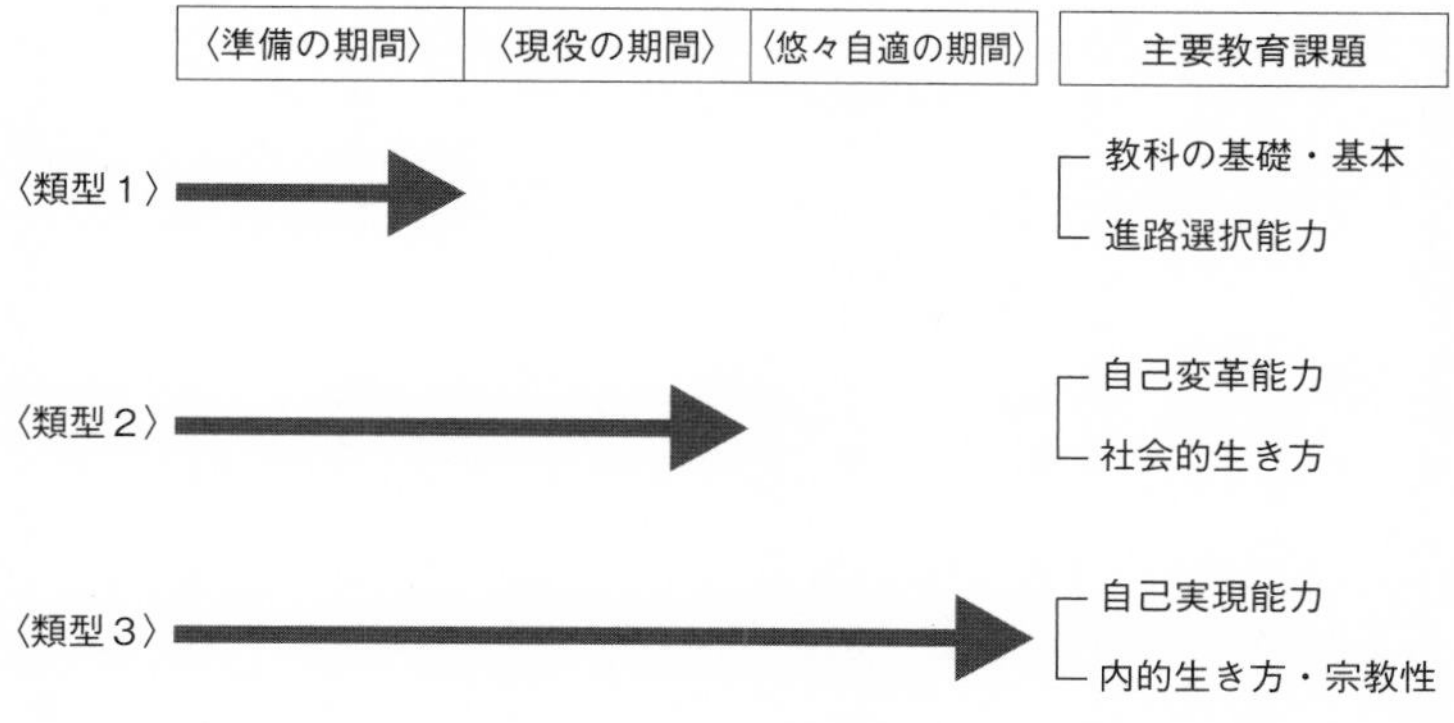

図 10-1　どのような見通しで教育するか――３つの発想類型

そういう自分のキャリアを全部見通しに入れて教育しなければならない。こういう考え方がある時期から出てきている。これが「類型2」、教育のタイプ2である。

　これも言うのは簡単であるが、今の日本で十分に実現しているかというと、必ずしもそうとは言えない。従来の発想（類型1）だと、難しい大学へ入ればそれでいい、ということになる。やはり、なんだかんだと言っても、難しい大学を出た方がいい企業に就職できる。だから、うまく現役時代の滑り出しをする、ということで言えば、中学の時は高校受験の力をつけて、有名進学高校に入って、難しい大学に入学すればいいわけである。

　ところがキャリア・エデュケーションで考えると、長い現役時代を通して、ずっと仕事をがんばってやれるような力をつけていくのでなくてはならない。現役時代は何十年もあるから、立場や役割、仕事の内容はどんどん変わっていくわけである。しかし、どういう立場や役割になろうと、自分の力が十分に発揮できるようやっていかなければならない。そうすると、難しい大学に入りさえすればいいのか、という話になるわけである。もちろん、難しい大学へ入って悪くはない。ただ、無理して入って、後でノイローゼになる、留年する、ということでは困るであろうし、無理して入って、「あれはだめな奴だ」と大学生活で言われるとか、就職した途端に「間違って採ってしまった」と言われる、ということであっては、どうにもならないわけである。

「類型1」だと就職の時点までしか、あるいは結婚の時点までしか考えないから、学校生活をずっとスムーズにやって、いいイメージをまとって世の中にデビューすればいいであろう。しかし「類型2」で考えたら、デビューしてから後の長い年月を考えるわけである。結婚したって、愛がどうのこうのといっても新婚の頃の話で後が長いわけである。三〇年も四〇年も結婚生活を続けていくとすると、それになんとか耐えられるような力がなくてはならない。愛で結びついている以上に、運命とか神仏によって結びついている、と思わなくてはやっていけない、ということもあるのではないだろうか。

それはさておき、仕事はもっと大変である。ご存じのように、難しい大学、偏差値の高い大学を出た人が必ずしも企業で評判が良いわけではない。就職して五年~一〇年というのは、別にどこを出ていようが、そう差はつかないであろう。しかし、だんだんに、たとえば誰を係長にするか、誰を課長代理にするか、誰を課長にするか、という時になると、今ではもう大学のブランド信仰はなくなったと言ってよい。東京大学を出ていてもすばらしい人とだめな人がいる。どの大学を出ていてもやはりだめな人といい人がいる。だから、東大などを含め難しい大学に対するブランド信仰が企業の側にはなくなっているのである。このことは、まさに、いわゆる「新しい学力観」と関係した現象でもある。もちろん見える学力だけを目標にずっとがんばってきた人、テストだけでいい点を取ってやってきた人、そういう人の中にも本当に優秀な人がいないわけではない。有名大学を出た人は皆表面的な学力だけだ、などと言うつもりもない。しかし、「類型1」の場合と視点を全く変えて考えないといけないのである。

いずれにせよ、偏差値が非常にうるさくなって、どんどん有名大学が難しくなった時期以降、東大その他の難しい大学の一流企業での出世率が悪くなったと言われる。課長、部長になりにくい、重役になる率も顕著に落ちてきた。この「類型1」で言えば、難しくなればそれだけ優秀な人が入ってきて、卒業後もうまくいくはずである。でもおかしなことに、どんどん卒業後の信用がなくなってきている。これが今の現実である。大学のブランド信仰がなくなったのだから、大企業の側からの指定校制度をやめたのも当然である。大学を指定しても、その中に本当にいい人材がいるかどうかわからないのである。だから、東大ですごくいい成績を揃えた学生も採れば、同時に東大のボート部でがんばった人も採る、あるいは地方の私立の大学で成績のいい人も採るし、なんとか部のマネージャーをやっていた人も採る。いろいろな人材をバラエティのある形で採っているのである。入社後何十年かして本当に伸びた人を幹部として使えばいいわけであるから。

そういう時期になっていることを考えると、教育の方も「類型1」から「類型2」に本当に変わらなければならない。長い長い現役時代をどうがんばっていくか。何よりもまず打たれ強くなければいけない。現役時代をとにかく自分なりにがんばってやり通すには、少々挫折したからといって、「やはり私はだめじゃないか?」と思うようではどうにもならないのである。よく私達は「ジグズデン・ザグズデン」という言葉を使ってきた。東北大の細谷純先生に教わった言葉である。人生は基本的にジグザグである。そんなにすっとうまくいくわけがない。仕事を始めたら、まわりの皆さんが全部お友達というわけにいかないし、皆さんが可愛がってくださるというわけにもいかない。仕事というのは、ある意味では戦いの中で生き残るかどうか、という面がある。うまくいった、しかしそこでちょっと一頓挫した。それからまた気をとり直してがんばった、しかしここでまたちょっと、となるかもしれない。ジグザグでいける人はまだいい方で、普通はジグッといって一頓挫する、そしてまたザグッといって、ズデンとひっくり返る。また気をとり直してジグッとがんばっていって、ズデンとひっくり返る。またそこでムクムクと頭を持ち上げていって、またザグッといかなくてはならない。ズデンとひっくり返った時に、「私はやっぱりだめかな?」と本当に思ってしまったら、もうその時点で終わりである。「クソ!」と思いながら、しかしまたまた思い直して、やはり頭だけでももたげなければどうにもならない。これが「ジグズデン・ザグズデン」ということである。

四〇年あるいは五〇年の現役時代をその人なりに生き抜いていこうと思ったら、そういうしぶとさ、打たれ強さ、少々のことでへこたれない、という底力がついていなくてはならない。このことは、難しい大学を出たかどうかということよりはるかに大切なことである。

私の家によく留学生が来るが、話をしている中で日本の総理大臣のことが話題になることがある。日本の総理大臣は意外なことに難しい有名大学を出ている人が少ない。宮沢喜一は難しい有名大学を出ているけれども、パワーがあるとは言えない。田中角栄なんてきわめて巨大なパワーを持った人は、高校も出ていないわけである。池田勇人などは有名大学は出たけれども何年も病気その他で道草をくっている。だから留学生はよく「日本の政治家というのは学歴とは関係ない存在ですね」と言う。多分政治の世界は特に、「ジグズデン・ザグズデン」でやっていかざるをえないところ、その意味で人間としての総合力が問われるところなのであろう。もちろん政治家だけではない。経済その他の世界でも、本当に影響力を持っている人というのは、意外と難しい有名大学を出たわけではない。そんなことは関係ないのである。ただし、リーダーとなっている人は皆、見るからにパワーがある。人間としてのパワーがあるのである。

長い現役時代を、何があろうと自分なりに突っ走っていける、というパワーを、どうやって小学校や中学校や高校で培うかである。このことを考えると、少なくとも、うまくいい企業に入って世の中にデビューすればいい、いい人と結婚して幸せになれればいい、という発想に立つ単純な教育モデルから、長い現役時代をしぶとく生き抜いていく力を中心とした教育モデル（類型２）に変わらなくてはいけない。キーワードは逞しさである。あるいは打たれ強さである。ただし逞しさとか打たれ強さは何によって出てくるのかと言うと、自分自身の中に自分の拠り所になる原理といったものができてこなければ無理であろう。

もちろん、朝鮮人参を毎日かじってがんばる、といった類の生理的逞しさも大事であろうが、それだけでは十分でない。精神的な心理的な逞しさこそが必要なのである。そのためにはやはり自分の内側の深いところから自分を支えてくれる土台みたいなものができていなくてはならない。本当に自分なりに納得しているところがあり、自分の中に本当に拠り所となるものがあったら、逞しく生きていけるのである。

論語に「君子は和して同ぜず　小人は同じて和せず」という言葉がある。和はいいけれども、同はだめだと。しかし和も同も見かけは似ている。人と上手にやっていくということである。現役時代の課題としては、和であろうと同であろうと、人とうまくやっていかなくてはならない。世の中で自分に与えられた役割を上手にこなし、自分の立場をちゃんとこなしていかなくてはならない。ただし、自分の役割・立場をこなしていくにしても、人とうまくやっていくにしても、ただ単に決められた道を決められたように進んでいくという付和雷同的なやり方と、自分の内側に原理があって、その原理を活かすという中で、こういう形で人とは手をつないでいかなければいけないから譲るべきは譲って、というやり方とがあるはずである。自分の立場や役割として、これをやらなくてはいけないと分かっている、ただし場合によっては自分にそれがそぐわないこともあるであろう。しかしそれはやはりそこでやっていかなくては、組織として、あるいは集団としてうまくいかない、だから譲るべきは譲って、ということになる。和というのは内側に自分なりの原理、拠り所があったうえで、ここのところは譲って、ということを十分に意識した上でのことなのである。自分のことをいつでも棚に上げて、滅私奉公的にがんばる、といったやり方ではないのである。

もちろん謙虚でなくてはならない。聖徳太子は「和をもって貴しとなす」と言ったが、その和というのは、「我必ずしも聖ならず、彼必ずしも愚ならず、共にこれ凡夫であるのみ」という原理に立たなくてはいけない、と付言するのである。自分の考えだけでなくて他の人の持つ原理にも耳を傾けよう、ということである。しかし、自分自身の原理がなければ他の人の原理に本当に耳を傾けることもできないことも忘れてはならない。

実感・納得・本音というのは、そういう意味での拠り所になるものであろう。そういう基盤的なものを本当に踏みしめていないと、自分自身の現役時代を自分なりに突っ走って、どんなに挫折があろうと、また首をもたげてやっていく、「ジグズデン・ザグズデン」の人生を送っていくことはできないのではないだろうか。

2　老後までを考えた教育を

現代においては、それ以上のことを考えなくてはならなくなっている。キャリア・エデュケーション的に自分の定年の日まで考えておく、というだけでは済まなくなったのである。定年の後また二番目、三番目の人生があるかもしれないのである。仕事も肩書きも全く何もなくなった悠々自適の時代、たとえば一〇〇歳になった時のことまで考えておかなくてはならないのではないか。これはまさに文字通りの生涯学習の話ということになる。今まではそこまで言われているわけではないが、本当の意味での生涯学習とは、われわれ死ぬまで自分の一生を自分の責任で生きていかなくてはいけない、そのための準備は何なのか、ということである。小学校・中学校・高等学校・大学でいったいどういう準備をしておけば、九〇歳、一〇〇歳になっても自分なりの充実感を持った生き方が、自分なりの生きがいを持った生き方ができるのだろうか、ということである。

もちろん、どうやったら建康が保てるか、ということも考えておかなくてはならない。そういう身体の維持というか、年をとってからもうまく体が動くように、ということも考えておかねばならない。しかしやはりもっと大事なのは、ちょうどキャリア・エデュケーションの場合と同じで、気持ちの持ち方の問題ではないだろうか。たとえば自分の生涯をトータルにイメージしてみることができるであろうか。

立身出世主義的な教育観で考えていけば、だいたい現役時代の最終段階（類型2）までのイメージであろう。下手をすれば社会へのデビューの段階（類型1）までである。しかし誰でもいつかは現役を引退しなければならない。八〇歳になっても九〇歳になっても社会的地位にしがみついている人がいる。自分が現役で居続けるということだけが心の励みになっているのである。それはやはり不安だからであろう。自分の肩書きがなくなった時、あらゆる立場がなくなった時、あらゆる役割がなくなった時に、いったい私は何をやったらいいのかということが分からないのであろう。気の毒なことであるし、はた迷惑なことである。「老害」と言われているのはまさにそれである。やはりある時期で後進に道を譲った方がいい。現役時代というのは人と人が役割関係をつくってやっていくわけだから、誰かが影響力の強い役割を独占していることの功罪を考えてみなくてはならない。影響力の強い立場の人が、あまり頭も働かない、アイディアも出てこない、自分で引っ張る力もない、ということだと広範囲に悪い影響が出てくることになる。その働きができないのにポストだけは影響力のあるところを占めている、というのは最低である。私も上手にそのあたりのことを自分で判断したいと考えている。ある心理学の教授が、定年退職の時にこう挨拶をされたそうである。「私は何かの偶然で、この大学の教授になって、何年間か教授職を務めさせていただきました。私みたいな者がこのポストをふさいで本当にすみませんでした」と言って去っていかれたという。これは偉いと思う。ここまで謙虚な気持ちで引退していくのは難しいであろう。

自分の意思で現役を去るというのは、難しいことである。でも、やはりこれからは、どこかで現役を去って、そしてもう一度肩書きのない、立場もない、役割もない、ナマの裸の人間にかえらなくてはいけない、そういう時期が多くの人に訪れるであろう。そこまで考えて自分の人生のスタートができるか、準備の時代、現役の時代をやっていけるか、ということである。

現役時代から、これが本当にやりたいとか、これは自分にピンとくるとか、これが自分をワクワクさせてくれるとか、という自分の内面的な感覚について自己理解がないと、年老いてからどうにもならないのではないだろうか。人とのかかわりとか、仕事とのかかわりとか、肩書きとか、役割とか、そういうものにいっさいかかわりのない自分自身についての理解、自分自身のあやし方、自分自身の満足のための生活のスタイル、そういうことを若い時期からマスターしていかないと、定年になって肩書きがなくなった後で本当に脱け殻みたいになってしまうのではないだろうか。私自身もそのことをいつも大きな自分自身への課題として考えている。

たとえば教育界でいうと、現役時代バリバリ仕事をし、大きな肩書きをいくつも持って、いろいろ動きまわり、顔もテカテカ光らせていた人が、現役を離れた途端に半年や一年で萎んでしまう、という姿をずいぶん見てきた。これは小・中・高の教員の世界だけのことではない。大学の世界でもそうである。大学の定年は六三歳とか六五歳とか、少し遅いが、それでも可愛い女の子のいる短期大学へでも再就職できれば、あと一〇年はもつけれど、という話がある。そうでないと、大学の先生は定年になって三年目が危ないという話も耳にする。

外側から仕事があって、立場があって、人がいろいろと言ってくれて、という時は内側に何もなくてもやっていけるかもしれない。まわりの人が大事にしてくれ、やらなければならないことがたくさんあるので、それなりの充実感があるであろう。ところが、「もうあなた別に何もやらなくていいのですよ」「口を出さなければ、もっといいですよ」などと言われそうになった時に、自分の内側になおかつ何か「これ、どうしてもやりたいな」というものが出てくるかどうかである。先に、現役時代を強く生き抜くためには実感・納得・本音という自分の中の拠り所になるものがなくてはいけない、と述べたが、これをもっと深めなくてはならないであろう。もう損得も利害もなくなるわけだから、内面に自分を燃やすような火種が残っているかどうかが勝負どころとなる。「これやりたいな」「こういうことにならワクワクするな」「これはピンとくるな」といったものが内面に育っているかどうかである。

これは小さい時から考えておかなければなかなか無理であろう。現役のいろいろな肩書きが外れた途端に萎んでしまうような、そういう人間にわれわれ人生の後輩をさせたくない。ご縁があって自分が指導する相手は、自分が亡くなった後になっても、七〇歳になっても、八〇歳になっても、毎日を生き生きとやっていける、というふうになってほしいものである。

本当の生涯学習とか生涯教育というのは、そういうものであろう。そのためには現役の時代だけを考えた教育ではなく、よりいっそう自分自身に対して誠実であるということ、自分自身にとっての真実を大事にするということ、を考えさせなければいけない。

現役時代、上手に仕事をやっていく、タフに仕事をやっていくためには、人との妥協ということも考えなくてはいけないし、世間がいったい何を考えているのかということも考えなければいけない。しかし最後は、世間がどう思おうと私はどうか、なのである。こうした感覚を身につけようと思ったら、世間での話と、自分自身の中での真実というもの、自分にとっての本当のもの、を分けて考えることがどうしても必要であろう。たとえば「七〇歳になって老人ホームでまた恋をして」と人に言われようと、

「知ったことか!」である。世間体が悪いということで自分を縛ってしまうとすれば、自分の身は脱世間的な老人ホームにいるのに、まだ自分の心は世間的な世界の中でガンジガラメになっているようなものである。

世間で何が良いとされ、何が悪いとされているか、何が格好良くて、何が格好悪いか、現役時代だけを考えたら、そういう世間のことをいろいろ考えなくてはならない。しかし、それはいわば仮の姿だということが分からなければ、生涯にわたって本当に生き生きとやっていくことはできないであろう。聖徳太子の言葉でいえば「世間虚仮」である。世間のいろいろなことというのは、大事なことではあるが、仮のものなのである。自分の中の真実を貫いて、格好悪かろうが何であろうが、自分にとって本当に大事なものは何かということを大事にしていけるかどうかが重要なのである。

3 自分の中に存在する大事なものに気づく

自分ということにこだわらなければ、何が外側に起ころうと自分の中で大事にしなければいけないものは何か、ということがなかなか分からないままになる。本当の意味での生涯教育という見通しを持つならば、自分ということにこだわる教育をしていかなくてはいけないであろう。

たとえば古代ギリシャでは、特に貴族の家柄であると、若い時から日記をつけさせたと言われている。日記というのは、その日のうちに自分に起きたことがらを単に記録するものではない。自分が今日は何をやったということだけでなく、そういうことがらに応じて自分はその時どう思ったか、どう感じたか、それをきっかけにして自分はどういうことを考えるようになったか、つまり毎日毎日の体験を記録するものである。自分というものはなかなか自分には見えない。何かことがあってはじめて分かる。こういうことがらがあった時に、自分の中にこういう気持ちが自然に出てきたとか、自分は我知らずこういうふうに動いてしまったとか、こう言われたからその時何も考えないでこう言い返してしまっていたとか、そういう自分でもふだん意識しない自分自身の中にある何か潜在構造みたいなもの、これを日記を書くことによって自分で見つけていくというわけである。自己開示という言葉を使うこともあるが、自分自身が意識下に潜在的に持っている世界を自分自身の目に明らかにしていくために日記をつける、ということを古代ギリシャからやっていたわけである。

自分の目に自分自身の姿が少しずつ見えてくる。少しずつベールをはいでいくように自分自身の姿が自分の目に明らかになっていく。そういう一つの行為として日記をつけたわけであるが、信頼できる友人に対して出す手紙もそうであったと言われる。できるだけ自分の赤裸々な姿を友人に書き送る。それは友人に対する自己開示であった。しかしこれは、自分自身の世界を相手に示すというだけのことではない。信頼している相手に対して自分の赤裸々な姿を手紙に書いていくということ自体が、一つの修行なのである。自分自身の目に自分の本当の姿が少しずつ見えてくるということのための修行であった、ということなのである。

同時に、古代ギリシャ時代から夕方には自分を反省する時間を持つことが、貴族階級の若者に勧められていたと言われる。この習慣はもちろん、年をとってからも続けることになる。その場合、反省すべきことについて、いくつか基準を立てておく。自分を単に振り返るだけでなく、振り返りの視点があって、こういう点についてはどうだったのだろう、ああいう点についてはどうだったのだろうと吟味してみるわけである。むかし日本の海軍でも、「至誠にもとるなかりしか」「言行に恥ずるなかりしか」などと日々自分を反省したわけであるが、あのようなやり方である。こういうことをやっていくことによって、自分自身の目に自分が少しずつ見えてくることになる。そうすると自分自身とどのように親しんでいったらいいかも分かってくる。自分自身をどうコントロールしていけば一番うまくいくかということも分かってくるわけである。

そういうむかしから、単にうまく人生をスタートするためだけでない教育、単にうまく仕事をこなしていって、財産ができる、立身出世ができる、ということのためだけでない教育、があったのである。自分自身の生涯にわたって充実した、自分自身が自分自身の主人公になるための教育、自分の力で自分をあやして、自分を支えて、満足のいくよう充実感をもってやっていけるようになるための教育があったのである。

無論こういう教育は、家庭でも地域でも、あるいは職場でもやられなくてはならない。しかし当然のことながら、学校においても、こうした見通しを持つ教育が、きちんとした形で行われなくてはならない。むしろ学校でこそ、そういう自分自身との対話の仕方、自分自身の吟味の仕方、自分自身との親しみ方、自分自身のコントロールの仕方、自分自身の支え方、というようなことを本当に学んでいってほしいものである。そして、それを通じて、本当に私自身にとってピンとくるもの、私自身にとってワクワクする世界を見つけて努力をしなくてはならないわけである。そういうものを手がかりとして、どうやって自分自身、毎日毎日を本当に充実した一日にしていくか、ということになるわけである。こういうことを一つの姿勢として、能力として、学校で育成していくことが大切ではないだろうか。
たとえば、ということであるが、小中学校でも高校でも大学でも、以下に述べる四つくらいのことはやってみては、と思う。

自己開示

一つは、古代ギリシャで行われていたのと同じような意味での自己開示である。自分自身の中にある自分らしい何か、自分自身の中に潜在している何か、それを少しずつ自分の目に明らかにしていくという習慣を培っていくことである。自分というものが自分自身の目に見えないままでは外側の事情に振り回されるばかりである。自分が見えていないから、つまらないことで右往左往してしまうということにもなるのではないだろうか。

誰でも自分のことは分かっているように思っているが、実際には自分自身ほど分からないものはない。びっくりするようなことがたくさんあるのである。ついこんなことを言ってしまった、ついこんなことをしてしまった、ということもある。人間というのは面白いもので、自分自身について持っているイメージにそぐわないような自分の行為はすぐ忘れてしまう。便利にできているのである。だからこそ忘れないように日記でもつけておかなくてはいけない。自分自身の姿をどうやって自分の目に、本当に薄皮をはいでいくように、少しずつ見えるようにしていくか。それはまさに一生をかけた課題ではないだろうか。

自我関与

二番目は、自我関与、エゴ・インボルブメントである。社会的現役の時代は当然のことながら、現役を終わって悠々自適の時代になっても、世の中で生きていく以上、いろいろと義理がある。義務もある。そういうものをどういうふうに自分の中で意味づけることができるか、である。しかしこれは、意味づけの仕方の学習というだけのことではない。感情的な受け入れにまで深まらなくてはならない。やっていかなくてはいけないことではあるが、しかし感情的にはなかなかそれを受け入れることができない、ということもたくさんあるであろう。たとえば親は自分の子どものことを心配して、いろいろとやってやるかもしれない。しかし子どもの方では親のことを心配するのはいやなことであることもある。だから親は子どもの心配をし、子どもはまたその子どもの心配をすればいい、という考え方もある。私は親孝行などというのは必ずしも人情の自然ではないと、最近つくづく思ったりする。しかし、親孝行ということは大事な義理ではある。そうするとどうやって、たとえば自分の親だから大事にしなければいけない、世話をしなければいけない、面倒をみなければいけない、ということを自分の中に意味づけていくのか、である。

世の中、自分だけで生きているわけではない。お互い手を組みながら生きていくわけであるが、その中で感情的には受け入れがたいような義務とか義理とかが多くある。その最大のものの一つが勉強であろう。勉強は、「強いて勉める」と書くように、必ずしも楽しいことではない。「勉強は楽しい」などと言う人は、これは本当に変わり者ではないだろうか。しかし一方で勉強というのは大きな意味があることである。勉強することによってしかわれわれは何万年もの間先輩達が積み重ねてきた人類の智恵というものを自身のものにすることができない。またそれを次の世代に手渡していくこともできない。それによってはじめて、いろいろなことを深い目で見、深く味わうこともできるのである。デカルトの言葉に、「われわれは一つのものを同じ深さで見ていない」というのがあるが、本当に勉強した人は、同じものを見ても、見ている深さが全然違うのではないだろうか。逆に勉強など無縁の人は、それこそ外側の形、色、感じしか見ていない、ということがあるであろう。一つのものを見ても、その意味とか値打ちとか働きといったことに、どこまで気づくか、いろいろなレベルがあるのである。

このように、勉強をはじめ、われわれは生きていく中で外側から面白くない義務や義理をたくさん突きつけられている。それらをどうやって自分の中に意味づけていくか、自分にとっての大切さをどのように実感できるようにしていくか、である。わがまま、自分勝手だけでは生きていけないのである。結局、われわれは群れの動物であるから、群れとして生きていく中での義務や義理やルールをどうやって自分の中で意味づけていくかが不可欠なのである。こうしたことを、教育の中で少しずつ教えていくべきではないか、と最近特に痛感している。

自己企画

三番目は、自己企画である。これは自分でやりたいことを自分なりに計画を立てていくということである。この力が身についていないと受け身のまま一生を終わってしまうことになる。思っているだけでは、何ごとも実現しない。本当にやりたいことであれば、目論見を立てて、お膳立てをして、準備して、やれるようにしなくてはならない。日本という社会は、お互いがお互いを縛り合うという面が強いから、いろいろなことを自分では企画しないで、自分ではいろいろと動かないで、チャンスがくるまで待っていた方がいい、と考えてしまう風潮がないわけではない。だから住みやすいといえば住みやすいのかもしれない。社会のあり方としてはそれでもいいかもしれないが、しかし、そこで生活する人には主体性がなくなってしまうであろう。自分の人生を自分で生きていくという姿勢がなくなってしまう。だからこそ、若い世代には、「もし何かやりたいことがあったら、それを実現するやり方と方策をいつも考えなくてはいけない」ということを教えていかなくてはならないし、そういう力をつけていかなくてはいけないと思うのである。

ウィリアム・ブレイクという詩人がいる。「満たされない欲望は病を生じる」という有名なフレーズを、詩の中で言っている。これは、やりたいことはやりたいことなんだ、欲しいものは欲しいものなんだ、という強調でもある。もちろんわれわれはやりたいこと、欲しいものにすぐ手を出すわけにはいかない。フロイト的に言うと快楽原則で動いていくのではだめである。現実原則でいかなければならない。現実原則でいくというのは、やりたいこと欲しいことに対してどういう手順をふめば手に入るか、ということを考えてお膳立てをすることである。しかし下手な倫理道徳で、やりたいこと欲しいことを全部抑えてしまったらどうなるかである。一見いいようにみえても、これでは生命力が枯渇してしまいかねないのである。七〇歳、八〇歳まで生きられるかどうか、ということになるのである。やりたいことはやはりやりたいことなのだから、それを無理に抑えるのではなく、あるいは逆にストレートに手を出すのでもなく、自分のやりたいこと、望んでいること、願っていることを自分なりに十分理解し、それを実現していく道を常に能動的に工夫していく、という自己企画の力をつけてやりたいものである。

自己責任

四番目は、自己責任である。結局最後は、自分のやったことは自分で始末をつけるより仕方がない、逃げるわけにはいかないのである。この自己責任性ということは、臨時教育審議会の最終答申の中でも言われていたが、やはりこれも日本では弱い点である。自己責任という感覚が非常に弱い。やりたいことでも自分でやろうとしないで、チャンスを待って、いいチャンスがきたら食いつこうと待っている、といった姿勢は自己責任感覚のなさと通じているのではないか。チャンスだと食いついて、何かやってみたとしても、それがうまくいかなかったら、これは自分が求めてやったのではない、こういう結果になったのはいろいろ悪い条件が重なったからだ、こういうふうに思ってしまいがちである。

つまり能動性・主体性がないのである。自分の人生を自分の責任で自分なりにやっていくという気持ちが育っていないのである。だから結局は責任感もないままになるのであろう。自分自身に常に親しみ、自分のことが分かっていて、自分で自分をコントロールし、いろいろ外からふりかかることも自分にとっての意味をいつも考え、やりたいことは抑えないで現実的なやり方を考えて、といった姿勢があれば、最後はやはり自分の始末は自分でしよう、ということになるのではないだろうか。

私はあまりギラギラと目を光らして動きまわる人は、友達に持ちたいと思わない。しかし、植物みたいな人も友達にしたいとは思わない。生きているのか死んでいるのか分からない、おとなしいだけが取り柄、という人もいる。そういう人は部下としては楽かもしれないが、そんな人とは対等のつき合いはできないであろう。同じ人間としてはつき合えないだろう。やはり自分でいろいろと目論見を持ってやっていく、同時にやったことに対して自分でちゃんと後始末をする、こういう人でないと対等なつき合いはできないだろうし、また人間として寂しいな、という気もする。

仏教をかじった人で、植物状態のようになっていくのが悟りではないか、といった間違った受けとめをしてしまう人がいる。たとえば、道元は「只管打坐《しかんたざ》」と、「ただひたすら座れ」と言う。しかし、「ひたすら座れ」というのは、「何もしないでじっとしておればいい」ではない。座っている中にもドラマがある。そして立ち上がったら、すごく大きなドラマが展開されるかもしれないのである。親鸞は、「総てを、自分の計らいを捨てて、常に仏の側からもよおされたものとしてやっていきなさい」と言う。それならば、自分では何も考えないで「もよおされてくる」のをただ待ってさえいればいいのかというと、もちろん、そうではない。「自分の計らい」を捨てたら、もっと積極的に動けるようになるはずである。日本の仏教思想は、道元にしても親鸞にしても、すばらしい文化遺産であるが、下手な形で受けとめてしまうと、単なる諦めの思想、自分の主体性を放棄した思想になってしまうことがある。道元でも親鸞でもそんなことは言っていないのである。もっともっと能動的になるということを教えてくれているのである。もっともっと主体的になる、自分の一生を自分の責任で生きていけるようになる、ということを教えてくれているのである。

これから子ども達を待っている世界は、本当に不透明な大変な時代である。われわれがやってきた時代は運が良かったと考えた方がいいのかもしれない。日本の社会はいろいろあったけど、結局はなんとかうまくいって、ここまで発展してきている。日本は頭のない国家だと言われるが、何も考えなくても、これだけやってこられている。すべて、いわば人の褌で相撲をとってきたようなものである。二大陣営があって、その中で漁夫の利を占めていればよかったわけである。アメリカのいい道具としてやっていけたわけである。しかし今、その二極構造の一極が崩れてしまって、不安定な状況がずっと続いている。今まで日本にとってプラスになっていた国際的な事情は、日本にとってマイナスの条件に転化しつつある。これから一〇年後、二〇年後、三〇年後、今の中学生、高校生、大学生が現役で働いていく社会というのは、本当に不透明で、しかも厳しいものであろう。今までの何十倍もの忍耐力を要求されるであろう。智恵もいるし、度胸もいるし、という時代になっていきつつある。

これからの子ども達が生きていく社会は、本当に大変な社会である。今まではきれい事でもやっていけたかもしれないが、これからは、それではやっていけない。そういう大変な社会に出ていく子ども達に、長い見通しを持って本当の力をつけてやらなくてはいけないのである。生き方の教育ということも言われるが、こういう生き方をしたらいい、などと教えられるものは何もないであろう。どういう生き方をしようと、タフでなければいけない、自分自身と親しまなくてはいけない、自分が見えていなくてはいけない、自分で責任とっていかなければいけない、こういったことは教えていかなくてはならないのではないだろうか。どういう方向に行こうと、あるいは途中で方向が何度変わろうと、その時点その時点で拠り所にしていけるような何かを、教育の中で、そのとっかかりだけでも与えることができるか。これこそが本当の自己実現の教育であり、本当の生き方の教育ではないだろうか。

社会にうまくデビューすればいいという教育、難しい大学へ入って週刊誌に名前が載ったら万歳みたいな、そういう貧しい人生観で教育している学校も少なからずあるのが現実である。それより前に有名高校に入れば万歳、みたいなものもあるかもしれない。いずれにせよ、つまらない話ではないだろうか。

社会に出てからが長いのである。社会的現役時代だけでも長いのである。そういう現役時代を力強くやっていく、地道に着実に一歩一歩自分の道をジグズデン・ザグズデンでやっていく、そういう力がついていかなくてはならない。打たれ強くて、愚直で、内側から自分自身に促すものが育っていなくてはならない。そして現役を引退しても、自分の元気を持続させて、自分にピンとくるもの、自分をワクワクさせてくれるものを大事にやっていける力をつけておかなくてはならないのである。

結局のところ、自分自身との親しみ方を身につけておかなくてはならないのである。生まれてから死ぬまでの本当の相棒は自分だけなのである。自分自身との本当の親しみ方を深めていくことが、生涯を通じての最大の課題、ということになるのではないだろうか。

第11章　自己を見つめ、自己と対話し、自己を表現する

1　自己凝視・自己対話・自己表現ということ

自己を見つめ、自己と対話し、自己を表現するといった活動が、最近、教育的に大事なものとして注目されている。自分自身を深く知ることによって、自分自身との対話を深めていくことができる。またそれによって自分自身を的確に表出でき、表現できるようにもなるであろう。自己凝視、自己対話、そして自己表現の三つが相互に関連し合いながら深まっていってほしいわけである。さらに言えば、自分自身を見つめるということ、自分自身に気づき理解するということ、自分自身とうまく対話できるということ、自分自身をコントロールできるということ、自分自身とうまくつき合えるということ、そして自分自身を的確に表出し表現できるということが、一人ひとりの子どもの中で相互関連的に進展していくことを願うわけである。こういった教育課題については、少なくとも二つの面から、その重要性を考えてみることができる。

一つには、こういったことをちゃんとやっておかないと無自覚な人間になってしまう、ということである。人間という存在の大事な特徴として「自立」ということが言われ続けてきたが、無自覚のままでは結局その時その場の損得や利害といった外的状況的要因によってのみ動いてしまうことになる。たとえば「どっちが得か考えてみよう」ということで動いてしまったり、「何をやれば拍手がくるか」ということで動いてしまったり、「どっちの水が甘いか」とうろうろしてしまったりすることになる。無自覚のままでは自分が活動し、生活し、生きていく過程に赤い糸を一本通すということができないのである。生きていく軌跡はどれだけ揺れたっていいのであるが、そこに一本の赤い糸がたどれるような生き方をしなくては、とうてい自分の人生とは言えないであろう。場当たりでやっていくだけ、その時その場の事情で動かされ流されていくだけではだめなのである。一貫した生き方をするためにはやはり自覚が必要になるし、そうした自覚を深めていくためにも自己凝視や自己対話、自己表現が一貫した形で行われなくてはいけない、ということになるのである。

もう一つ、自己凝視や自己対話、自己表現の活動を深めていけば、仮面的な自己表出が過度になるのを防げるのではないか、という期待がある。仮面的自己表出というのは偽りの自分、嘘の自分を表に出すということである。どうやったら拍手がくるだろうか、どっちの水が甘いだろうかなどと考えてばかりいると、どうしても、自分を偽ってでも拍手がくるようにしたい、自分を偽ってでも甘い水のある方に動いていきたい、ということになりがちである。それはそれでいいようなものであるが、結局は疲れるだけに終わるであろう。

自分の内側の生命力の源に足をつけた形で態度や発言、行動が自然に素直に出てくるというふうにしておかないと、その時その場で上手にふるまったように見えても、結局は無理に無理が重なってエネルギーが枯渇してくる。現代社会では人間関係が複雑になっているので、たしかにある程度まで仮面的な自己表現をしなくてはいけない面もあるであろう。この人の前ではやはりこれは言ってはいけない、この人の前ではこのことを言った方がいい、といったことがないではない。そうした仮面性をちゃんと分かったうえで意識的にやっていればいいのであるが、怖いのは仮面が肉つきになっている場合である。つまり、自分でも意識しないまま嘘偽りの顔を上手に作ってしまうようになっている場合である。自分でもそのことに気づかないままに、あっちではこういう顔をし、こっちではこういう顔をし、という習性が身についてしまっている場合である。

一つの社会的なルールとして、いろんな発言とか態度を意識的に使い分けるということは、いわゆる仮面として考えなくてもいいかもしれない。ＴＰＯに合わせて発言する、態度をとる、ということは大事なことであり、また必要なことである。しかし、それが自動化してしまって、自分自身の内的自己と何の関係もなく、外側からの期待や自分の利害得失に反応するだけの生き方とか行動の仕方になってしまうと、結局自分の中のエネルギーが十分に出てこなくなる恐れがあるのである。何をやる「べき」だとか、この時この場で望ましく正しいことは……ということだけで自分を駆り立てていると、結局は疲れてしまうだけなのである。

本当は、自分の内側から自然に「望ましく正しい」という感覚なり感情なりが生じてきて、それに沿って動いていければ一番いいわけである。自分の内側から、「これをやるのが自然だ」「自分自身にとって真っ当だ」という形で「べき」が出てくればいいのであるが、どうしても外側からの義理や義務や縛りでもって「望ましく正しい」だとか「べき」だとかを決めてしまって、それに合わせていくことばかり考えていくことになる。自己凝視、自己対話、自己表現を相互関連的に深化させていくということは、自分の内側からの基準で、自分にとって自然な行動や態度を表出していけるようになる、という点においても非常に大きな重要性を持つことになるであろう。

自己凝視を深めることによって、自己対話も深まり、自己表現もうまくできるようになる。自己対話がうまくできるようになることによって、自己凝視も深まるし、自己表現も的確になる。自己表現を的確にする努力をする中で、自己凝視も深まり、自己対話も深まるわけである。このように三者が相互に支え合うような形で進展していくようになってはじめて、行き当たりばったりの無自覚な生き方にもならないで済むし、その時々のＴＰＯに合わせて右往左往し、無理に無理を重ねるような生き方にもならないで済むのである。もっと積極的に言うと、自分が自分であるということ、自分が自分になっていくということ、という意味での自己実現が、自己を見つめ、自己と対話し、自己を表現しようという目標を追求していく中で徐々に実現していく、ということが考えられるのである。

2　古代ギリシャにおける自己凝視・自己対話のテクノロジー

ミシェル・フーコーというフランスの哲学者がいる。古代ギリシャのプラトンやキケロ、セネカ、マルクス・アウレリウスから初期キリスト教思想への流れを、どのような形での「自己への配慮(epimelesthai sautou / Le souci de soi)」の技法や習慣が用いられていたか、という点から検討した研究を行った人である。「自己への配慮」というのは、とりあえずは、自分自身に対する気の配り方、自分自身とのつき合い方、といった意味で理解しておけばいいであろう。フーコーは、古代ギリシャの哲学者、思想家の「自己への配慮」の仕方についての考え方をたどっていきながら、それが実はキリスト教の伝統の中に入ってきている、特に初期キリスト教の中にこれが生きている、ということをいろいろと跡づけているわけである。すなわち、自分自身とのつき合い方について少なくとも三つの技法なり習慣なりが、古代ギリシャからキリスト教に流れ込んでいると、フーコーは指摘しているのである。

自己開示

一つは自己開示、自分自身を自分に対して開くこと、自分に自分の姿が見えるようになることである。具体的には、日記をつける、信頼できる友達に手紙を書く、といったことをする中で、自分がどういう時にどういうことを感じた、何に気づいた、どう思った、どう反応した、といった自分の姿を自分自身の目に浮かび上がらせていくわけである。ふつう、自分が活動している中では、なかなか自分を振り返って自分の思いは何なのか、気づきは何なのか、その時の感情の流れはどうだったのか、などということを問題にしない。そして自分自身に気づくことなく、前へ前へと進んでいってしまうのである。

たとえば休日にテニスをやるとしよう。朝起きて大急ぎでコートに来て、一日テニスをやって、「ああ疲れた」と言ってシャワーでも浴びて、ご飯でも食べてバタンと寝てしまう。そうすれば、その日一日何の気づきもないまま終わってしまうことになるかもしれない。活動はあったけれども、その過程で自分自身の振り返りはない。したがって自分の活動の姿、活動過程での自分の内的な反応の姿、にも気づくことはないであろう。どうしても活動していると、没頭すればするほど、何の気づきもないまま、何の振り返りもないまま、そのまま進んでいってしまうことが多いのである。だからこそ、たとえば日記を書いてみる、手紙を書いてみる、という形での振り返り、自己吟味を行うことによって、自分自身の目に対して自分の姿が表れてくる機会を持とうとするわけである。

自己開示というのは、自分自身に対して自分の姿が表れてくることである。たとえば手紙を書く場合であるなら、自分のことを書くという過程で自己開示があり、また自分に開示された自分の姿を書き送ることによって自己イメージの共有化をはかると同時に、それに対する相手からの反応を知ることによっていっそう自己開示が深まっていく、ということになるわけである。いずれにせよ、自己開示というのは、自分のことを意識しないまま、いわば何の気なしにやってしまいがちな活動を、いったん対象化して見つめてみるということである。そして、その見つめる過程そのものの中に、実は自己の姿をめぐっての自己内対話があると言ってよいであろう。

定期的な自己吟味

二番目は、定期的な自己吟味と反省である。これは、夕方に一度自分を振り返って反省してみるという習慣を持つことによって、もっと徹底的に自己開示に努める、ということである。これがすでに古代ギリシャで行われているというのである。もちろんこの習慣は古代中国にもあったことである。論語の学而編にも「吾、日に三たび吾身を振り返る（三省）」という言葉がある。近代では日本の海軍でも、夕方に、「我、～にもとるなかりしか」という形で、いくつかの観点から自分を反省するという習慣を持っていたと言われている。日本の海軍の伝統は中国からきているのか、古代ギリシャからきているのか知らないが、非常に重要な習慎であろう。

この場合、自分の行為をただ単に振り返ってみるだけでなく、「本来、どうあるべきであったのか」という規範的なものとのかかわりで、実際の自分の思い、行い、発言などがどうであったのか、ということを振り返って反省してみることがある。こういう習慣が、古代ギリシャからキリスト教にも受け継がれて伝統化しているのである。だから現代のカトリックの習慣においても、「夕べの祈り」の中に、その日一日の自分自身を振り返って、自分の「思い・言葉・行い・怠り」によってこれこれの罪を犯していないか吟味点検し、心からその日一日の罪を悔いあらためる、といった活動が置かれているのである。

こうした形での自己吟味の習慣は、自分自身を凝視し見つめ直すための良い機会であると同時に、自分自身をあらためて方向づけ、意欲づけていく、という形での自己対話を促進するものである、と言ってよいであろう。

非現実的状況における自己の想定

そして三番目が、自分の行為の想定である。これは、非現実的な架空の状況を思い描いてみて、自分はそういう場合にいったいどう感じ、考え、ふるまうのだろうか、ということを考えてみる、といった活動である。たとえば「明日あなたは死ぬことになるだろう」といった宣告をされたならば、いったい自分はどうするだろうか、といったことを考えてみるわけである。現代的に言えば、「あなたは、がんであと半年の命です」ということを告知された場合、私はどう思い、どうするだろう、ということを考えてみるということである。たとえばそういう危機的な状況を想定し、そうした状況での自分のふるまいの予測をしてみることによって、ふだんは気づいていない自分の奥底にあるものについて考えてみることができるわけである。そうすると、ふだん何気なく自分自身について考えていたことを、もっと切羽詰まった形で考えてみざるをえない、ということにもなる。そういう操作を通じて、自分にとって今一番優先順位の高いこと、今どうしてもやらなくてはいけないことは何だろうか、今何がなんでもやりたいことは何だろうか、といったことにも気づかざるをえなくなるであろう。いつでもみんな明日があると思うから、やりたいこととかやらねばならないこととかを明日に持っていってしまうのである。しかし、もし明日という日がなかったら、と想定してみたら、いくらのんきに構えていても今日中にこれをやらなくては、ということが浮かび出てくるかもしれないのである。

たとえばこうした形で時々架空の危機的状況を想定してみることによって、自分自身にとって今本当に大事なもの、あるいは本質的な意味で自分が大事にしなくてはいけないものに気づくことができるであろう。われわれはどうしても日常性の中に閉じ込められ、マンネリ化してしまいがちである。毎日毎日朝起きて、ご飯を食べて、何か仕事をして、また夕方になって「疲れたなあ」と言ってまたご飯を食べて、そして「これで一日済んだ、これで寝ましょう」ということで日を送ってしまいがちになる。そうした無自覚な日常性への閉じ込められをどこかで断ち切ってみることが必要ではないであろうか。自分で意識的に「もし、こうこうこういうふうなことが自分に待っているとすれば」とか、「こういう状況に自分が置かれたとしたら」とか考えてみれば、このためのきっかけが与えられる場合があるかもしれない。たとえば「自分が乗った飛行機が落ちるということが分かった時、最後の五分間で自分は何をするんだろう」といったことを考えてみてもいいであろう。

架空のことかもしれないけれども、そういう想定をしてみる中で、自分がふだんは全然考えていない、全然意識していない、何か自分にとって非常に重要なことに気づくかもしれないのである。これも自分自身の見つめ方の一種と言ってよいであろう。そして、これによって新たなタイプの自己対話が始まってくることも間違いないのである。こうしたことが古代ギリシャの時代から行われていたということは、私にとっては驚きであった。

3　教育の中で自己のテクノロジーを活用する

この三つのテクノロジーは、教育の中でもっとその活用を考えていいのではないだろうか。自分自身を見つめるとか自分自身と対話するとか言っても、「ハイ、自分自身を見つめてみましょう」「ハイ、自分自身と対話してみましょう」といった無策で直接的な呼びかけをイメージするだけではどうにもならない。欧米の長い精神的伝統の中に、もっと有効な具体的方法・テクノロジーが含まれているのである。もちろん、日本の精神的伝統の中にも、只管打坐によって「自己を習う」とか、浄土真宗の「身調べ」など「自己配慮」のテクノロジーがないわけではない。これらはみんな、今後の教育の中で、具体的な形での活用を考えていかねばならないのではないだろうか。

こうした自己のテクノロジーを教育の中で活用していこうとする場合、現時点では、少なくとも次の八つぐらいは使えるのではないか、と考えられる。

沈黙

まず第一が「沈黙」である。沈黙ということは「ただ黙っている」ということではあるが、それ以上の意味を持つ行為である。もちろん、「ただ黙っている」だけでも意味があるであろう。何よりもまず落ち着いてくる。そして、外側に向きがちな意識が中立になる。必ずしも意識が自分の内側に返ってくるわけではない。中立になるのである。ふだんは外側のあれこれについて、いろんなことを考えているわけであるが、沈黙をすると（目をつむればもっといいかもしれない）、外側に向けられていた意識が中立になって、感性が働きだすのである。沈黙によって気持ちが落ち着き、感性が鋭くなると、たとえば人の言うことをよく聞けるようになる。自分自身の中に去来する思いとか感情にも気づきやすくなる。自分の外側のことにも内側のことにも気づきやすくなるのである。

古代ギリシャでは、教育の主要な手段は対話であった。たとえばプラトンの本など多くは対話形式で書かれている。ソクラテスでもプラトンでも、またアリストテレスでも、弟子といっしょにぶらぶら散歩しながら話し合うという形で教育をしていたと言われる。結局、教育の某本は対話だったのである。ところがある時期からヨーロッパの教育の伝統が変わってしまう。対話でなく、先生が話すことをじっと聞く、ということを重視する方向に変わるわけである。じっと聞くということは、沈黙の延長上にある考え方であろう。対話もいいけれども、下手をすると、自分の方からは何を言おうか、上手に言葉を返すことができるだろうか、といったことばかりを考えている中で、お師匠さんのおっしゃる大事なポイントが、十分に受けとめられなくなる可能性がある。あるところまで理解が深まったら対話してもいいが、やはり最初の段階から対話するのは無理であろう。まず黙って聞くことが大事な意味を持つのである。

「守」「破」「離」という言い方がある。芸事を学ぶ際によく言われるものである。はじめはお師匠さんの教えられることを、まずともかく黙って言われる通りにやってみる。これが「守」である。それが十分できるようになったら、お師匠さんの言うことを少し変えて自分なりにやってみる。それが「破」である。それも十分にやれるようになったら、お師匠さんの世界から離れて自分の独り旅が始まる。「離」である。こうした段階を踏んでしか大事なものは習得できないという意味で「守」「破」「離」ということが言われてきたわけである。これは、浄土真宗の伝統で言われる、「聞」「思」「修」ということにも通じる考え方であろう。まず、お師匠さんの言うことをよく聞かねばいけない。十分に聞くことをしないで、すぐに「自分はそれに対してどう思う」とか「自分の考えでは……」などとやっていると、結局核心が分からなくなってしまう。この意味で、まず「聞」が大事になる。そのうえで、自分なりにいろいろと考えをめぐらしてみる。「思」の段階である。そして、それを実践してみる。実際の行為としてやってみる。「修」である。こうした形で「聞」「思」「修」という段階を踏んでいくことの大事さが言われてきたわけである。いずれにせよ、まず「守」、まず「聞」なのである。これは非常に重要な発想ではないだろうか。

ヨーロッパの教育の流れを考える時にも、対話することから聞くことへ重点が移っていったということに注目する必要があるであろう。もちろん、自己表現とか自己表出ということは大事であるが、よく沈黙を守って、よく聞いて、言われたことについて自分なりに思いめぐらしてみて、そのうえでの自己表現でなくては、結局ギャーギャー言っているだけのことになってしまうのである。底の浅い世界をそのまま外に出して恥ともなんとも思わない、というだけのことである。自己表現とか自己表出といっても、なんでも口から出せばいい、なんでも自分なりに形づくればいい、というものではないはずである。

沈黙することによって、外からの教えに対する感受性を高めると同時に、自分の内面にある実感・納得・本音に対する感受性を高めることができるであろう。そのうえで両者をどう関連づけるか吟味検討してみることができれば、本当に自分のものと言いうる力を獲得するような学習が可能になるのではないだろうか。この意味においても、沈黙の時間の設定を学校でももっと考える必要があるであろう。

自分自身への気づき

二番目は、「自分自身への気づき」である。いろんな活動をやりながら、その過程において自分自身の姿に気づくということである。もちろん、特別な形で自分を振り返るのではなくて、何かの拍子に気づくということでいいのである。

これはたとえば、「〇〇ちゃんはこういうことを言っているけれども、自分にはどうもピンとこない。自分はちょっと感覚が違うのかな?」といった気づきでもいいであろう。あるいは、「〇〇ちゃんはこれが非常にうまくやれるのに、どうして私にはできないのだろう?」といった気づきでもいい。こういうふうに、他の人との、特に友達との対比の中で、自分自身についての気づきが生じることがよくある。もちろん、他の人とのかかわりということはいっさい抜きで自分自身への気づきが生じることもある。たとえば、「ああ、自分だってやればやれるじゃないか！」ということに気づくこともあるであろう。あるいは自分が何かやっている中で「私は結局こういうことが好きなのかな、面白くてしょうがないな！」といった気づきを持つこともあるであろう。

そういう「自分自身への気づき」を、意図的に教育活動の中で促進するということも考えるべきではないだろうか。「このことについてそれぞれ意見を言ってごらんなさい。そして、他の人と自分の意見とがどういうふうに違うか考えてごらんなさい」といった活動も考えられるであろう。あるいは、「やれたね！」「がんばったね！」といった形で、何かを達成したという事実を知らせてやるというやり方もあろう。外側から教師が何か言葉をかけたり働きかけをしたりすることによって、その活動の中での「自分自身への気づき」のきっかけが生まれることもあるであろう。さらには、教師の言葉や働きかけによってそうした気づきがいっそう強まるということがあるのではないだろうか。

振り返り

三番目が「振り返り」である。この「振り返り」とは、ある活動が一段落した段階で、自分自身の行ったことや、その過程での感じ、思い、気づきなどを振り返って確認してみることである。私自身も講義とか演習の後では必ずコメントを書いてもらうという方法で、学生諸君に「振り返り」をしてもらっている。B６くらいの大きさの紙を配って、「意見でも印象でもなんでもよいから書くように」と言うわけである。これをやると教える側にとってもいろいろと面白いことが分かる。にこにこしてうなずきながら聞いていた可愛い学生が、コメントを見てみると全然分かっていなかったり、逆に難しい顔なことの核心にふれるような冗談にも笑わなかった学生が、コメントを見てみると私が話したことの核心にふれるようなレスポンスをしてくれていたりする。教える側にとっても学生一人ひとりの内面での受けとめを見てとれるという意味で非常に大事である。しかし学ぶ側から言うと、そういうコメントを書いてみることによって、一つの「振り返り」となるのである。いったいこの一時間半の講義や演習の中で自分は何を聞いたのだろうか、自分にはどういう思いや気づきがあったのだろうか、といったことを振り返らなくてはいけなくなるのである。

小、中、高校でこうしたコメント法での振り返りをする場合、必ずしも毎時間やる必要はない。たとえば、一つの単元が終わった頃に、小さな白紙を配って「なんでもいいから書いてごらん」と言ってもいいであろう。あるいは「この単元ではこういうことをやったんだけれども、その中で自分が特に大事だと思ったこと、面白いと思ったことがあったら書いてみてください」と言って書かせるやり方もあるであろう。そうすると、たとえばその単元を一〇時間で学習したのなら、その一〇時間の全体をもう一度思い出してみなくてはならなくなる。「どうだったのだろう?」「何が面白かったのだろう?」「何に気づいたのだろう?」「何を大事と思ったのだろう?」……。これは、まさに「振り返り」である。

あるいは、反省作文を書かせるという方法もある。一学期が終わった時に全体を振り返って反省作文を書かせてみる。「この一学期を振り返ってみてどうだったか。反省を込めて自分の姿を、自分の一学期にやったことを、書いてみてごらんなさい」。こういうことで自由に書かせてみるというやり方も使えるであろう。しかし、一番簡単なのは自己評価表で自分の活動の跡をチェックしてみる、という方法かもしれない。あまり毎時間やるというのは感心しないが、これも一種の「振り返り」の機会になるであろう。さらに言えば、学級日誌をつけさせるというのも「振り返り」の一つの方法になるであろう。今日一日何があったのか、記録に残しておかなくてはならないことは何か、振り返って考えてみる機会とならざるをえないであろう。

いずれにせよ、いろいろな形での振り返りをしてみることによって、意識しないまま時間を過ごしてしまいがちな自分自身の姿を、きちんと対象化してみることができるであろう。そして、自分自身の姿を吟味検討して、良かったところ、まずかったところ、満足していいところ、弱いところ、これからも努力していかないといけないところ、等々が少しずつ見えてくるようになるのではないだろうか。

自分自身の掘り起こし

四番目は「自分自身の掘り起こし」とでも呼べるものである。これは、「振り返り」をもっと長い範囲にわたって、しかも深く行うことと言ってよいかもしれない。具体的には、「生育史」や「個人史」を書かせてみる、という形で行うことができる。たとえば、自分の個人史の中で特に大事な意味を持つできごとをエピソードの形で書かせてみる。そうすると自分でも忘れていたことをいろいろと思い出すであろう。「ああいうことがあった。あの時は、そう、こういう気持ちだったなあ」といったことを思い出したりするであろう。これは小学校の低学年の生活科でも、中学の社会科の中でもやっている活動である。こうした活動について、いっそうの工夫が必要ではないだろうか。

最近では、「自己形成史分析」を書いてみるという試みも、特に一部の学生や主婦の間で見られる。自分が大きくなってきたプロセスの中で、非常に鮮明に残っているエピソードをまず書いてみるわけである。一回書いたらそれをふくらますことを考える。「その場にいったい誰がいたのだろう?」「その時その場に居合わせた人に対して自分はどういう気持ちを持っていたのだろう?」「その場に居合わせた人達は自分に対してどういう気持を持っていたのだろう?」……。そういうふうにどんどんはじめのエピソードをふくらませていくわけである。そうすると記憶の糸をどんどんたどっていって、その当時の自分の感情の動きとか、自分と周囲の人とのかかわりとかが、だんだんはっきりとしてくることになる。自分の過去が自分の眼前にありありと甦ってくるわけである。そういう中で、自分のまずかったところとか、忘れていたけれどもあの人には感謝しないといけないとか、あの頃から一貫して自分にはこういう弱さがあるとか、そういう面での気づきも生じ、自己認識が深まっていくわけである。

これに類したことは、他にもいろんな形で行われている。「個人史を書こう」ということで中身が白紙になった本も出ている。項目だけいろいろ準備されていて、そこに自分で書き込んでいくという本である。いずれにせよ自分自身の今までの体験や過去のできごとを掘り起こしていくことによって、自己理解が深まっていくということがあるのである。

自分自身についての想定

五番目は「自分自身についての想定」ということである。具体的には、「もしこういう状況であれば自分はどうするだろう?　あるいは、どうすべきなのであろう?」ということを考えてみることである。これは、古代ギリシャにおける自己のテクノロジーの三番目として先にあげたことである。

国語教育の一環としてフィクション作文をやらせることがある。実際のことでない仮想の事態についての作文である。そういう作文の一環として、「もしあなたがあと一か月しか生きられないとしたら、ということで書いてみなさい」とか、逆に「今あなたが、一〇〇歳の誕生日を迎えたとしたら、どういうふうに思うだろうか」といった課題の出し方をするわけである。そういうふうに今の自分の現実と違う形での事態を想定してみることによって、今まで自分でも気づかなかった自分の中の思いや欲求や、あるいは可能性に気づくのではないだろうか。これは、道徳や宗教の時間にやってみてもいいであろう。もちろん、あまりしばしばやるといやになるかもしれないので適当な機会に、ということになるかもしれないが。いずれにせよ、現実と違う状況のもとにもし今置かれているとするなら自分はどうするだろうか、あるいはどうすべきであろうか、ということでイマジネーションを大きく羽ばたかせてみるということである。仮想事態の想定によってはじめて見えてくる自分の現実というものがあるのである。

自分の立場を決める

六番目は「自分の意見とか立場を明確に設定してみる」ということである。これは自己表現ということにも関係してくる。立場を決めないで話し合っていると、その時その時の流れに流されて、くるくると発言が変わっていく場合がないわけではない。一度、自分の立場を明確にして、どんなに劣勢で苦しくなろうが、自分の立場でとことん押してみる、ということも必要である。これはサルトル流に言うと、アンガジュマン（投企）ということにもなるであろう。自分の立場、自分の意見というものに自分を懸けてみるということである。もちろん無理をしてでも自分とそぐわないものに懸けてみる、ということではない。その選択はあくまでも、どこまで自分にピンとくるだろうか、本音でやっていけるだろうか、ということを考えながらのものでなくてはならないであろう。

意見とか立場は何についてのものでもよい。学級活動の中の話し合いの中で、たとえば自分達の校則の見直しの中で、このことを校則としていいのか悪いのか、ということを考える時に、自分だったら結局はどっちの立場で、どっちの意見でいくか。その理由は何か。その理由とするものは自分の中でどれだけピンとくるものなのか。こういったことを考えて自分をどちらの立場かに位置づける、というのもこれであろう。もちろんこれは、どの教科の中でもやれると思われる。

岡崎の愛知教育大学附属中学校へ行った時に、面白い授業を見せてもらったことがある。社会科の授業で、明治維新から後の日本の国作りに大別して二つの国家プランがあったのではないか、というものであった。一つは大久保流のプラン。これは国の権威を重視し、富国強兵をはかろうというものである。実際にはこのプランで国家建設を行ったわけである。それに対抗して、途中で挫折したけれども民権運動などの形で追求されてきた対抗プランがあった。それは中江兆民の思想に代表されるように、国の権威より一人ひとりの権利を大事にし、富国にはならないといけないけれども強兵である必要はない、というものであった(参照一八三頁)。

その先生の指導構想では大久保流の国家プランと中江流の国家プランを学んだ後、お互いが議論していって、生きられなかった歴史とでもいうか、現実にはそうならなかった中江兆民流の明治国家が実現していたらどうなるであろうか、ということについて考えさせるというものであったということである。これによって明治という大きな変革の時代について理解を深めさせたい、ということだったわけである。

私が見せてもらったのはディベートの場であった。大久保派と中江派とは、生徒が自分でどちらかの立場を取ったのだが、ほぼ同数であった。はじめは中江派が、先生の後押しもあるので景気よく発言していた。強制的に徴兵をやって、しかも農家の長男や金持ちの息子は徴兵逃れをする。そういう不公平な構造の中で、無理をして産業を興していく。こういうことによって民衆は非常に苦しんだ、というような発言を中江派は勢いよくやるわけである。大久保派ははじめそれに押されていたのであるが、そのうちに誰かがこういう発言をしたのである。たしかに民衆は苦しんだかもしれない。しかし当時の中国の民衆やインドの民衆の苦しみとくらべてみろ。中国やインドは植民地的な状況にされてしまっていたではないか。植民地的な状況で、人間扱いされないまま苦しい生活をせざるをえないのと、自分の国の政府のもとで、しかもこれを切り抜けていけばなんとか自分達の明るい未来が開けてくるのではないかという見通しの中で苦しむのと、同じと言ってよいのかどうか。民衆が苦しんだこと自体は大きな問題である。しかし、明治国家の中での人権の話と、植民地化されてまさに虫けらのように扱われる中での人権の話と同じように考えられるのか。もしも大久保流の富国強兵でいかなかったら、結局は日本も当時の中国やインドと同じ道をたどっていったのではないか。

こういう趣旨の発言が出てきたら、形勢が一転してしまったのである。日本という国の中だけを見て、当時の国際的な状況、あるいは力関係ということをいっさい考慮しないで議論しているから、いつでも理想主義的なもの言いの方がよく聞こえるけれども、やはり現実に何が可能な選択肢であったのか、ということを考えてみなくてはいけないのではないか。中江兆民のやり方をとっていたら、ひょっとしたら非常に早い段階で植民地化されてしまっていたのではないか。もともと黒船が何のためにやってきたのか。ただ石炭の補給だけではなかったのではないか。しかも不平等条約を結ばされていて……。という議論になってしまったのである。その結果、中江派がおとなしくなって、大久保派が圧倒的優勢の中でそのディベートが終わったわけである。

後で、その授業をめぐっての授業研究会があり、どういうふうに今日の授業を見るか、ということになった。はじめ一部の方からは、先生の指導構想と全く違うところへいってしまったのだからやはりまずかったのではないか、という意見も出た。しかし、参観をしていた多くの方は、「いや、違う。先生のプランを乗り越えて子どもが進んでいく。これこそすばらしい子どもの育ちを表しているのではないか。ふだんから先生が、自分自身の意見とか考えをしっかり持つように指導してきたからこそ、今日は先生の期待の枠を越えて構想を打ち破って、子ども達の議論が進んでいったのだ。これは先生のふだんの授業の生み出した勝利である」といった意見であった。その授業研究会はそれで終わったが、私もよかったなあ、という思いを持ったものである。

自分の意見をきちんと持つ。その根拠を、外的な勢力関係とか損得とかでなく、自分の納得できるもの、自分にピンとくるもの、自分の実感に根ざしたものとして持ち、それを土台として主張もできるし自分の立場を守ることもできる。こういうことは、自分を知るためにも、自分を表現するためにも、非常に重要なことではないだろうか。

自己挑戦

七番目は「自己挑戦」である。自分自身へのチャレンジである。自分なりに目標を立てて、それに対して自分なりに挑戦していく。これも一種の自己表現かもしれない。いずれにせよ、これは非常に能動的なものである。言われたことを言われたままやるのではなく、自分で自分に合った目標を設定して、自分でそれに挑戦していく。特に体育などでは、こういうことがよくあるのではないだろうか。もちろん他の教科でも、これは考えていいであろう。たとえば漢字書き取りで何回続けて八〇点以上取る、などと挑戦すればいいであろう。あるいは英語の単語テストで何回続けて八割九割取れるようにする、などなんでもいいのである。自分に合った目標を作って、それに向かってがんばるわけである。

この「自己挑戦」のポイントは、結局、自分で目標を立てないといけない、ということである。はじめから自分にできそうもないことを目標にして挑戦していったって挫折感を味わうだけである。自分で「ちょっと無理かな、しかしがんばれば……」といった程度の目標を設定して、がんばってその実現をめざすわけである。

「早起き会」というのがある。精神修養のための団体が実践しているが、毎朝五時半に集まりを持つ。出席し続けようと思ったら大変である。少なくとも、毎朝五時には家を出なくてはならない。そうすると、毎日自分に対して、自分の眠さや怠惰といった弱さに対して、チャレンジしていくということにもなる。こうした実践など「自己挑戦」の姿勢と力をつけるうえで非常に大切なものではないか、と思ったりする。私も大学院生の時代、ノベナということで九日間続けて朝六時半からのミサに出席したことがある。たった九日間でも大変であった。何しろ、その頃は夜更かしが当たり前、といった生活をしていたわけであるから、よほど腹を決めて取り組まなくてはくじけてしまったのではないかと、その当時の若い自分がいじらしく思えたりする。「しんどかったなあ」と今でも思うが、「やってよかったなあ」という気持ちも同時にある。

日本ではむかしから、願いが成就するよう、何かを食べたり飲んだりしないようにするといった習俗がある。「茶断ち」などその典型であろう。カトリックでも、何かの成就を祈って、あるいは四旬節など一定期間の慎みのために、何かを犠牲にする（我慢する）という伝統がある。これも一種の「自己挑戦」であろう。何かを断つ、何かを我慢する、ということによって、自分の中に今まで隠れていた何かが、特に弱さが見えてくるのである。

こうしたことはぜひ、子ども達にもやらせるといいと思う。なんでもいいから自分なりに挑戦させてみる。なんでもいいのである。教科の学習に関係のあることでもいいし、生活の中での挑戦でもいいのである。こういう意味での無理を自分に強いてみるとか、自分はこれを我慢してみるといったことである。これは、自己鍛錬ということにもなるであろう。ただし、自分なりの目標を決めるにあたっては先生と個別に相談してやった方がいいかもしれない。公表して「絶対これやります」と言って無理な目標を自分に強いるようなことがあったら、結局すぐに挫折してしまうであろう。やはり無理がないように少しずつ高度なことに挑戦する、ということが大切ではないだろうか。

そういう意味での鍛錬は、今の若い子には特に必要ではないかと思われる。我慢をしたことがないまま大きくなってきているからである。ぬくぬくと、どこかの王子様、お姫様、というふうに大きくなってきている。周囲の人がいろいろやってくれるのが当たり前で、自分の欲しいものは全部手に入って当たり前、自分のやりたいことは全部やれて当たり前、できている。そういう子ども達にやはり自分で我慢をすること、無理をすることを、自分の目標として設定させ、それに挑戦させる。それによって自分を自分で縛る。こういう自己鍛錬がどうしても必要のように思われてならない。

自己企画・自己決定

そして八番目は「自己企画、自己決定」ということである。自分で何かを企画してやってみるとか、あるいは自分で何かをきちっと決定する。そういう場を作って、あるいはそうせざるをえないような状態を作って、自分を追い込んでいく。自分で何かプランを作らなくてはいけない。そしてそれをやらなくてはいけない。あるいは自分で何かを決定しなくてはいけない。そしてその決定に沿って自分でやっていかなくてはいけない。これは自己理解を十分に踏まえたうえでの実践的自己表現ということになるのではないだろうか。

たとえば英語で通常の授業の他に三つの選択コースが設定されているとしよう。そのどれを選ぶか自分で決めなくてはならない。たとえば選択コースとして、英作文のコース、英会話のコース、たくさん英語の本を読むコースなどが考えられるであろう。どれでいくかを決めたら一学期間は変えることができない。どれが今自分にとって必要なのか、やりたいのか、を考えて決定させる。これも自己決定の場の設定となるであろう。国語でも通常の授業の他に、古典を読むコース、現代文学に親しむコース、詩や文章の創作をするコースなどを作ることが考えられるのではないだろうか。なんでもいいのである。重要な意味を持つ選択肢をいくつか作って、自己決定をさせる機会を増やすことを、学校でもっと考えていきたいものである。

学校でそういう自己決定を積み重ねていけば、自分の進路を自分で決める、自分の社会生活への門出を自分なりに構想し、準備する、ということも、自分の責任でできるようになるのではないだろうか。大学へ行く時に、文科系に行くか理科系に行くか、私立大学へ行くか国公立へ行くか、それによって受験勉強の仕方も決めなければいけないわけである。そういう自己決定能力を養っていけば、それが「自己企画」ということにもつながっていくはずである。こういう一連の活動を自分の力でやれるようにプランを作る、そしてそれを実際に自分でやってみる。こういうことは最近、選択履修や、課題選択学習ということで各地の学校で取り組まれ始められてきたので、これ以上くどくは述べないことにしたい。

4　深い地点に根ざした主体性の育成をめざして

以上八つ、具体的な課題を述べてきた。これらはすべて、自分を見つめ、自分と対話し、的確な自己表現をするようになるための具体的な課題領域である。こうした八つの課題を教育活動の中で工夫していくことによって「自己凝視、自己対話、自己表現」ということが深まり、的確になる、と考えられるのである。これをなんとか教科の授業の中で、また学校の行事など特別活動の中で、あるいは登校から下校までの学校生活全体の中で、さらには家庭へ帰ってからの生活指導を含めた中で、子ども達に取り組ませるよう考えてみる必要があると思うのである。

自己凝視、自己対話、自己表現ということは、ただ単純に自分を見つめればいいとか、ただ単純に自分と話し合えばいいとか、ただ単純に自分が今思ったことを表現すればいいということではない。それは結局、自覚が深まるという方向での、しかも心の深い部分から出てくる感覚や思い、感情によって生きていけるという方向での、基本的な人間形成的課題として考えなくてはいけない。そして、そういうことについて私達が今ここで考えているだけではなくて、古代ギリシャ時代から連綿として、人類のいわば生活の知恵として、欧米でも日本でも長く深い伝統があるということを思い起こさねばならないであろう。

やはり原理的なものをきちんと押さえて考えていきたいものである。でないとどうしても思いつき的になって、「ああ、これもやってみるといいな」というレベルのものになってしまうであろう。そうした実践プランでは、少し熱がさめると、「授業は授業、理想は理想」ということで元の木阿弥になってしまいかねない。原理的なところから考えておかないと、自分の日常活動に生きてこないのである。そういうことで、ここで述べてきたことは単なる教育方法的・教育技術的なものとして考えるのでなく、きわめて深い本質的な課題につながるものであるということを、もう一度お互い確認しておきたいものである。そしてそれを、ちらっとでもいいから具体的な教育活動の中で生かしていくことを考えてみていただきたいと思う。


【参考文献】

ミシェル・フーコーほか『自己のテクノロジー　フーコー・セミナーの記録』田村俶・雲和子訳、岩波書店、一九九〇年。

ミシェル・フーコー『性の歴史Ⅲ　自己への配慮』田村俶訳、新潮社、一九八七年。

エピローグ　自覚と主体性――実存的に生きるために

人が自らの考え方に従って自己の生き方を選びとれるとしても、それはあくまでも、一つの可能性でしかない。その可能性を現実のものへと転化するには、その当人が目覚め、一人立ちしていることが不可欠の要件となる。つまり、自分自身の人生を自分の手で選び、形作っていくためには、その前提として、自覚と主体性がどうしても必要となる。何の自覚もなく、その時その場の状況の中に埋もれ込んでいるだけの存在である限り、そして、なんらの主体性もなく、その時その場の状況の中で流されていくだけの存在である限り、その人にとっては、自らの生き方など問題になりようがない。

1　流され埋もれている自己への目覚め

ところで、友人に向かって自分がこれまで声高に主張してきたことが、以前に何かの本で読んだり、誰かに聞いたりしたことの受け売りでしかないことに不意に気づいて、ギクッとしたようなことはないであろうか。そして、自分がいかにも、虚ろで空っぽな存在であるように感じて、なんとも頼りない虚無的な気持ちに落ち込んでしまう、などといった経験はないであろうか。また、これこそが自分にも他人にも当たり前の考え方、行動の仕方、であると思っていたところについて、不意に疑問がわき、本当にこれでよいのだろうか、自分は単に周囲の人が当たり前だと思っているところを自分でも当たり前だと安易に思い込んでいただけではないのか、などと疑念がわいてきたことはないであろうか。そして、自分で今まで当たり前だと思って考えたり行動したりしていたところは、自分が本当に納得できるもの、これでいいという実感が持てるもの、であったのだろうか、といった思いにとりつかれて悩んだ、などという経験はないであろうか。

こういう時、非常に切実に、自分自身のものと本当に言いうる考え方や原則が欲しくなるであろう。いや、そういう自前の考えや感覚、判断基準、等々がないなら、「自分が生きている」と本当に言ってよいのだろうか、という気持ちにさえなるのではないだろうか。つまり、自前の原則によって自分自身のあり方を自分自身で律していないなら、それは波の間に間に流されている存在、周囲のあいまいで不透明な世界にからみ取られ埋没している存在、でしかないのではないか、というふうに思われてくるのである。

こういう気持ちや思いからは、自分自身の非重要性（インシグニフィカンス）の感覚と無力感、さらには虚無感が生じてこざるをえない。そして、そこから、自前のものをこそ持たなくては、といった焦りとあがきにとらえられてしまう場合もある。

これは、一つの目覚めであり、同時に重大な危機である。この目覚めや危機に対して、必要ならば

「実存的な」という形容語をつけてもよい。つまりこれは、自分が生きているという実感、自分はこうとしか思えないという自前の感覚、自分はこういうものとして自分の人生を形作るという決意ないし投企、が自分自身にとって不可欠な重要性を持つということに対して目覚めることであり、またこれと同時に、自分がこれまで持っていた主義主張、行動原則、生活様式といったものを、そのような観点に立って根底から再検討せざるをえなくなることである。

自分が暗黙のうちに拠り所にしてきたものが、その土台もろとも崩壊していくのを経験する時、不安と無力感に落ち込むと同時に、絶対に崩れることのない確固とした自前の土台を持たなくては、という気持ちになるのは当然のことと言ってよい。これが主体性を持ちたいという願いの最も深い基盤と言ってよいのではないだろうか。現代の我が国では、一五、六歳から二〇歳前後の青年において特にこのような形での主体性への願いが意識されがちである。このことは、彼らがさまざまな意味での目覚めを余儀なくされる危機の時期にあることを考えるならば、つまり心理的には児童期における基本的な非自立性、埋没性にとどまることを許されず、悩みと反抗を通じて、自前のもの、自立したあり方、を求めざるをえない時期であることを考えるならば、また社会的には、輪切りの進路指導の厳しさを味わって高校生になり、さらに高校での成績によって就職や進学の道が多様に分かれていくことを身をもって体験する時期であることを考えるならば、このような願いが生じてくるのは、むしろ当然至極のことと言うべきであろう。

もちろん、主体的でありたいという願いは、人間の一生にわたる課題であり、青年期だけのものではない。幼児期には幼児期なりの、児童期には児童期なりの、さらに壮年期、老年期においても、それぞれの時期なりの主体性を希求していることをけっして見落とすことはできない。

幼児や児童であっても、親に甘えて一体感を得ようと努めながら、同時に、聞きわけなく自分の要求を通そうとしたり、自分のおもちゃや持ち物については親でも勝手なことを許さなかったりするのである。また壮年や老年が、いつまでも他人に使われたくない、他人の顔色を見ながら仕事をしたくない、という思いをつのらせ、なんとか自分で独立した仕事を始められないだろうか、あるいは気がねなく自分流儀で仕事のできる地位に昇進できないだろうか、いやせめて家庭や趣味の世界でだけでも自由になるお金を持って気ままに自分の世界を作り上げることができないだろうか、といった願いを深く秘めているとするなら、それは明らかに主体性を希求するものに他ならないであろう。

人の一生は、結局のところ、連帯の必然性の反面に自立への課題を、共同体への参入の反面に個としての独立の課題を、社会の文化的制度的価値を内面化し血肉化していく社会化の反面に自分本来の独自なあり方を実現したいという個性化の課題を、常にはらんでいると言ってよい。これは人が、集団や社会の中で相互に依存し合ってはじめて生存できる、といった集団的存在様式を持つ種であるにもかかわらず、同時に、それぞれが個としての独立した自己意識を持ち、個別的な主観的世界を土台に個別的な生を送る、といった個体的存在様式を基本とする、という二律背反的存在であることから余儀なくされるものであろう。

何の自覚も努力もなくとも個体として生きていくだけで、言葉の原初的な意味における主体性は、つまり一個の有機体であるという意味での主体性は、すべての人に本来確保されている。しかし、それだけで満足できないのが人間である。自らの個体的社会的生活を深く依存せざるをえない他者や集団・組織、社会からの相対的自立をどう確保するか、自らをとりまくあらゆる状況要因からの相対的独立をどう達成するか、を願わざるをえないのである。この意味でのより高次な主体性への希求が、多かれ少なかれ常に噴出してくるのが、人間としての基本的な存在様式であると言ってよいのではないだろうか。

2 主体性の自覚的な追求

ここで、問題の焦点を少し絞ってみることにしよう。

たしかに、人はその一生のそれぞれの段階ごとに、その時期なりの主体的あり方を求めている。しかし、それは、主体性の主体的な求め方であると常に言えるわけではない。つまり、より多くの主体性を確保する方向へ向かっての衝動に突き動かされている、あるいは、主体性の方向へ向かって流されている、と言うべき場合が多いのである。自覚的に、目的志向的に、自らの主体的なあり方を求め、自らの生活の中に血肉化し日常化していくということこそ、主体性の主体的な希求に他ならない。

たとえば、われわれは時に、「もっとしっかりしなくては」とか、「主体性を持って事に当たらなくては」という言葉を自分自身に投げかけてみることがある。この場合の「しっかり」とか「主体性」こそが、周囲の諸条件に左右され、意図も目的もなく動きまわらざるをえないといったあり方、その場の状況次第で流されていってしまうといったあり方を、自ら克服していくためのシンボル的概念に他ならない。それは、われわれに一つの望ましい可能性を指し示すと同時に、そのようなあり方への自覚的努力を促すのである。

もちろん、「主体性」といったシンボルは、事実を指し示すものというより、「べき」という当為を指し示すものである。先にもふれたように、われわれは時に日常のルーティーン的生活に倦み疲れ、あるいはそれにどうしようもない違和感を覚え、「流されているままの生活はもういやだ。自分が本当に自分自身の主人公であるような生活をすべきだ。自分で自分のあり方を決められなくて、どうして自分の人生と言えようか」と思う。しかし、これは結局のところ「見果てぬ夢」である。この夢を完全に実現し、真に主体性を確立しえた人間など、どこにもいない。たしかに、「主体性」といったシンボル的概念は、多くの場合、自らの無自覚的で非主体的なあり方の発見と、それへの驚きや嫌悪が裏返されたものでしかないかもしれない。しかし、だからといって、主体的なあり方を自覚的に追い求めていくことの意義は、いささかも軽くなるものではないのである。

人の自覚的営為はすべて、多かれ少なかれ、「夢」を追うものであり、それが本当の意味で完全に実現することなどありえない。しかし、このような自覚的営為によってのみ、人は自分自身を、さらには世界を、自らのコントロールの下に置き、自らを自分自身の、さらには世界の主人公とすることが、多少なりとも可能になるのである。

さて、主体的でありたいという意識の中身について、少し具体的な形で見てみることにしよう。

高校二年生の淳一君は、宮沢賢治の「雨ニモマケズ」の詩に触発され、次のような文句を自分の日記に書きつけている。

いかヲ食ッテモ
たこヲ食ッテモ
コワレナイホド丈夫ナ
消化器官ヲモチ
五体健全
頭ハ常ニ明晰
ドンナ時ニモアワテズ
百ノ考ヘヨリハ
一ツノ実行ヲ重ンジ
決シテ凡凡二満足セズ
常ニ反逆ト夢ヲモチ
孤独ニナレ
裏切リヲ恐レズ
理性ガ判断シ
意志ガ命ジタ事ハ
世ノナライニ合ワナクトモ
チュウチョセズニヤリ
ヤッタ事ハ絶対ニ正シイト信ズル

ソウイウ人ニ
私ハナラナクテハナラヌ

この淳一君は、利発であるが虚弱体質で、長男であるせいか両親の大きな期待を荷い、同時に少々甘やかされて育った面がある。ここに引用した文言の中に「主体性」なる言葉は全く出てこないが、この時期の青年らしい客気とともに、自分自身こそが自らの主人公であらねばならない、自らの個性に従って強く生きてゆかねばならない、という気持ちがここから明らかにうかがわれるであろう。これは、彼にとって、彼なりの「主体性宣言」と見ることができるのではないだろうか。

実は、この淳一君は、ちょうどこの一年前には、自分自身が自前のものを全く持たぬ空虚な存在である、という悩みに苦しめられていた。彼は高校一年の頃の日記に、次のような夢を見たことを記している。

晴わたった空に一点の黒点が現れ、見る見るうちに大きくなり、空飛ぶ円盤になった。やがて目の前に降りてきた円盤から出てきた宇宙人によって、われわれは狩り立てられ、次々と捕らえられていった。

宇宙人は不思議な器具を人間の胸に押しつけ、それによって人間の考えを知ろうとした。ついに私の前にやってきて、私の胸にそれを押しつけた宇宙人は、難しい顔つきで、ただ一言、ぽつんと言った。

「お前には何の考えもない！」

これは、当人の胸の中にあった不安が夢の形で映像化されたものであろう。淳一君は、この夢がきっかけになったのか、自分が今まで友人達と熱心に話し合っていた根拠はいったい何なのだろう。自分が主張してきたことは本当に自分でその通りに感じていることだったのだろうか、といった悩みを日記に書きつけている。

このような悩みが、先に引用したような形での決意につながっていくのだとしても、あるいはこの悩みをもたらしたもの自体がすでに、この決意に示されるような主体性への希求であったのだとしても、それですべてが解決するわけではない。彼の希求する主体性をある程度なりとも実際に確立していくためには、この後の人生におけるさまざまの課題に当面し、経験を積み重ねていく中で、自分なりに努力し、悩み、自知自得していかなければならないものが多いであろう。しかし、であるにもかかわらず、自らの主体性の欠如を自覚し、自分なりの主体性宣言を発することは、一個の自覚的主体としていく際の出発点を形作るものである、ということの重さは、軽々に見過ごされてよいものではない。現在、中学生や高校生の一部に見られる「つっぱり」も、この意味において、何よりもまず彼らなりの主体性の宣言、主体性の希求であることを、われわれは理解すべきではないだろうか。

3　まなざしによる縛られへの対処

主体性の宣言から主体性を真に確立するための自覚的努力が始まっていくのであるとしても、その最大の障害の一つとして終始立ちふさがるのは、他者のまなざしである。たとえば、教師や親や他の大人達に対して従属的位置を占めることを潔しとせず、「つっぱり」を貫き通そうという中学生や高校生は、まず周囲のあらゆる立場の人からの批難のまなざしに包囲されることになるであろう。そうした集合的まなざしは、彼の「つっぱり」が社会的な許容範囲を越えていることを告げ知らしているのである。いやそれ以上に、そうした批難的なまなざしを向けることによって、彼をその許容範囲にまで引き戻そうという圧力をかけているのである。もちろん、主体性を希求する行為や態度がいつでも批難のまなざしに出会うわけではない。たとえば同じ中学生や高校生であっても、誰も成り手のない生徒会長の役を敢然として引き受け、しかもりっぱな抱負を多くの生徒の前ではっきりと述べる、といった行為のように、世間が許容し賞賛する種類のものであるなら、集合的なまなざしは温かいもの、支援し激励するもの、になるであろう。つまり、一つの自立的判断が、その内容によってさまざまなタイプのまなざしに迎えられ、それによってまた大きな心理的圧力を受けることになるのである。

このような事情は、老若男女を問わず、誰の場合でも同一である。自らが自分自身の主人公になるということと周囲の人達からのまなざし（そして、そこに込められている暗黙の期待）との間の関係をどのように処理していくか、ということは、社会生活をせざるをえない自立的個として、避けることのできない大きな課題である。

一つの解決策は、周囲のまなざしの許容範囲でのみ自らの自立したあり方を求める、という生き方であろう。これがうまくいけば理想的であるようにも思えるが、結局いつでも周囲のまなざしの枠の中にとどまるのだとしたら、それは自立とはとうてい言えないものではなかろうか。批難されることのない「優等生」であり続けたいという願い自体が、真の主体性への願いの放棄を意味するものと考えられるからである。

それでは、これとは逆に、周囲のまなざしを全く無視し、自分の思うままにふるまうのが自立性なのであろうか。たしかに、次から次へと批難的なまなざしを向けられてもいささかもたじろぐことなく、自分の決めた通りに突き進んでいくとしたら痛快であろう。しかし、そのような生き方を自己目的化するとしたら、それは反社会的人間として早晩この社会から葬り去られずにはいない。「つっぱって」いた中学生や高校生が社会に出て仕事に就くと、意外なほど真面目で素直な面を出すことが多いというのも、その辺のところを暗黙のうちに感じ取っているからなのであろう。

もちろん、真の解決策はこれら両極の中間に、つまり優等生と反抗者の、まなざしへの埋没とそこからの完全な逸脱の中間にある。しかし、それをどのように具体化するかは、個々人が常に当面し続けざるをえない課題として残されざるをえない。一般的に言うならば、そうした場合、少なくとも次の原則が不可欠である。すなわち、周囲のまなざしによって対象化され、管理されるといった受け身の存在にとどまることを拒否することである。言い換えるなら、自他に対して自分の方からまなざしを差し向け、その自らのまなざしの中で自他のあり方を吟味し直し、自分なりに規定し直すと同時に、周囲のまなざしをもそれとの関係で吟味し直し相対化してしまう、という能動的な構えを確立することである。縛られるものから縛るものへ、対象化されるものから対象化するものへ、規定され形成されるものから規定し形成するものへ、自他の間に交錯するまなざしの意味づけの転換が、真の主体性を確立するためには、どうしても必要とされるのではないであろうか。

4　主体性希求の社会的含意

さて、主体的でありたいという願いは、そして主体性確立のための自己主張は、個々の人間存在の固有の意味づけを、あらゆる種類の決定論的感覚から救い出そうという叫びでもある。つまりこれは、決定論的な幻想世界の中で、自分自身も周囲の他者も被規定的かつ被形成的な存在へとおとしめられていることに気づくと同時に、能動的に自らを規定し形成していくことのできる本来的な可能性が自分にもあることを認識し、それを現実のものへ転化させようと努める、といった志向であり主張なのである。したがって、主体性が強く意識されるのは、従来の幻想世界に安住できなくなる過渡期ないし危機の時代においてであり、また、どのような決定論がその時代のその社会の共同幻想となっていたか、ということに応じて、そこから救い出されるべき主体性の具体的内容もまた、それぞれ異なった面を示すことになるのである。

たとえば、第二次世界大戦後の日本で一時流行した「主体性論争」について考えてみよう。これは、敗戦によって価値の共有軸を一挙に失い、虚脱状態に陥った知識人達による、新たな共有軸を個の側から（国家や民族の側からではなく）築き上げていこうという模索の一つの表現であった。と同時に、当時の思想界に流行していたマルクス主義、特にその史的唯物論の持つ強力な決定論的発想に対して、個々人の決断や実践の重要性を指摘し、歴史的必然性の中に埋もれ込んだものとしてとらえられがちな個人の主体的営為の意義を救い出そうとするものであった。この点について、当時の指導的な論者の一人である梅本克己は、次のように証言する。[*1]

主体性をめぐる問題は、戦後のインテリゲンチャの間におこったが、戦後インテリゲンチャの一般的精神的状況についていえば、大別してつぎの二つに分かれていたといってよいであろう。一つは既存の価値体系の全面的な崩壊を前にして、自我の根底から虚無感にさらされていたもの、一つは何らかの形でか敗戦を解放としてうけとり、今やその解放後に建設さるべきあたらしい社会なり人間なりの構想を、直接にせよ間接にせよプロレタリアートを主力とする社会主義革命の方向と結びつけていたものである。むろん複雑な人間の内面的心情にかかわることだから、すべてをそんな風にはっきり分類できるものではない。……いわゆる主体性の問題は、この第二の類型のなかで、あたらしい社会建設の指導原理としてマルクス主義を前提しながらも、一つの世界観としてのマルクス主義と自己自身との内面的なつながりを、あらためて問題とせざるを得ぬものの間からおこった。……そしてこのばあい特徴的なことは、いずれのばあいも戦前から戦時へかけての、また戦争の進行過程での、ひとつの思想の持主としての自分自身の敗北の体験をふかく刻印されていたということである。

ここで梅本が指摘するような思想状況は、もはや昔話になった。しかし、そこにうかがわれる心情は、けっして色褪せたものではない。現代の状況においても、十分に考えられるべき点を含んでいる、と言ってよいであろう。

この「主体性論争」の他に、この数十年の間に我が国で主張され指摘されてきたもののうち、主体性の希求への叫びとも言える面を色濃くはらんでいるものは少なくない。典型的なものと考えられるものをいくつか検討してみることにしよう。

まず注目すべきは、「近代的自我」の確立を呼びかける主張である。これは、〝隣り百姓〟的なムラ共同体の中に埋没し、〝ミンナの空気〟によって支配されてしまう日本的集団主義を当面の敵とし、そこから個々の人間存在の固有性を救い出そうとするものであったと言ってよい。ここで言われる「近代的自我」は、ヨーロッパの宗教改革期からルネッサンスにかけて強調された内的志向性に関連している。すなわち、個々人は神に直結した自己の内的基準に従って自立的に判断し行動すべきであるとする考え方につながるものであり、またこれは、民主主義的政治制度がその土台とし前提とするものである。つまり、ムラの中に埋没し、その空気のまにまに動くのではなく、それぞれが自らの内的原理にもとづいて独自に判断し、自らの責任のもとに行動する、といった方向への変革を個々人に求めるものである。これは日本の明治維新以降の一〇〇年間にわたって、最も強く言われ続けてきた点の一つではないだろうか。

また、「批判的精神」の涵養《かんよう》も、繰り返し主張され呼びかけられてきたところである。権力の命ずるまま、権威の指し示すままに唯唯諾諾と動いてしまう、といった権威主義ないし事大主義を当面の敵とし、そこから一人ひとりの主体性を救い出そうとして、反権力的、反権威的な「批判的精神」を持つことが叫ばれてきたのである。このような「批判的精神」こそ〝知識人〟の備えるべき基本的要件として、自由民権運動以降、日中戦争から太平洋戦争といった一時期を除いては、連綿として強調され続けてきたところである。新聞をはじめとする言論機関が、我が国では常に大きな政府批判勢力として実質上の野党の機能を果たしてきたのも、この線上にあるものと言ってよい。もっとも、現在では新聞をはじめとするマスコミ諸機関が大きな権力と権威を実際上持つようになっているため、その振りまく事大主義、権威主義にいかに対抗していくか、ということこそが大きな課題となっているのであるが。

さらに、「全人性」の復活、というニュアンスを持つ主張や呼びかけも重要である。一九八〇年代から九〇年代に大きな課題となってきたのが、高度に組織化された現代社会の中で部品化され、一定の機能ないし役割を果たす「歯車」としてしか個々人を見ようとしない管理社会的傾向の進展であった。これを当面の敵とし、そこから一人ひとりの全人間的な感覚や機能をどう救い出すか、という問題意識が強くなってきたのは当然のことと言ってよい。これは、おとなしい形のものとしては、余暇時間を主体的全人的に生かしていく、さらにはそのようなものとしての余暇時間の増大をはかっていく、という方向を志向する動きとして現れている。これに対して、積極的な形のものとしては、一人ひとりの全人的な感覚や機能が発揮でき、自分達の手でこれこれのことをやりとげたという確かな手ごたえのある仕事や組織のあり方に改善・改革していく、といった方向が志向される。我が国の企業でよく見られる〝全員参加の経営〟や、スウェーデンの自動車会社ボルボで一時期試行された流れ作業式組立て方式の廃止とグループでの手作り的組立て方式の試みなど、この方向での具体的な実践と言ってよいであろう。

ここであげた三つの例とも、主体性を希求するという点では同様であるとしても、具体的に希求されているところは、それぞれの場合で少しずつ異なる。これは主体性を埋没させるものとしてとらえられている事情についての認識が異なる、ということからくるものであろう。しかしながら、これらいずれの場合でも、現在の我が国の社会的諸条件の中において、個々人がそれぞれ自分自身の真の主人公になることが追求されているという意味では、基本的に同じであると言ってもよい。もしも、これらの意味での主体性を確立することの必要性が、今日の我が国の社会でも強く意識されているとするなら、われわれは現在、一つの危機の時代、過渡期の社会、を経験しつつあるということになるであろう。

5　主体性の実存的希求と自覚・自己認識

しかしながら、究極的には、主体性は一人ひとりの実存的な問題である。人が自分自身の真の主人公となり、内なるジャイロスコープに頼りつつ、自発的自律的に意識し行動する、ということは、その人の自己意識、自己規定、自己統制、の問題、つまり人が自分自身をどのようにイメージし、どのようなものとして宣言し、どのように自分自身をコントロールしつつ行動していくか、ということに他ならない。ここでは、社会的な機構や権力、権威、また周囲の人々の一般的空気や期待、などから相対的に自立する、というだけでなく、自分自身の欲求、欲望から、自分自身の安易な思い込みや狂信から、また自分自身の利害損得や地位名誉から、いかにして相対的に自立することができるか、という問題を同時に考えておかねばならないのである。単なるわがままや独善や利己主義等々ほど、真の主体性からほど遠いものはない。人は、最後には、自分自身の弱さと甘さという牢獄から自らを救い出さねばならないのである。人が自分自身の真の主人公であることを主体性であるとするなら、そのような主体性にとって最も頑強な敵は、他ならぬ自分自身であると言わねばならないであろう。

内村鑑三やその高弟塚本虎二は、何かになろうと努めるといった「なる」生き方を否定し、何かをやりとげようと努めるといった「する」生き方をすすめたという。[*2] つまり、地位や名誉ではなく、何かを達成すること、あるいは何かの目標に向かって努力することそれ自体に本質的な価値があるとするのである。フロムは、この類別をもっと徹底させ、「持つ」という生き方でなく、「ある」という生き方をすすめる。[*3]「持つ」という方向づけには、金銭や財産の獲得と蓄積をめざすことだけではなく、地位や名誉、業績や名声をめざすことも含まれる。さらにまた、より多く楽しもう、より多くの安楽を得よう、より多く消費しよう、といった「むさぼり」への志向も、結局はこのような方向づけの一つの現れであるとされるのである。これに対して「ある」という方向づけは、自分のあらゆる能力や才能や機会を生産的かつ人間的に活用するという状態自体を志向するものであるとされる。そこには、自分を新たにすること、成長すること、与えること、犠牲を払うこと、断念すること、そして孤立した自我の牢獄を超越すること、などが含まれる。これはまた、自己中心性と利己心を捨てることであり、神秘思想家的用語で言うならば、自らを「空虚」にし、「貧しく」することに他ならないのである。内村や塚本、フロムなどのこのような思想は、いずれも、人が真の主体性を確立するために、自らに対して基本的にどう臨むべきか、目的に向かって進んでいくことが独善や利己主義ではなく真の主体性の発揮となるためにはどういう原則を持っていなくてはならないか、ということを教えてくれるものではないだろうか。

個人として真の主体性を確立するためには、自分自身をその置かれている状況とあわせてはっきりと把握するという意味での「自覚」と、何かを目的志向的に形作っていくための方向づけという意味での「願い」ないし「投企」と、さらに基本的な不確実性をはらむ人間的存在ないし状況に対し無限の熱情をもって臨み、不断の能動性を発揮するという意味での「情熱」、の三者が不可欠である。これらのいずれか一つでも欠けているなら、一個の有機体であるという意味では、つまり文字通りの意味では主体性であるとしても、結局のところは単なる物理的存在であり死人でしかないであろう。

自己の生き方を自らの責任で選び取り、自らのめざす方向に形成していくためには、言い換えるならば、人が自分自身の人生の主人公になるためには、自覚が何よりもまず不可欠である。自覚とは自分自身を、その可能性をも含め何者かとして洞察し認識することであり、対自的な意味での自己意識と呼んでみてもいい。

ともかく、人は自分自身を知ることによってはじめて自由になるのである。自らを対象化しないままであるなら、自らを洞察し認識しないままであるなら、人は、内外のさまざまな力によって引きずり回されるだけの他動的存在でしかない。自分自身では能動的主体的に行動しているつもりであっても、なんらかの力がそのような動きをとらせているだけかもしれない。人は、自らを動かしている内外のそうした力を認識することによって、そしてそのような力によって動かされている自分自身の姿を認識することによって、はじめて、そのような力から解放される道へと一歩を踏み出すことができる。

自分自身を縛り、引き回している内外の力をはっきりと認識することによって自己解放の実現をはかろうとする考え方は、これまでさまざまの論理や思想の中に繰り返し現れてきたものである。

たとえば、フロイト学派では、人の深層心理の中にうごめく性的衝動の力を、抑圧と防衛のメカニズムを、幼児期の強烈な体験による心理的外傷（トラウマ）を、その人自身の眼の前に引きずり出し、その人がはっきりそれを認識の対象とすることを重視してきた。それによって、その人が知らぬ間に引きずり回されたり、無意識の葛藤状況に陥ったりすることがなくなり、必要ならそのような内的プロセスを自由にコントロールする能力を獲得することができる、と考えてきたのである。

また、マルクス学派では、生産関係のあり方によって、そこに組み込まれている各人の意識のあり方が規定されてしまっていること、資本主義社会における労働者は、自らの労働によって作り出したものを自らの自由にできぬ、という意味において自己疎外に陥っていること、労働者の人間としての解放は、そのような生産関係の革命的変革によってしか招来できないし、またそのような変革は、歴史的必然でもあることを労働者自身が十分に認識すべきであると強調してきた。それによって、労働者が自らを縛っている鎖とそれを断ち切る可能性とに目覚め、自らの手で自らを解放していける、と考えてきたのである。

6　自己の真実を踏まえ、よく生きる

しかしながら、自らの置かれている状況やそこでの基本的な位置づけ、自らの現行の姿、などについて自覚することが、自分自身を解放し、自由にし、新しい主体的あり方を確立するうえで不可欠である

としても、そのような自覚がその人の外側から強いられる場合には、十分な警戒が必要である。たとえば、「日本人であることを自覚せよ！」「労働者階級の一員であることを自覚せよ！」と迫られる場合、それは、そこで言われている方向への全面的な献身を要求するものであって、必ずしも自分自身を解放する基盤になるものとしての自覚が意味されているわけではない。自覚とはたしかに自己を認識することに他ならないにせよ、その認識は、本質的な意味での自己規定ということを強く含意するものである。つまり、単に自己に関する現実や実態を見てとるというだけでなく、その見てとったものを、他ならぬ何であるとして規定するか、もしもそう規定したなら、そのままにしておいてよいか、それともなんらかの働きかけが自己の内外に対して必要か、といった点が自覚においては大きな比重を占めるのである。したがって、自らを「〇〇である」と自覚したからには、そこから一定の態度や行動が、そして生き方が、当然のこととして期待されることにもなるのである。

この意味で、自覚とアイデンティティとは強い類縁性を持つ概念であると言ってよい。もちろん、アイデンティティがなんらかのシンボルと自己とをアイデンティファイ（同一視）する、というだけの自己規定性を意味するにすぎないのであれば、ここで言う自覚とは若干その含意を異にすると言ってよい。しかし、もしもアイデンティティが、たとえば「ユダヤ人としてのアイデンティティを堅持する」といった場合のように、自らの生き方を本質的な位相で規定するものをぎりぎりの突き詰めた形で表現したもの、であるとしたならば、自覚することとアイデンティティを確立するということとは、ほぼ同義となる。

この場合には、自覚もアイデンティティも、自らの社会的位置づけや役割の単なる認識や確認という域を越えて、自己の存在の本質、自己の生き方の基準、を指し示すものとなるのである。この意味での自覚がなされ、アイデンティティの確立がなされた時にはじめて、自らの生き方の原則とも言える人生観の問題が、単なる生きがいや生きざまではなく、自らの主体的人生を支える基盤としての意義を持つことになるのではないだろうか。

しかし、こうした意味での自覚やアイデンティティを実現するということは、なかなか容易なことでない。年齢を積み重ね、老人と呼ばれるようになったとしても、自分はそうした自覚やアイデンティティを持って生きていると胸を張って言い切るには、ためらいを覚えるのではないだろうか。これは本来、われわれ一人ひとりがその一生をかけて追求していくべき大目標であり、「見果てぬ夢」と言うべき性格をも持つものであろう。

繰り返すようであるが、ここで目標とされている自覚とは、単なる自己の意識化・対象化ではない。元々は、「自ら迷いを断って悟りを開くこと」(『大辞泉』小学館)といった意味をはらむ自覚である。もう少しおとなしく言えば、「真理性、誠実性との関係において自己を反省すること」(『哲学事典』平凡社)である。さらに具体的に言えば、自分自身の置かれている状況をよく認識し、それとの関係において自分自身の現実のあり方を吟味検討し、それを足場として他の人達のあり方にも目を向け、そうした過程を通じて自分についても他人についても当てはまる「人間としての望ましいあり方・生き方」に気づき、それを一つの信念として育てていって、ものの考え方や行動の仕方、生活の仕方のすべてが、その信念にもとづいて行われるようになる、ということなのである。

パスカルは、『パンセ』の中で次のように述べる。

自分自身を知らなければならない。自分を知ることは真理を見いだすことに役立たないとしても、少なくとも自分の生を規則づけることに役立つ、そうしてこれほど正当のことはない。

もちろん、自己認識といい、自覚といい、それ自体で意味があるのではない。パスカルも言うように、それはその人の生を基本的なレベルで秩序づけ方向づけるためである。そしてそれを通じて、その人の生き方をその人自身のものとして確立するためである。われわれは、その可能性を信じ、それをめざして努力するのである、と言ってもよい。

しかし、なぜわれわれは、そんな面倒なことをしなくてはならないのであろうか。自覚だ生き方だなどと騒がなくとも、われわれは結構楽しく生きていけるのではないだろうか。ここで最後に、プラトンが師ソクラテスの処刑直前の言葉として伝えるところを、この疑問への包括的な解答という意味をも含めて掲げておくことにしたい。[*4]

大切にしなければならないのは、ただ生きるということではなくて、よく生きるということなのだ。……

＊1　梅本克己「主体性――戦後唯物論と主体性の問題」『増補人間論――マルクス主義における人間の問題』三一書房、

一九六四年、一九三～二二八頁（ただし、この論文の初出は一九六〇年）。

＊2　山本七平『無所属の時間』旺文社、一九七八年、一八〇～一八四頁、一九六～二一〇頁、などによる。

＊3　フロム『生きるということ』佐野哲郎訳、紀伊國屋書店、一九七七年（原書刊行は一九七六年）。

＊4　プラトン「クリトン」『世界の大思想1　プラトン』田中美知太郎訳、河出書房、一九六五年。

あとがき

この第Ⅳ巻に所収した論考の多くは、一九九〇年に有斐閣から刊行した『生き方の心理学』と、その続編として二〇〇八年に金子書房から刊行の『自己を生きるという意識』に収録されていたものである。また、講演記録を収録して一九九三年に金子書房から刊行した『生き方の人間教育を』からも、内容的に関連する三章を本書に収録している。こうしたことから、本書は基本的に『生き方の心理学』の〈増補版〉といった性格を持つと言ってよい。

一九九〇年刊行の『生き方の心理学』の「あとがき」では、「この本は何よりもまず、私自身のために書いたものである」と記している。そして、「この本の内容は、思春期の頃から知命の歳を迎えた現在まで、私自身が、自分の内面で、自分自身と対話してきたところを主要な素材としている。言うならば、私自身が折にふれて考えざるをえなかったこと、そして自分自身に言い聞かせなくてはならなかったこと、に他ならない」としている。また、そうした「自我関与性の強い」内容について他の人達はどうお考えなのか、いくつかの調査研究によって検討してみてもいる。御縁あって本書を手に取ってお読みいただく方々と、お互いの内面における私秘的な自己内対話にまで及ぶ深いふれ合いのきっかけになる点が含まれていれば、望外の幸せである。

『生き方の心理学』（一九九〇年）からのものは以下の章である（カッコ内は原書での章名）。
プロローグ　自分の生を問い直す（第1章）
第1章　生き方のタイポロジー（第2章）
第2章　現代社会と生き方の選択（第3章）
第3章　世俗的な生き方と内面的精神的な生き方（第7章）
第6章　現代日本人に見る生き方意識（第8章）
エピローグ　自覚と主体性——実存的に生きるために（第6章）

『自己を生きるという意識』（二〇〇八年）からのものは以下の章である。
第4章　〈我の世界〉と〈我々の世界〉を生きる（第2章）
第5章　〈我の世界〉への目覚めと生き方の深化発展（第3章）
第7章　大学新入生の生き方意識——京都ノートルダム女子大学生の場合（第6章）
第8章　実存的自己意識の心理学を（第5章）
附章2　「生き方意識インベントリー」の再検討（第7章）
　このうち、第7章と附章2は研究誌『プシュケー』の第二号（二〇〇三年）と第三号（二〇〇四年）が初出。
また、『生き方の人間教育を』（一九九三年）から所収のものは以下の章である。ただし、いずれも文体を敬体（デス・マス）から常体（ダ・デアル）に変更している。

第９章　自己実現の教育（第１章）

第10章　生涯にわたって生き抜く力を（第３章）

第11章　自己を見つめ、自己と対話し、自己を表現する（第６章）

なお、「附章１　京都大学卒業者の生き方意識」は、京都大学高等教育教授システム開発センターから一九九七年一〇月に刊行された『京都大学高等教育研究』第３号に掲載されたものである（八六～九七頁）。

本書に収録のものは、実際に調査研究した結果にもとづくものが少なくない。実際に一つの調査研究を行う場合には、準備にも実施にも、また結果の取り纏めにも、研究室のスタッフや所属大学院生の方々、また研究会で知り合った方々などの手をお借りしなくてはならなかった。そうした方々の真摯な御助力御協力がなかったら、本書に所収の論文の多くは日の目を見なかったものである。振り返ってみると、私自身はそうした面でも非常に恵まれてきたという思いでいっぱいである。御縁あってこれまで私自身の研究生活に加わっていただき、折にふれ支えてくださった数多くの方々に対し、ここに一人ひとりの御名前は記さないが、この機会にあらためて深い感謝の気持ちを表したいと思う。

なお、この第Ⅳ巻の編集と刊行に当たっては、東京書籍株式会社出版事業部の植草武士部長と金井亜由美さん、小野寺美華さんに多大なお世話になった。ここに記して心からの謝意を表したい。

梶田叡一

二〇二〇年一二月

底本一覧

プロローグ・第1章〜第3章・第6章・エピローグ
『生き方の心理学』有斐閣、一九九〇年。

第4章・第5章・第7章・第8章・附章2
『自己を生きるという意識』金子書房、二〇〇八年。

第9章〜第11章
『生き方の人間教育を』金子書房、一九九三年。

附章1
『京都大学高等教育研究』第3号、京都大学高等教育教授システム開発センター、一九九七年一〇月。

【編集付記】

本書で用いられている一部の用語については、現在では、差別的で不適切とされるものもあります。編集にあたり最大限の配慮はいたしましたが、過去の時代の歴史的考察の立場から、あえて掲載させていただいた場合もあります。著者、出版社に差別等の意図は全くないことをご理解いただきたく、お願い申し上げます。

梶田叡一 （かじた・えいいち）

1941(昭和 16)年 4 月 3 日，松江市生れ。隣の米子市で幼稚園・小学校・中学校・高等学校を卒え，京都大学文学部哲学科(心理学専攻)卒業。文学博士[1971 年]。国立教育研究所主任研究官，日本女子大学文学部助教授，大阪大学人間科学部教授，京都大学高等教育教授システム開発センター長，京都ノートルダム女子大学長，兵庫教育大学長，環太平洋大学長，奈良学園大学長を歴任。
現在は桃山学院教育大学長。併任として，[学] 聖ウルスラ学院（仙台）理事長，日本語検定委員会理事長。

これまでに，教育改革国民会議（総理大臣の私的諮問機関）委員［2000 年］，第 4 期・第 5 期中央教育審議会［2007 ～ 2011 年］副会長（教育制度分科会長・初等中等教育分科会長・教育課程部会長・教員養成部会長），教職大学院協会初代会長［2008 ～ 2010 年］等を歴任。
また，大阪府私学審議会会長，大阪府箕面市教育委員長・総合計画審議会会長，鳥取県県政顧問，島根大学経営協議会委員・学長選考会議議長，[学] 松徳学院（松江）理事長等も歴任。

（中国上海）華東師範大学〈大夏講壇〉講演者［2006 年］，兵庫教育大学名誉教授［2010 年］，日本人間性心理学会名誉会員［2013 年］等の他，神戸新聞平和賞［2010 年］，(裏千家淡交会) 茶道文化賞［2012 年］，宮城県功労者表彰［2014 年］，京都府功労者表彰［2017 年］，文部科学大臣表彰［2020 年］等を受ける。

主な著作に，『生き生きした学校教育を創る』『教育評価』有斐閣，『真の個性教育とは』国土社，『教育における評価の理論（全 3 巻）』『〈いのち〉の教育のために』金子書房，『教師力の再興』『教育評価を学ぶ』文溪堂，『和魂ルネッサンス』あすとろ出版，『不干斎ハビアンの思想』創元社，等がある。

自己意識論集《じこいしきろんしゅう》　Ⅳ《よん》

生《い》き方《かた》の心理学《しんりがく》

2021年1月30日　第1刷発行

著　　者　梶田叡一《かじたえいいち》
発 行 者　千石雅仁
発 行 所　東京書籍株式会社
東京都北区堀船 2-17-1　〒 114-8524
営業 03-5390-7531／編集 03-5390-7455
https://www.tokyo-shoseki.co.jp

印刷・製本　図書印刷株式会社

装幀　難波邦夫
DTP　牧屋研一
編集　植草武士／金井亜由美／小野寺美華

ISBN978-4-487-81399-5　C3311

梶田叡一『自己意識論集』全5巻 〈四六判・上製本〉 各巻平均三〇〇頁

【各巻の構成】

【発刊の辞】

自己意識の問題は、アイデンティティ、自己概念、自己イメージ、自尊感情、等々の形で論じられ、現代の心理学・社会学・教育学等において、最も重要な課題の一つとされてきました。個々人の言動の土台になるだけでなく、生き方の問題、さらには社会や文化の組織と機能にまでかかわってくるのが、自己意識の問題だからです。「人間の人間たるゆえんを解明するポイントは自己意識にあり」ということになるのではないでしょうか。従来はアメリカやヨーロッパでの研究が多かったのですが、現在においては日本の若手・中堅の研究者の間でも、非常にポピュラーな研究課題の一つとなっています。

私自身は、一九六〇年の京都大学文学部入学以来、今日まで一貫してこの領域の問題に取り組んできており、一九七一年に京都大学から授与された文学博士号も「自己意識の社会心理学的研究」というものでした。私の研究はその後、教育に関する諸問題などにも拡がっていますが、その際の大事な理論的枠組みにも自己意識の問題が大きくかかわっています。私の周辺の現役研究者にも、私の積み重ねてきた自己意識にかかわる仕事を一つの踏み台としてくれている人が少なくありません。

この論集は、私自身のこれまでの自己意識論に関する五冊の単行本を柱としながら、最近の論文等でこれを補い、新しいまとまった形で世に問おうというものです。